RAJ RAGHUNATHAN

Klug, erfolgreich und trotzdem unglücklich

GOLDMANN
Lesen erleben

Buch

Intelligent und erfolgreich – aber nicht glücklich? Wem anscheinend alles mühelos gelingt, der ist nicht zwangsläufig zufrieden. Was ist es, das smarte Menschen daran hindert, unbeschwert zu sein? Der Psychologe Raj Raghunathan beschreibt sieben Verhaltensweisen intelligenter Menschen, die dem Glück oft im Weg stehen. Mit hilfreichen Anekdoten, praktischen Übungen und anschaulichen Erklärungen führt er seine Leser zu einem besseren Verständnis dessen, was wir zum Glücklichsein brauchen.

Autor

Dr. Raj Raghunathan ist Professor für Psychologie an der University of Texas. Seine Forschungsschwerpunkte sind Konsumverhalten und Psychologie des Marketing. Er ist Mitherausgeber des »Journal of Consumer Research«, »Journal of Marketing« und »Journal of Consumer Psychology«.

Raj Raghunathan

Klug, erfolgreich und trotzdem unglücklich

Wie intelligente Menschen Zufriedenheit finden

Aus dem Amerikanischen
von Gaby van Dam

GOLDMANN

Alle Ratschläge in diesem Buch wurden vom Autor und vom Verlag sorgfältig erwogen und geprüft. Eine Garantie kann dennoch nicht übernommen werden. Eine Haftung des Autors beziehungsweise des Verlags und seiner Beauftragten für Personen-, Sach- und Vermögensschäden ist daher ausgeschlossen.

Sollte diese Publikation Links auf Webseiten Dritter enthalten, so übernehmen wir für deren Inhalte keine Haftung, da wir uns diese nicht zu eigen machen, sondern lediglich auf deren Stand zum Zeitpunkt der Erstveröffentlichung verweisen.

MIX
Papier aus verantwortungsvollen Quellen
FSC® C014496
FSC
www.fsc.org

Verlagsgruppe Random House FSC® N001967

Dieses Buch ist auch als E-Book erhältlich.

1. Auflage
Deutsche Erstausgabe Oktober 2017

Originaltitel: *If you're so smart why aren't you happy?*
Originalverlag: Portfolio, an imprint of Penguin Publishing Group,
a division of Penguin Random House, LLC.
Umschlag: UNO Werbeagentur, München
Umschlagmotiv: FinePic®, München
Redaktion: Nadine Lipp
Satz: Buch-Werkstatt GmbH, Bad Aibling
Druck und Bindung: GGP Media GmbH, Pößneck
MZ · Herstellung: IH
Printed in Germany
ISBN 978-3-442-17663-2
www.goldmann-verlag.de

Besuchen Sie den Goldmann Verlag im Netz:

An das Zeichen

Wenn

Wenn du den Kopf bewahrst, da rings die Massen
längst kopflos sind und geben Dir die Schuld,
dir treu sein kannst, wenn alle dich verlassen,
und siehst ihr Zweifeln dennoch mit Geduld;
kannst warten du und langes Warten tragen,
lässt dich mit Lügnern nie auf Lügen ein,
kannst du dem Hasser deinen Hass versagen
und doch dem Unrecht unversöhnlich sein,

wenn du kannst träumen, doch kein Träumer werden,
nachdenken und gleichwohl kein Grübler sein;
wenn dich Triumph und Sturz nicht mehr gefährden,
weil beide du als Schwindler kennst, als Schein;
kannst du die Wahrheit sehn, die du gesprochen,
verdreht zum Köder für den Pöbelhauf,
siehst du als Greis dein Lebenswerk zerbrochen
und baust mit letzter Kraft es wieder auf,

wenn du auf EINES Loses Wurf kannst wagen
die Summe dessen, was du je gewannst,
es ganz verlieren und nicht darum klagen,
nur wortlos ganz von vorn beginnen kannst;
wenn du, ob Herz und Sehne längst erkaltet,

sie doch zu deinem Dienst zu zwingen weißt
und durchhältst, auch wenn nichts mehr in dir waltet
als nur dein Wille, der »durchhalten!« heißt,

kannst du zum Volke ohne Plumpheit sprechen,
und im Verkehr mit Großen bleibst du schlicht;
lässt du dich nicht von Freund noch Feind bestechen,
schätzt du den Menschen, überschätzt ihn nicht;
füllst jede unerbittliche Minute
mit sechzig sinnvollen Sekunden an:
Dein ist die Erde dann mit allem Gute,
und was noch mehr, mein Sohn: Du bist ein Mann!

Rudyard Kipling,
in der Übersetzung von Lothar Sauer

Inhalt

Vorwort

Was braucht es, um ein glückliches und erfülltes Leben zu führen?

In den letzten vier Jahrzehnten hatte ich das Privileg, mit über 150 der weltweit wichtigsten CEOs zusammenzuarbeiten, darunter Alan Mulally (ehemaliger CEO bei Ford), Dr. Jim Kim (Präsident der World Bank) und Ian Read (CEO des US-amerikanischen Pharmaunternehmens Pfizer). Bei Johnson & Johnson habe ich ein umfangreiches Projekt zur Führungskräfteentwicklung geleitet, an dem unter anderem Ralph Larsen (damals CEO) sowie 2000 der obersten Führungskräfte teilnahmen. Ausnahmslos alle CEOs hatten sich diese Frage bereits gestellt. Und da Sie dieses Buch lesen, vermute ich, dass auch Sie sich bereits seit geraumer Zeit mit ihr beschäftigen.

Die Antwort ist einfach und kompliziert zugleich. Einfach, weil Sie an sich bereits alles haben, um glücklich zu sein. Denn über die elementaren Grundbedürfnisse des Alltags und der Gesundheit hinaus braucht es nur drei Dinge für ein zufriedenes Leben: (1) erfüllende Sozialbeziehungen, (2) ein Gefühl der Sinnhaftigkeit des eigenen Tuns und (3) eine positive Einstellung zum Leben, gepaart mit dem Eindruck, jederzeit die Fäden in der Hand zu haben. Mehr ist nicht nötig.

Kompliziert wird die Antwort aus drei Gründen. Erstens: Als intelligenter und erfolgreicher Mensch werden Sie sich kaum mit dem Wissen zufriedengeben, *was* es zum Glücklichsein braucht, sondern überdies hinterfragen, warum es gerade diese drei Faktoren sind. Um das zu verstehen, muss man sich tiefer gehend mit der Glücksforschung auseinandersetzen, und das bedeutet Arbeit. Zweitens: Wie ich aus eigener Erfahrung sagen kann, reicht das Wissen über das Was und Warum alleine nicht aus. Um die Grundvoraussetzungen zu erfüllen, braucht man einen realistischen *Plan,* der in die Tat umgesetzt werden kann. Will man nun einen solchen Plan aufstellen, der theoretisch überzeugend und praktisch machbar ist, wird das Ganze kompliziert.

Am schwierigsten ist das Beantworten der Frage nach dem glücklichen Leben jedoch vor allem wegen unserer verzerrten Selbstwahrnehmung. Wahrscheinlich träumen Sie, wie so viele intelligente und erfolgreiche Menschen, etwas in der Art:

> Im Moment stehe ich extrem unter Stress. Berufliche und familiäre Belastungen, die ständige Erreichbarkeit und der permanente Wettbewerbsdruck überfordern mich manchmal. Ich rede nicht darüber, aber hin und wieder scheint mir mein Leben ein wenig zu entgleiten. Allerdings arbeite ich gerade an einem einzigartigen Projekt, einer großartigen Chance. Das Schlimmste wird wohl in zwei bis drei Monaten überstanden sein. Danach

nehme ich mir zwei bis drei Wochen, um mich neu zu organisieren und Zeit mit meiner Familie zu verbringen. Dann werde ich ganz bewusst ein glücklicheres und gesünderes Leben beginnen. Alles wird besser werden und in geordneteren Bahnen verlaufen.

Hand aufs Herz: Wie lange hegen Sie diesen Traum bereits? Wie lange werden Sie ihn noch träumen? Wenn Sie nicht aufpassen, wird es für immer ein schöner Traum bleiben.

Es braucht Selbstwahrnehmung, um einzusehen, dass ein glückliches und erfülltes Leben wichtiger ist als alles andere, was Sie bisher getan haben oder noch tun werden. Selbstwahrnehmung ist essenziell, weil sie die Grundvoraussetzung dafür ist, *das Vorhaben, glücklich und erfüllt zu leben, nicht mehr aufzuschieben.* Diese Wahrnehmung zu entwickeln ist manchmal nicht leicht, insbesondere, wenn Sie überlastet, müde und erschöpft sind.

Doch Sie haben Glück. Wenn es jemanden gibt, der die Dinge zu entwirren vermag, dann ist es Raj. Er schafft das auf dreierlei Wegen. Zum einen macht er uns mit den wissenschaftlichen Erkenntnissen zum Thema Glück und Zufriedenheit in leicht verständlicher Form bekannt. Deshalb hat er den Inhalt dieses Buches durchgängig nach dem Prinzip der sieben »Glücksfehltritte« gegliedert, denen er stets ein »Glücksrezept« besonders zufriedener Menschen gegenüberstellt und im Nachgang die jeweils passende »Glücksübung« (also ebenfalls sieben an der Zahl) folgen lässt. Interessante Anekdoten und relevante Forschungsergebnisse inklusive. Zum anderen hat er sehr viel Mühe darauf verwandt, die effektivsten Übungen zur Förderung des Glücklichseins ausfindig zu machen. Sie müssen nur noch begreifen, warum die Übungen funktionieren und sich ihnen nach besten Kräften widmen.

Schließlich liefert Ihnen dieses Buch die überzeugendsten Argumente dafür, warum es für Sie von allerhöchster Priorität sein sollte, glücklich und erfüllt zu leben - ein Ziel, das nicht ohne Grund von nahezu allen geistigen Oberhäuptern und Philosophen, von Aristoteles über Buddha bis zu Alexis Sorbas verfolgt wurde. Der Wunsch nach persönlichem Glück mag zunächst egozentrisch wirken, Sie werden jedoch erkennen, dass es kaum ein nobleres Ziel gibt. Ein zufriedenes Leben zu führen erfordert exakt dieselben Determinanten wie die Entwicklung zu einem netteren - sprich gütigeren und mitfühlenderen - Menschen.

Sollten Sie daher trotz Ihrer Intelligenz und Ihres Erfolgs nicht so glücklich und zufrieden sein, wie Sie es gerne wären, lege ich Ihnen die Lekūre dieses Buches ans Herz.

Denn: Das Leben ist schön!

Marshall Goldsmith

EINLEITUNG

Wie ich dazu kam, Glück zu lehren

Als ich mich vor Kurzem nach über 30 Jahren mit einem Freund traf (die sozialen Netzwerke machen es möglich), hatte ich ein Erlebnis der besonderen Art: Ich verband mich mit meinem *früheren* Selbst. So erinnerte mich der Jugendfreund beim gemeinsamen Austauschen von Anekdoten daran, wie ich früher, als eine wichtige Prüfung bevorstand, ganz entspannt zur gewohnten Zeit zu Bett ging, während sämtliche Studienkollegen (samt ihrer Mütter!) die Nacht durcharbeiteten. Oder aber wie ich zu einem formalen Abendessen, zu dem alle anderen in Anzug und Krawatte erschienen, in einem papageiengrünen T-Shirt und sonnenblumengelber Schlaghose auftauchte und die Frotzeleien der anderen nur gutmütig zur Kenntnis nahm. Ich galt damals als äußerst leichtlebige, unbeschwerte Person und hatte dermaßen die Ruhe weg, dass alle, die aufgemuntert werden wollten, meine Nähe suchten. Leider habe ich mit dem Alter, wie ich zugeben muss, einiges dieser Gelassenheit eingebüßt, sodass mich Wehmut beim Hören dieser alten Geschichten beschlich. Was wurde aus diesem Menschen, der ich früher war? Wann und wie habe ich meine »Unschuld« verloren?

Glück in den unterschiedlichen Lebensetappen

Beim Nachdenken über diese Frage realisierte ich, dass uns frühere Erlebnisse möglicherweise rosiger erscheinen, als sie es tatsächlich waren. Jeder, der für längere Zeit Tagebuch geführt hat, weiß, dass es früher auch nicht besser oder schlechter war als heute. Wir verklären unsere Vergangenheit zum einen, weil wir schwierige Situationen, etwa ein gebrochenes Herz oder die Absage beim Traumjob, meist besser bewältigen als erwartet.

Zum anderen neigen wir dazu, vergangene negative Ereignisse mit der Zeit positiv zu interpretieren; so entwickeln sich der Korb, den wir zum Abschlussball erhalten haben, oder die Scham, bei einer wichtigen Prüfung versagt zu haben, irgendwann zu Geschichten, die unser Leben bunter machen. Gerade weil wir Vergangenes positiver im Gedächtnis behalten, entschließen sich Frauen dazu, ein zweites Kind zu gebären, und Autoren, ein zweites Buch zu schreiben.

Dennoch sind die meisten, wie das Diagramm auf Seite 19 zeigt, in ihrer Kindheit glücklicher als im Erwachsenenleben. Insbesondere die Jugend/Pubertät gehört zu den schwierigsten Lebensabschnitten überhaupt: Abgesehen von einem wenig ansprechenden Äußeren benehmen wir uns unbeholfen und fühlen uns noch dazu besonders schlecht. Das Diagramm zeigt auch, dass wir uns als Erwachsene typischerweise im Alter zwischen 40 und 50 Jahren – in der Zeit der Midlife-Crisis – am elendsten fühlen.

Doch wie kommt es dazu, dass wir als Kind im Allgemeinen glücklicher sind? Was wussten wir damals, das wir als Erwachsene vergessen haben? Oder genauer: Was wissen wir heute, von dem wir als Kind noch nichts ahnten, das unser aktuelles Glück trübt?

Es war im Frühling 2009, als ich zum ersten Mal einen flüchtigen Blick auf die Antwort erhaschen konnte.

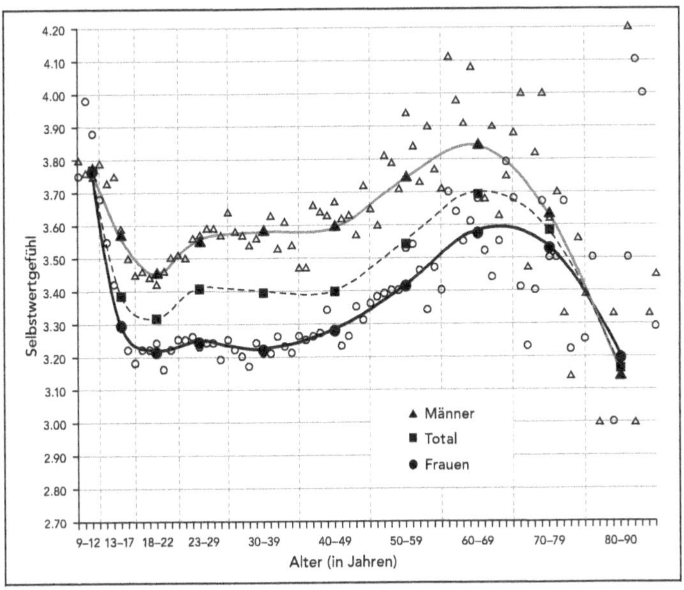

Selbstwertgefühl (das stark mit dem Glücksgefühl korreliert) im Laufe unseres Lebens[1]

Mein Seminar zum Thema Glück

Ich unterrichtete seit mehr als acht Jahren an der McCombs School of Business der University of Texas, Austin, Themen wie Konsumverhalten oder Kundenbeziehungsmanagement. Im Laufe dieser Zeit waren in mir zunehmend Zweifel hinsichtlich des Nutzens und der Relevanz meiner Kurse gewachsen. Nicht dass ich glaubte, sie seien ungeeignet, die Karriere der Studenten oder das Erreichen ihrer Unternehmensziele voranzutreiben. Mein Unbehagen war eher philosophischer Natur: *Ich war mir nicht sicher, ob diese Kurse dazu beitrugen, dass die Studenten ein glücklicheres und erfüllteres Leben führen würden.*

Mir war klar, dass akademischer und beruflicher Erfolg nicht automatisch zu Glück und Erfüllung führen, gleichzeitig war ich davon überzeugt, dass das oberste Ziel von Bildung darin liegen sollte, Studenten genau das zu ermöglichen. Wenn unser Bildungssystem letzten Endes nicht dazu beiträgt, die Lebensqualität der Lernenden zu verbessern, wie gut ist es dann? Ich bezweifelte, dass meine Seminare ebensowenig wie die meisten an der Wirtschaftsuni angebotenen Lehrveranstaltungen diesen Zweck erfüllten, und das belastete mich.

Nachdem ich mir das ein paar Jahre lang angesehen hatte (und endlich eine Festanstellung an der Uni bekam), entschloss ich mich zu handeln. Ich entwickelte ein Seminar, das Studenten den Raum geben sollte, über eine der wichtigsten Fragen des

Lebens zu diskutieren: Was sind die Determinanten für ein erfülltes und glückliches Leben? Mir war klar, dass auch ich keine umfassende Antwort hatte, doch war ein Seminar immer noch besser, als gar nichts zu tun.

Als ich es zum ersten Mal anbot, war ich mir nicht sicher, ob es überhaupt Anklang finden würde. Einige meiner Kollegen hielten BWL-Studenten für zu abgebrüht, geldversessen und selbstzentriert, um sich für Glück und Erfüllung im Leben zu interessieren. Mein Seminar war aber sofort komplett belegt. Mir wurde im Anschluss sogar die Ehrung »Professor des Monats« zuteil, im Jahr darauf wurde ich zum »Professor des Jahres« nominiert. Sobald sich das Seminar herumgesprochen hatte, wurde ich immer häufiger zu Vorträgen in Unternehmen eingeladen.

Bis zum Sommer 2015 hatte ich gerade einmal 1000 Studenten der McCombs School of Business und der Indian School of Business in Hyderabad unterrichtet. Gegen Ende desselben Jahres war die Studentenzahl um ein Mehrfaches gestiegen und gipfelte am 1. Januar 2016 bei unglaublichen 100 000 Studenten. Die Ursache für dieses astronomische Wachstum lag in der Veröffentlichung einer Onlineversion des Seminars vom 15. Juni 2015 auf der weltweit führenden MOOC-Plattform (massive open online course) Coursera. Bis heute erreichen mich regelmäßig frenetische Dankes-E-Mails von Studenten. So schrieb einer vor Kurzem: »Das Glücksseminar gehört wahrscheinlich mit zum Besten, was mir in meinem Leben passiert ist – und das meine ich wirklich ernst!« und ein anderer: »Dieses fesselnde und tiefgehende Seminar vereinigt in sich die Weisheit zahlreicher großartiger Lehrer, Wissenschaftler und Philosophen und formt daraus ein verständliches, logisches und umsetzbares Programm zur Steigerung des persönlichen Glücks und Lebenssinns.«

Der Erfolg des Seminars beruht auf dem Zusammenwirken verschiedener Faktoren, unter anderem unser tiefsitzendes Verlangen, die Determinanten für Glück und Erfüllung zu kennen und zu verstehen sowie neueste wissenschaftliche Erkenntnisse darüber, was es braucht, um ein glückliches und erfülltes Leben zu führen – die wir nicht zuletzt dem Fachbereich der Positiven Psychologie zu verdanken haben. Mindestens ebenso wichtig für den Erfolg ist meines Erachtens, dass zahlreiche Studenten sich nach dem Seminar tatsächlich glücklicher fühlten.

Während ich das Seminar vorbereitete, hätte ich niemals zu träumen gewagt, dass es so gut ankommt – ja, ich war mir nicht einmal sicher, *was* ich im Rahmen dieser Lehrveranstaltung eigentlich genau behandeln sollte, denn es existierte damals kein einziges Standardlehrbuch zum Thema Glück. Ich entschloss mich daher, einen vergleichbaren Kurs von Professor Srikumar Rao an der Columbia University zu besuchen. Dank einer der Übungen, zu der uns Srikumar aufrief – die Übung »mentales Geschnatter« –, konnte ich schließlich erahnen, warum ich mit den Jahren etwas meiner Leichtlebigkeit eingebüßt hatte. Und dies bescherte mir wiederum nützliche Erkenntnisse zu Inhalt und Struktur meines Seminars.

Erkenntnisse aus der »Mentales Geschnatter«-Übung

Bei der »Mentales Geschnatter«-Übung geht es darum, etwa zwei Wochen lang täglich so präzise wie möglich die Gedanken zu notieren, die einem ohne eigenes Dazutun durch den Kopf gehen. Um diese Übung erfolgreich zu absolvieren, ist es wichtig, die Gedanken beim Notieren nicht in eine positivere Richtung zu lenken und dem Drang zu widerstehen, einen Sinn in die Ereignisse des Tages hineinzuinterpretieren oder Abstand davon zu gewinnen. Es geht darum, alles Negative lückenlos festzuhalten, denn diese Gedanken sind weder irrelevant, noch werden sie zufällig vom Gehirn produziert. Sie wurzeln vielmehr in tiefer liegenden Zielen, Sehnsüchten und Werten. Versucht man, dieses negative Geplapper mit positivem Denken zu überschreiben, ist das in etwa so sinnvoll, wie wenn man ein Pfefferminzbonbon gegen schlechten Atem lutscht: Die Symptome werden behandelt, nicht aber die Ursache. Wenn es Ihnen also nicht nur darum geht, das Wohlbefinden zu verbessern, sondern Sie diese Verbesserung auch aufrechterhalten wollen, müssen Sie ein tiefer gehendes Verständnis für die Ziele, Sehnsüchte und Werte entwickeln, die hinter diesem negativen Geplapper stecken.

Während ich mich an die »Mentales Geschnatter«-Übung hielt, machte ich eine verblüffende Entdeckung: Mein »mentales Geschnatter« fiel deutlich negativer aus, als ich es vermutet hätte. Mir war nicht bewusst, dass unter meiner positiven Oberfläche ein tiefes Loch der Negativität lag. Obwohl diese Negativität – unter anderem manifestierte sie sich in der Sorge, nicht ausreichend respektiert zu werden, beziehungsweise in Frust, weil meine Kinder meinen Aufforderungen nicht nachkamen – immer schon da war, wurde ich mir erst nach der »Mentales Geschnatter«-Übung des Ausmaßes und der Intensität wirklich bewusst.

Während ich über diese Erkenntnis nachsann (»Ist mir die Meinung anderer über mich wirklich *so* wichtig? Bin ich wirklich *dermaßen* frustriert über meine Kinder?«), fragte ich mich, ob mein Fall einzigartig ist. Vielleicht, dachte ich hoffnungsvoll, war ich ansonsten derart positiv, dass mein »mentales Geschnatter« im Vergleich in einem besonders negativen Licht erschien. Doch was, wenn es in Wahrheit noch negativer als das der anderen war?

Ich konnte es kaum bis zur nächsten Sitzung bei Professor Rao erwarten, um dort meine Aufzeichnungen mit denen der anderen Studenten zu vergleichen. Zu meiner Erleichterung waren die anderen Studenten in derselben Lage: Ihr »mentales Geschnatter« war nicht minder negativ. Als ich später mein eigenes Glücksseminar abhielt, erlegte ich meinen Studenten dieselbe Übung auf – mit identischem Ergebnis wie in Professor Raos Seminar.

Was die Klugen und Erfolgreichen plagt

In den letzten fünf Jahren hatte ich das Privileg, insgesamt rund 1500 Personen zu der »Mentales Geschnatter«-Übung zu »verdonnern«. Das Unglück der Klugen und Erfolgreichen interessierte mich deshalb so sehr, weil ich es als besonders frappierend empfand. Diese Gruppe hat einen höheren IQ, eine ausgeprägtere Fähigkeit zum kritischen Denken, eine bessere Arbeitsmoral etc. Man sollte also davon ausgehen können, dass diese Menschen ihre Ziele besser erreichen, insbesondere wenn sie ihnen wichtig sind. Und da Glück von absolut zentraler Bedeutung ist, würde man erwarten, dass sie insgesamt zufriedener wären. Weil zahlreiche Studien jedoch ein anderes Bild zeichnen, sind einige Wissenschaftler zu dem Schluss gekommen, dass es faktisch keinen Zusammenhang zwischen Intelligenz und Glück geben kann. Ähnlich verhält es sich mit Wohlstand: Obwohl eine geringe positive Korrelation zu Glück besteht, ist diese längst nicht so signifikant, wie man erwarten würde. Wie Studien zeigen, hat auch Ruhm nur geringe Auswirkungen auf das Glücksempfinden.

Doch, warum sind die Klugen und Erfolgreichen nicht so glücklich, wie sie es sein könnten oder sollten?

Meine Kollegen Hyunkyu Jang, Doktorand an der University of Texas, Austin und Robin Soster, Marketingprofessor an der University of Arkansas und ich gewannen dazu wichtige

Erkenntnisse, als wir einige Studenten aufforderten, die »Mentales Geschnatter«-Übung zu machen. Wie sich herausstellte, war fast jeder Student von dem Ausmaß seines oder ihres negativen Geschnatters überrascht. Im Schnitt waren etwa 50 bis 70 Prozent der spontan auftretenden Gedanken der Studenten negativ – und das, obwohl sie davon ausgegangen waren, dass 60 bis 75 Prozent ihrer Gedanken positiver Natur seien. Wirklich interessant wird es jedoch, wenn man sich mit dem *Inhalt* der negativen Gedanken beschäftigt. Dieser lässt sich in drei Hauptkategorien einteilen:

- Gedanken, die um Minderwertigkeit kreisen,
- Gedanken über mangelnde Liebe und Verbundenheit zu anderen,
- Gedanken über Kontrollverlust.

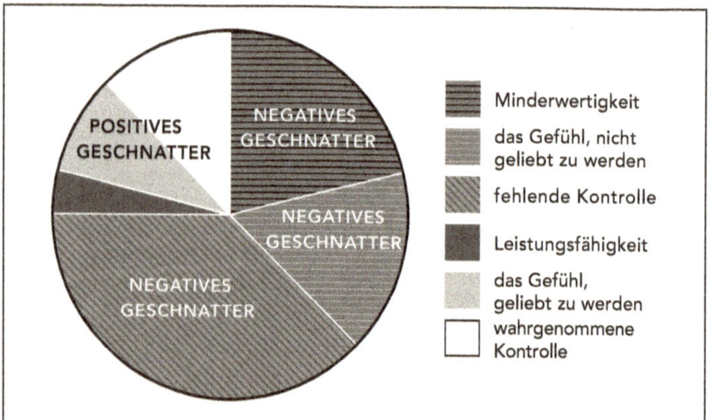

Als ich die aufgelisteten Gründe für das Unglück der Studenten genauer betrachtete, fiel mir auf, dass es kein einziges Buch über Glück gab, das sich direkt mit diesen Punkten auseinandersetzte. Dennoch gab es viele Studien zu diesen Themen. Diese beschäftigten sich häufig mit dem Verhalten, den Zielen und Werten, die den drei Kategorien des »mentalen Geschnatters« zugrunde liegen. Gedanken über Minderwertigkeit wurzeln beispielsweise in der Tendenz zu sozialem Vergleich (ob man mit den anderen mithalten kann), die wiederum auf dem Wunsch nach Überlegenheit beruht. Gedanken über fehlende Liebe und Verbundenheit gründen dementsprechend in einer Unsicherheit in Bezug auf Beziehungen, die sich entweder durch »Bedürftigkeit« (oder Beziehungsangst) oder »Vermeidung« äußert. Gedanken über Kontrollverlust haben schließlich ihre Basis in dem Wunsch nach Kontrolle und der Neigung zum »Maximieren«, also einem bemerkenswerten Drang, die Dinge zu verbessern.

Über diese Erkenntnisse nachzudenken hat mir geholfen, ein tieferes Verständnis dafür zu entwickeln, warum ich mich im Laufe der Jahre zu einer weniger glücklichen Version meines früheren Selbst entwickelt hatte. Mir wurde klar, dass, obwohl die Verhaltensweisen, Ziele und Werte, die das negative »mentale Geschnatter« hervorrufen, dem Glück abträglich sind, insbesondere die Klugen und Erfolgreichen unter uns nicht gewillt sind, von diesen abzulassen. Warum? Weil wir glauben, dass es sich dabei um essenzielle Kriterien von etwas handelt, das wir überaus schätzen: Erfolg. Viele gehen davon aus, dass der Wunsch nach Überlegenheit – das Verlangen, am reichsten, schnellsten oder stärksten zu sein – eine besonders wichtige Voraussetzung ist, um erfolgreich zu sein. Gleichermaßen glauben wir, dass Erfolg vor allem jenen zuteilwird, die sich von anderen nicht emotional beeinflussen lassen und danach trachten, andere Menschen und ihre Umgebung zu kontrollieren. Keine dieser Thesen ist jedoch wissenschaftlich belegt. Der Wunsch nach Überlegenheit mag uns zwar motivieren, gewisse Ziele zu verfolgen; wenn es jedoch darum geht, sie tatsächlich zu erreichen, ist diese Eigenschaft uns vielmehr Hemmschuh als Unterstützung. Ebenso stößt das Bedürfnis nach Kontrolle an seine Grenzen und verhilft nicht zu anhaltendem Erfolg.

Mir wurde klar, dass man diese Verhaltensweisen, Ziele und Werte, die unser negatives »mentales Geschnatter« befeuern, aufgeben sollte und sie durch andere, konstruktivere Verhaltensweisen, Ziele und Werte ersetzen. Damit würde man nicht nur das persönliche Glück mehren, sondern noch dazu seine Erfolgschancen verbessern.

Aufbau des Buches: Glücksfehltritte, Glücksrezepte und Glücksübungen

Ich bezeichne die Verhaltensweisen, Ziele und Werte, die unser negatives »mentales Geschnatter« anregen und unser Glück schmälern als »Glücksfehltritte«, wobei ich den Begriff »Fehltritt« keineswegs im moralischen Sinne verwende; vielmehr bezieht er sich in nicht ganz ernst gemeinter Weise auf die Annahme, dass Unglück häufig das Ergebnis unseres Tuns ist. Eine Möglichkeit, das Glücksniveau zu steigern, besteht entsprechend darin, derartige Fehltritte zu vermeiden. Ergänzend sollte man sich an den »Glücksrezepten«, also an dem Verhalten besonders zufriedener Menschen orientieren.

Jedem Kapitel ist auch eine »Glücksübung« angefügt. Diese Übungen sollen dazu beitragen, die vorbildlichen Verhaltensweisen zu fördern und gleichzeitig die Fehltritte zu vermeiden. Die Kapitel bestehen demnach aus drei Teilen – einem Glücksfehltritt, einem Glücksrezept und einer jeweils passenden Übung.

Was Sie unbedingt mitbringen sollten: Aufgeschlossenheit und Gewissenhaftigkeit

Möglicherweise geht es Ihnen wie den meisten meiner Studenten, und Sie werden fast alle der sieben Glücksfehltritte aus eigener Erfahrung kennen und gut nachvollziehen können, warum die Glücksrezepte funktionieren. Das bedeutet aber nicht, dass Sie mit allem in diesem Buch einverstanden sein werden. Es ist sogar sehr wahrscheinlich, dass Ihnen einige Abschnitte unangenehm sein werden. Wir sind derart streng darauf konditioniert, bestimmte Charakterzüge und Verhaltensweisen an den Tag zu legen (etwa nach Überlegenheit zu streben), dass es uns verstört, wenn ihre Gültigkeit infrage gestellt wird. Wenn Sie dieses Unbehagen verspüren, lege ich Ihnen dringend ans Herz, sich dennoch Ihre Aufgeschlossenheit zu bewahren. Sollte also irgendein Konzept Skepsis in Ihnen auslösen, lehnen Sie es bitte nicht sofort ab. Vor allem fordere ich Sie dazu auf, so ernsthaft wie möglich an die Übungen heranzugehen. Sobald Sie das Buch einmal komplett gelesen haben, werden Sie den Wert der verschiedenen Konzepte und Übungen besser beurteilen können.

Gleichwohl sollte ich anmerken, dass sich nicht alle Konzepte und Übungen gleichermaßen für Sie eignen werden. Wie Sonja Lyubomirsky in ihrem Buch *Glücklich sein* anmerkt, gibt es so etwas wie eine individuelle »Glücksstrategie«. Abhängig von

Ihrem Charakter und Lebensstil funktionieren manche Übungen besser als andere. Um herauszufinden, welche Konzepte und Übungen für Sie besonders effektiv sind, empfehle ich Ihnen, für die Zeit der Lektüre dieses Buches Tagebuch zu führen und zwar ab heute. Weil das Buch in sieben Themengebiete untergliedert ist, empfehle ich Ihnen, das komplette Übungsprogramm innerhalb von sieben Wochen zu absolvieren, also wöchentlich eine Übung zu machen.

Um die größtmögliche Wirkung zu erzielen und tatsächlich glücklicher zu werden, rate ich Ihnen dringend dazu, die sieben Übungen gewissenhaft zu absolvieren. Die Kombination von Aufgeschlossenheit und Gewissenhaftigkeit sind, wie ich erkannt habe, wesentlich, um das Glücksniveau bedeutend zu steigern. So verzeichneten über 70 Prozent der Studenten, die sämtliche Unterrichtsstunden besucht und alle Übungen befolgt hatten, eine Verbesserung ihres Glücksniveaus, während es bei den weniger gewissenhaften nur ein Anteil von 25 Prozent waren.

Die erste Glücksbewertung mit dem Lebenszufriedenheits-Fragebogen

Auch wenn Ihr Interesse an diesem Buch rein akademischer Natur ist – wenn es Ihnen also nicht unbedingt darum geht, Ihr Glück zu mehren –, sind Sie vermutlich neugierig, wie sich die Konzepte aus diesem Buch auf Ihr Glück auswirken. Zu diesem Zweck habe ich den sogenannten »Lebenszufriedenheits-Fragebogen« von Ed Diener mit aufgenommen, den Sie zu drei verschiedenen Zeitpunkten während der Lektüre dieses Buches ausfüllen, das erste Mal gleich im Anschluss (Sie finden ihn auf Seite 35), das zweite Mal in der Mitte und schließlich am Ende des Buches.

Bei der Art von Glück, die durch den Fragebogen ermittelt wird, handelt es sich keineswegs um flüchtige Stimmungslagen; im Mittelpunkt steht vielmehr eine reflektierte Einschätzung darüber, wie gut Ihr Leben unterm Strich verläuft. Wie sich herausgestellt hat, gibt es eine starke Korrelation zwischen der anhand des Fragebogens festgestellten Glücksintensität und (a) neurologischen Korrelaten (z. B. Serotonin- und Kortisolspiegel), (b) der Einschätzung des Glücksniveaus durch Außenstehende und (c) anderen verhaltensbezogenen Parametern, darunter die Stabilität der Ehe. Die Ergebnisse des Fragebogens sind also ziemlich verlässlich, was nicht zuletzt der Grund dafür ist, dass die Originalstudie, der dieser entstammt, bereits über 10 000 Mal zitiert wurde!

Ich hoffe, dass dieses Buch dazu beiträgt, Ihr Glücksniveau zu steigern. Denn, was noch viel wichtiger ist: *All das, was uns ein glücklicheres und zufriedeneres Leben beschert, macht uns zugleich zu besseren, sprich liebenswürdigeren und gütigeren Menschen – die noch dazu erfolgreicher sind.* Das heißt, das Rezept für Glück ist überdies ein »Win-win-win-Rezept«, ein Aspekt, den ich im Schlusskapitel des Buches nochmals aufgreifen werde.

Viel Spaß bei der Lektüre, mögen Ihnen beim Lesen dieses Buches ebenso viele Glücksmomente zuteilwerden, wie mir beim Schreiben!

Der Lebenszufriedenheits-
FRAGEBOGEN

Anmerkung: Professor Ed Diener, der den Fragebogen mit seinen Kollegen entwickelt hat, ist in den USA auch unter dem Namen »Dr. Happiness« bekannt. Die hohe Verlässlichkeit der Skala lässt sich darauf zurückführen, dass sie nicht nur momentane Gefühlsschwankungen bemisst, sondern die grundsätzliche Lebenszufriedenheit. Bitte beachten Sie, dass Sie bei dem einen oder anderen Punkt (insbesondere beim letzten) eine gewisse Unzufriedenheit beschleichen könnte und Sie möglicherweise nicht ganz sicher sind, wie einige der Punkte zu interpretieren sind. Legen Sie in diesem Fall die Unzufriedenheit ab und versuchen Sie, die Punkte so zu interpretieren, wie es Ihnen am sinnvollsten erscheint, wobei Sie stets berücksichtigen sollten, dass mit dem Fragebogen bewertet werden soll, wie zufrieden oder glücklich Sie mit Ihrem Leben insgesamt sind.

Bewerten Sie bitte jede der fünf unten stehenden Aussagen auf einer Skala von 1 bis 7, wobei 1 für »starke Ablehnung« und 7 für »starke Zustimmung« steht. Zählen Sie danach die Punkte zusammen, und Sie erfahren, wo Sie auf der Lebenszufriedenheitsskala stehen. Die Auswertung des Ergebnisses finden Sie auf der nächsten Seite.

Lebenszufriedenheits-Fragebogen							
	Starke Ablehung						**Starke Zustimmung**
Im Großen und Ganzen entspricht mein Leben in etwa meinen Idealvorstellungen.	1	2	3	4	5	6	7
Ich bin mit meinem Leben zufrieden.	1	2	3	4	5	6	7
Meine Lebensumstände sind ausgezeichnet.	1	2	3	4	5	6	7
Bislang habe ich alles, was mir wichtig war, im Leben erreicht.	1	2	3	4	5	6	7
Wenn ich mein Leben noch einmal leben könnte, würde ich fast nichts ändern.	1	2	3	4	5	6	7

Auswertung des Lebenszufriedenheits-Fragebogens

Punkte-stand	**Sie sind …**	**Das bedeutet: …**
32–35	extrem zufrieden	Sie werden durch dieses Buch zwar nicht noch glücklicher werden, doch es kann dazu beitragen, dass Sie verstehen, warum Sie so glücklich sind.
28–31	sehr zufrieden	Dieses Buch kann Ihnen helfen, das bereits hohe Glücksniveau aufrechtzuerhalten.
23–27	zufrieden	Dieses Buch wird Ihnen sicher helfen, glücklicher zu werden.
18–22	nicht sehr glücklich	Bei Ihrem Glücksnivau ist definitiv noch Raum für Verbesserungen, und dieses Buch wird Sie darin unterstützen.
13–17	unglücklich	Ihr Glücksniveau bedarf dringender Verbesserung, und dieses Buch kann Ihnen dabei helfen.
12 und darunter	potenziell depressiv	Dieses Buch kann unterstützend wirken, möglicherweise sollten Sie sich jedoch professionelle Hilfe holen (etwa, indem Sie einen Psychotherapeuten konsultieren).

GLÜCKSFEHLTRITT NR. 1

Das Glück abwerten

Ich gehe jeden Monat im Schnitt zu etwa zwei bis vier Partys – aus rein akademischen Gründen natürlich, um mich über die neuesten Marketingtrends auf dem Laufenden zu halten. Die Frage, die mir dort am häufigsten gestellt wird, lautet: »Was betrachten Sie als Ihre interessanteste wissenschaftliche Erkenntnis?«

Ich antworte sets mit einer Gegenfrage, der sogenannten »Dschinn-Frage«:

> *Stellen Sie sich vor, Ihnen erscheint ein Flaschengeist, und er gewährt Ihnen drei Wünsche. Dieser Dschinn ist allwissend und allmächtig, Sie brauchen sich also in keiner Weise einzuschränken. Für welche drei Wünsche entscheiden Sie sich?*

Nehmen Sie sich, verehrter Leser, verehrte Leserin, an dieser Stelle ein oder zwei Minuten Zeit, um Ihre Wünsche zu notieren. Sie werden dann, das verspreche ich Ihnen, den Inhalt dieses Kapitels sehr viel besser nachvollziehen können.

1. Wunsch: Glückliche Beziehung
2. Wunsch: Wohlfühl Bereiche
3. Wunsch: Schönen Garten

Den meisten fällt es nicht weiter schwer, die Dschinn-Frage zu beantworten, und ihre Wunschliste liest sich für gewöhnlich in etwa wie folgt:

1. Wunsch: Eine Menge Geld – genug, um sämtliche Ausgaben zu decken.
2. Wunsch: Riesenerfolg auf allen Ebenen, mitsamt den üblichen Begleiterscheinungen: Ruhm, Macht und Ehre.
3. Wunsch: Erfüllende Beziehungen, insbesondere zu Familienmitgliedern und Freunden.

Ein paar Leute, die sich für besonders schlau halten, »begnügen« sich mit nur einem Wunsch: Der Dschinn möge Ihnen zukünftig alle Wünsche erfüllen. Diese allzu ehrgeizigen Typen weise ich darauf hin, dass ihr Wunsch, obschon durchaus sinnvoll, unseren Zwecken nicht dienlich ist. Ich erkläre ihnen, dass es sich bei der Dschinn-Frage nicht nur um eine intellektuelle Übung handelt, vielmehr soll sie uns einige wichtige Erkenntnisse darüber verschaffen, wie Menschen ihr persönliches Glück sabotieren. Ich fordere sie daher auf, sich für ihren Scharfsinn selbst auf die Schulter zu klopfen und sich im Anschluss daran erneut der Beantwortung der Dschinn-Frage zuzuwenden.

Surprise, Surprise!

Im Laufe der Jahre haben Hunderte von Menschen die Dschinn-Frage beantwortet, manchmal auf durchaus amüsante Weise. Eine Frau etwa wünschte sich eine Mischung aus Michael Jackson und Paul McCartney zum Mann. Ein anderer wollte in das Jahr 1969 zurückreisen und Neil Armstrong und Buzz Aldrin auf dem Mond mit einem lauten »Buh!« erschrecken. Im Allgemeinen fallen die Antworten jedoch eher verwunderlich als amüsant aus. Am stärksten hat mich überrascht, dass Glück auf den Wunschlisten fehlte. Die meisten Psychologen und sogar viele Ökonomen gehen davon aus, dass wir im Leben vor allem nach Glück streben. Und dennoch bittet kaum jemand den Dschinn darum. Wie kann das sein?

Eine Erklärung ist, dass die Menschen um Dinge bitten, die ihres Erachtens glücklich *machen:* stabile Beziehungen, Geld, Status und so weiter. Warum aber wünschen sie sich dann nicht gleich, glücklich zu *sein?* Wenn Sie planen, von New York nach Delhi zu reisen, würden Sie sich schließlich auch kein Ticket zu irgendeinem Ort, der auf der Strecke liegt, (z. B. London) buchen, sondern gleich nach Delhi fliegen.

Vielleicht bitten die Menschen den Dschinn auch deshalb nicht um Glück, weil es für sie, der Ansicht von Psychologen und Ökonomen zum Trotz, keine derartig hohe Priorität hat. Dieser Möglichkeit bin ich zusammen mit meinen Kollegen Sunaina

Chugani von der City University in New York und Ashesh Mukherjee von der McGill University auf den Grund gegangen. Wir haben Probanden aus den verschiedensten gesellschaftlichen Schichten befragt – von Studenten und Hausfrauen bis hin zu Angestellten und Arbeitern oder Rentnern. Wir präsentierten ihnen 16 Lebensziele (unter anderem Wohlstand, Karriere, körperliche Gesundheit, erfüllende Beziehungen) und forderten sie dazu auf, diese nach ihrer Wichtigkeit zu sortieren.

»Glücklich und zufrieden sein« stellte sich dabei als das wichtigste Lebensziel der Befragten heraus – gleichauf mit »erfüllende Beziehungen« (siehe Tabelle weiter unten). Anders ausgedrückt: Psychologen und Ökonomen sind sich nicht nur (ausnahmesweise!) einig, sie haben zudem recht.

Zufriedenheit und Glück *sind* für die meisten Menschen besonders wichtige Ziele im Leben.

Lfd. Nr.	**Ziel**	**Durchschnittliche Bewertung**
1	Erfüllende Beziehungen	3.19
2	Glücklich und zufrieden sein	3.31
3	Beruflicher Erfolg	4.78
4	Wohlstand	5.46
5	Ein guter Mensch sein; anderen helfen	6.23
6	Die Freiheit zu tun was man will	7.44
7	Berufliche Erfüllung	8.12
8	Körperliche Gesundheit	8.86

Lfd. Nr.	Ziel	Durchschnittliche Bewertung
9	Berühmt sein	9.45
10	Von anderen respektiert/bewundert werden	9.56
11	Spirituelles Wachstum	10.19
12	Etwas meisterhaft beherrschen	11.23
13	Den Sinn des Lebens erkennen	11.34
14	Den eigenen Daseinszweck ergründen	11.79
15	Körperliche Attraktivität	12.22
16	Macht	12.67

16 Lebensziele und ihre durchschnittliche Bewertung durch die Befragten

Doch auch, wenn dies eine beruhigende Erkenntnis ist, bleibt immer noch die Frage: *Warum bitten die Menschen den Dschinn nicht direkt um Glück?*

Um diese Frage zu beantworten, muss man etwas weiter ausholen.

Das fundamentale Glücksparadox

An einem schwülwarmen Nachmittag Mitte September betrat ich mit meinem Cousin eine Salatbar in Austin. Es handelte sich um eine dieser typischen Salatbars mit großer vegetarischer Auswahl (Zwiebeln, Tomaten, Salat, Oliven, Kichererbsen) und einigen nichtvegetarischen Optionen (Schinken- und Speckwürfel, gegrilltes Hühnchen). Man nahm sich, was man wollte, und bezahlte nach Gewicht.

Mein Cousin ist, wie viele andere auch, sehr preissensibel. Um das beste Preis-Leistungs-Verhältnis zu bekommen, hätte er seinen Teller vor allem mit nichtvegetarischen Optionen beladen müssen, da die vegetarischen Optionen in Relation zu ihrem Gewicht teurer waren. Ich wusste aber, dass er nie Speck aß und auch nichts für gegrilltes Hühnchenfleisch übrighatte. Hühnchen mochte er am liebsten gebraten, nicht gegrillt. Außerdem liebte er Kichererbsen.

Was würde er also tun? Würde er die Kosteneffektivität maximieren und zu diesem Zweck mehr gegrilltes Hühnchen nehmen, oder würde er sich für maximalen Genuss entscheiden und sich deshalb großzügig bei den Kichererbsen bedienen? Ich wurde nicht allzu lange auf die Folter gespannt: Er hatte seinen Teller mit haufenweise Grillhähnchen und nur wenig Kichererbsen beladen. Das Preis-Leistungs-Verhältnis hatte den Genuss übertrumpft. Als mein Cousin am Tisch saß, fragte ich ihn in einem leicht sarkastischen Ton: »Ich hoffe, dein Salat schmeckt dir?«

Mein Cousin hatte das zur Schau gestellt, was ich als *fundamentales Glücksparadox* bezeichne. Es beruht auf folgender Annahme: Obwohl Zufriedenheit einer der zentralen Werte in unserem Leben ist, lassen wir uns häufig von anderen Zielen wie etwa einem optimalen Preis-Leistungs-Verhältnis ablenken.

Sehen Sie sich dazu die Ergebnisse einer Studie an, zu der mich die Erfahrung mit meinem Cousin inspiriert hat. Die

Teilnehmer wurden zunächst aufgefordert, folgendes Szenario durchzulesen.

Szenario 1: Die Salatbar

Maximaler Genuss oder maximale Kosteneffektivität?

Angenommen Sie befinden sich in einem Restaurant an der Salatbar. Es gilt Selbstbedienung, bezahlt wird nach Gewicht (100 Gramm kosten ein Euro). Die Auswahl ist groß, und Sie wissen, dass bestimmte Dinge (z. B. Pilze) normalerweise teurer sind als andere (z. B. Kichererbsen). Gehen Sie davon aus, dass Ihnen die günstigeren Zutaten besser schmecken als die teureren, so mögen Sie z. B. Kichererbsen lieber als Pilze.

Sobald die Teilnehmer das Szenario durchgelesen hatten, sollten sie folgende Frage beantworten:

Welche der folgenden Optionen würde Sie zufriedener stimmen?

Option A: Reichlich Pilze zum Salat nehmen, um möglichst viel für den Preis zu bekommen.

Option B: Reichlich Kichererbsen zum Salat nehmen, damit er Ihnen richtig gut schmeckt.

Ziel der Studie war es herauszufinden, wodurch die Menschen glaubten, zufriedener zu werden: den Genuss des Salats (Option B) oder das optimale Preis-Leistungs-Verhältnis (Option

A). Die Ergebnisse bestätigten unsere Vermutungen. Eine überragende Mehrheit (98 Prozent) wählte Option B und damit den Genuss.

Nachdem wir also die glücksmaximierende Wirkung von Option B nachgewiesen hatten, widmeten wir uns als Nächstes der Frage, inwieweit sich die Menschen, vor die tatsächliche Wahl gestellt, für Option B und damit für die Zufriedenheit entscheiden. Wir setzten eine andere Teilnehmergruppe demselben Szenario aus und baten sie nicht mehr, sich für die zufriedenstellendere Variante zu entscheiden, sondern forderten sie auf, auf der Basis ihres persönlichen Konsumverhaltens zwischen den beiden Möglichkeiten zu wählen. Nur 76 Prozent entschieden sich für Option B. Folglich waren 22 Prozent der Probanden (oder etwa jeder fünfte) bereit, ihr Glück zugunsten eines optimalen Preis-Leistungs-Verhältnisses zu schmälern.

Man könnte nun einwenden, dass diejenigen, die Option A wählten, das günstigere Preis-Leistungs-Verhältnis als wichtiger für ihre Zufriedenheit einschätzten als den Wohlgeschmack des Salats. In unserer ersten Studie allerdings hielt die überwiegende Mehrheit (98 Prozent) Option B für die glücksmaximierende Option. Gesetzt den Fall, dass sich die zweite Gruppe nicht von der ersten unterscheidet – und es gibt keinen Grund, etwas anderes zu vermuten –, lag bei 22 Prozent der Befragten die Motivation für ihre Entscheidung nicht in der Aussicht auf Glücksmaximierung, sondern in etwas anderem: einen möglichst hohen Gegenwert für ihr Geld zu erhalten.

Ich möchte Ihnen noch eine weitere Situation schildern, die beispielhaft ist für die menschliche Neigung, Glück zugunsten anderer Ziele zu opfern.

Szenario 2: Die Beziehung
Lieber glücklich oder im Recht?

Angenommen Sie leben mit Ihrem wundervollen Freund oder Ihrer wundervollen Freundin in einer äußerst erfüllenden, romantischen Beziehung. Es gibt nur eine Sache, in der Sie Verbesserungsbedarf sehen: Sie wünschen sich, dass er oder sie abnimmt. Sie geben diesbezüglich Tipps, doch befolgt werden diese nie. Nach ein paar Monaten kommt er oder sie schließlich ganz aufgeregt nach Hause und berichtet Ihnen, jemandem begegnet zu sein, der ihn zu einem neuen Lebensstil inspiriert hätte – einem Lebensstil, der es ermöglichen wird abzunehmen. Während er oder sie Ihnen diesen neuen Lebensstil genauer erläutert, merken Sie, dass dies exakt dem entspricht, was Sie seit Monaten geraten haben! Ihr Partner scheint von einer anderen Person zu eben den Veränderungen überredet worden zu sein, die Sie sich erbeten hatten. Wie würden Sie reagieren?
Option A: Sie weisen ihn oder sie (verärgert) darauf hin, dass der oder die andere absolut nichts Neues erzählt hat.
Option B: Sie beglückwünschen ihn oder sie dafür, einen Weg gefunden zu haben, an das Ziel seiner oder ihrer Wünsche zu gelangen.

Vor dieses Szenario gestellt sagt die Mehrheit der Teilnehmer (85 Prozent), dass sich Option B zur Mehrung des persönlichen Glücks eindeutig besser eignet. Sie waren sich bewusst, dass man in dieser Situation entweder recht haben oder glücklich sein kann – nicht beides. Und dennoch, als wir eine weitere Teilnehmergruppe darum baten, sich konkret zwischen den beiden Optionen zu entscheiden, wählten lediglich 72 Prozent die Möglichkeit B. Immerhin waren es also 13 Prozent der Teilnehmer (oder aber jedem achten) so wichtig, ausdrücklich im Recht zu sein, dass sie dafür ihr Glück opfern würden.

Eine weitere, kleine Studie ergab, dass jeder Sechste bereit wäre, Glück um des Ruhmes oder der Schönheit willen aufzugeben. All diese Erkenntnisse lassen darauf schließen, dass das fundamentale Glücksparadox ziemlich weitverbreitet ist.

Das Berufswahlszenario

Die bisher in diesem Buch beschriebenen Szenarien haben alle eine Schwachstelle: Es geht stets darum, einfache, hypothetische Entscheidungen zu treffen. Man könnte sich daher fragen, ob das fundamentale Glücksparadox in realistischeren, folgenschwereren Kontexten überhaupt existiert.

Würden Menschen beispielsweise auch im Zusammenhang mit der Berufswahl auf ein Stück vom Glück verzichten? Um das herauszufinden, haben meine Coautoren und ich Studenten einer Wirtschaftsuni vor folgendes Szenario gestellt:

Szenario 3: Das Jobangebot

Angenommen Sie haben zwei Jobangebote:
Position A winkt mit einem sehr hohen Gehalt und würde Ihnen überdies den Weg zu einer erfolgreichen beruflichen Karriere ebnen. Allerdings wissen Sie von ehemaligen Studienkollegen, die dort bereits Erfahrungen gesammelt haben, dass die Tätigkeit sowohl uninteressant als auch mit sehr viel Stress und Überstunden verbunden ist. Zudem sind die Mitarbeiter des Unternehmens bekannt dafür, im Umgang eher schwierig zu sein.
Job B hingegen ist weniger gut bezahlt, genau genommen verdient man dort nur etwa halb so viel wie bei Job A. Zwar reicht das Gehalt, um ein anständiges Leben führen zu können, reich wird man dabei aber nicht. Allerdings würde Ihnen die Tätigkeit deutlich mehr entsprechen, und Sie hätten es mit umgänglichen, sympathischen Kollegen zu tun.

Welches Jobangebot würden Sie annehmen?

Wie üblich forderten wir eine Gruppe dazu auf, jene Option auszusuchen, die eher zu innerer Zufriedenheit führt. Die Mehrheit (78 Prozent) entschied sich für Variante B, den intrinsisch motivierten Job mit dem niedrigeren Gehalt.

Wenn die Studenten im Leben vor allem nach Glück und Zufriedenheit strebten, sollte sich ein ähnlich hoher Anteil der Kontrollgruppe, wenn vor die tatsächliche Entscheidung gestellt, ebenfalls für Job B entscheiden. Und wirklich, im Gegensatz zu den Ergebnissen unserer vorhergehenden Studien, wählten 74 Prozent – eine Quote, ziemlich nahe den 78 Prozent – diese Option!

Warum fielen die Ergebnisse dieser Studie derart anders aus? Treffen Menschen in Kernberreichen des Lebens womöglich glücksfördernde Entscheidungen?

Auf den ersten Blick scheinen die Ergebnisse genau diesen Schluss nahezulegen. Doch irgendetwas an der Sache erschien mir faul – oder, genau genommen, meinen Mitarbeitern. Je länger wir über die Ergebnisse nachdachten, desto stärker regten sich in uns die Zweifel. Wenn Sie Wirtschaftsstudenten ebenso gut kennen wie ich, werden Sie sich denken können, was uns daran beunruhigte. Der typische BWL-Student ist eher darauf aus, Geld zu verdienen, als intrinsische Interessen zu verfolgen. (Ich habe schließlich selbst ein Wirtschaftsstudium abgeschlossen und kann ein Lied davon singen…) Und dennoch hatte sich in unserer Studie die Mehrheit der Studenten für den intrinsisch motivierten Job entschieden. Wie das? Waren diese Studenten irgendwie anders? Oder könnte es sein, dass sie ihre wahren Präferenzen nicht offenlegen wollten, um nicht als geldgierig zu gelten? Wir schmiedeten also einen Plan, um das Rätsel zu lösen.

Wenn Psychologen etwas von Menschen in Erfahrung bringen wollen, das diese nicht offen zugeben, greifen Sie zu einem Trick: dem sogenannten *projektiven Verfahren.* Dabei wird nicht mehr direkt nach der Meinung der Betreffenden gefragt, sondern danach, wie andere Personen über das brisante Thema denken könnten. Diese Technik funktioniert deshalb, weil die meisten von uns deutlich besorgter um den eigenen Ruf als um den anderer sind. Sagen wir mal, Sie wollen wissen, wie viele Menschen in Swimmingpools pinkeln. (Warum auch nicht?) Wenn Sie nun fragen: »Was glauben Sie, wie viele Ihrer Mitmenschen pinkeln in den Pool?«, können Sie sich ein sehr viel realistischeres Bild machen, als wenn Sie sich erkundigten »Wie oft pinkeln *Sie* in Pools?«. Lautet die Antwort »die allermeisten«, so können Sie sich (mehr oder weniger) sicher sein, dass das Pinkeln in Pools eine ziemlich weitverbreite Angewohnheit darstellt.

Entsprechend sind die Studenten vermutlich weniger bereit, sich selbst als geldgierig zu outen, während sie diesen Charakterzug wohl bedenkenlos an ihren Kommilitonen »offenlegen« würden.

Bei der nächsten Gelegenheit präsentierte ich Studenten dieselben Stellenbeschreibungen (Job A und Job B) und forderte sie auf, sich vorzustellen, ihnen würden beide angeboten. Dann fragte ich: »Wer von euch würde sich für Job A entscheiden – die wenig motivierende, aber hoch bezahlte Stelle?«

Ein paar Hände – etwa fünf von 40 – reckten sich in die Höhe.

Dann wollte ich wissen: »Wer von euch würde Job B wählen – die schlechter bezahlte, aber erfüllendere Position?« Sehr viel mehr Hände schnellten nach oben. Das Muster glich dem, das wir zuvor bereits gesehen hatten: Ein großer Anteil der Studenten schien die schlecht bezahlte, aber erfüllendere Stelle vorzuziehen.

Ich täuschte Überraschung vor und sagte: »Interessant! Man möchte meinen, BWL-Studenten wären mehr an Geld interessiert, als ihr es zu sein scheint. Wie kommt das?«

»Wir sind anders«, erwiderte einer der Studenten nach einer kurzen Pause. »Uns geht es weniger ums Geld, als darum, unsere Leidenschaften zu leben.«

»Wie sieht es mit BWL-Studenten an anderen Unis aus?«, wollte ich wissen. »Wie viele von ihnen würden sich wohl für den gut bezahlten Job entscheiden?«

»Auf jeden Fall deutlich mehr als bei uns«, meinte ein weiterer Student und sah sich unterstützungsheischend unter seinen Kommilitonen um, die ihm diese auch sofort zuteilwerden ließen.

»Wie sieht es mit den BWL-Studenten im Grundstudium an unserer Uni aus?«, fragte ich als Nächstes. »Sind sie eher so wie ihr oder mehr wie die an anderen Universitäten?«

»Definitiv eher so wie die Studenten von anderen Universitäten«, ließ ein anderer Kommilitone abschätzig vernehmen. »Im Grundstudium ist man nur am Geldverdienen interssiert. Erst, wenn man bereits ein paar Jahre gearbeitet hat, merkt man, dass Geld nicht alles ist.«

Hmmm, dachte ich, *da würde ich doch zu gerne mal die Studenten im Grundstudium zu ihrer Meinung befragen.*

Die Gelegenheit dafür sollte sich bald bieten. Ich wiederholte also das Prozedere, und Sie können sich sicherlich schon denken, was dabei herauskam. Die Studenten gaben an, im Vergleich zu Masterstudenten deutlich weniger geldfixiert zu sein, und mehr daran interessiert, den eigenen Leidenschaften zu folgen.

Unsere Vermutung erwies sich also als richtig. Die Studenten schienen tatsächlich darauf erpicht, ihre eigentlichen Präferenzen im Kontext der Stellenwahl zu verschleiern.

Wie könnte es uns also gelingen, das Streben nach Selbstdarstellung zu umgehen, um einen *direkteren* Nachweis zu erbringen, dass die Studenten (und damit im weiteren Sinne auch andere Menschen) das fundamentale Glücksparadox in einem Kernbereich wie der Arbeitssuche zeigten?

Da ich selbst ein BWL-Studium abgeschlossen habe, weiß ich, dass die Geldfixiertheit der Studenten vor allem während der Bewerbungsphase zutage tritt. Für unsere nächste Studie simulierten wir daher die Bedingungen eines Bewerbungsgesprächs.

Um die Studenten unter Wettbewerbsdruck zu setzen, ließen wir sie einen Test absolvieren, für den sie zwölf Fragen zu verschiedenen Themen beantworten mussten. Die Idee war, durch den so entstehenden Stress, den Wunsch nach Selbstdarstellung zu umgehen. Um sie dabei möglichst jener Art von Stress auszusetzen, der sie auch in einer Bewerbungsphase ausgesetzt sind, erzählten wir einer Gruppe von Probanden zusätzlich, dass sich aus ihren Testergebnissen auf ihr späteres Abschneiden in Bewerbungsgesprächen schließen ließe. Den anderen Teilnehmern sagten wir, der Test würde ihren »Persönlichkeitstyp« ans Licht bringen. Anschließend konfrontierten wir beide Testgruppen mit den bekannten Stellenbeschreibungen (Job A und Job B) und baten sie, sich für eine zu entscheiden. Bei beiden Gruppen gingen wir davon aus, dass sich mindestens 26 Prozent für die hoch bezahlte Stelle entscheiden würden – so viele, wie sich auch ohne Stress für die extrinsisch motivierte Position entschieden hatten. Wir nahmen weiterhin an, dass der Anteil in der »Jobstress«-Gruppe höher ausfallen würde als in der »Persönlichkeitsstress«-Gruppe. Unsere Erwartungen bestätigten sich: 55 Prozent der Studenten der »Jobstress«-Gruppe und 44 Prozent der unter »Persönlichkeitsstress« gesetzten wählten die extrinsisch motivierte Stelle.

Je mehr Stress eine Situation also auslöst und je stärker dieser Stress dem in Bewerbungsgesprächen ähnelt, desto eher opfert der Betroffene sein persönliches Glück zugunsten des Geldes. Mit dieser Studie hatten wir den gewünschten, direkteren

Nachweis des fundamentalen Glücksparadoxes, doch waren wir damit noch nicht zufrieden. Wir wollten es auch in einem real existierenden Berufswahlkontext belegen.

Unsere letzte Studie führten wir in zwei Phasen durch. In Phase eins, die etwa zwei Monate vor der tatsächlichen Bewerbungsphase einsetzte, sollten sich die Masterstudenten aus einer Liste von neun Branchen (z. B. Investment-Banking oder Einzelhandel) drei auswählen, in denen sie sich für eine von zwei Stellen bewerben würden. Die Stellenbeschreibungen enthielten alle erforderlichen Informationen, um sowohl die intrinsischen (z. B. die Werteorientierung) wie auch die extrinsischen Qualitäten (z. B. das Gehalt) erkennen zu können. Die Studenten wurden dann gebeten, sich für eine der beiden Stellen in jeder der drei gewählten Branchen zu entscheiden. Anschließend wurden sie dazu aufgefordert, alle sechs Stellenangebote, die ihnen unterbreitet worden waren, in eine persönliche Rangfolge zu bringen.

In diesem ersten Stadium der Studie (die vor Beginn der Bewerbungsphase stattfand), zeigte sich, dass die intrinsische Motivation die Entscheidung stärker beeinflusste als die extrinsische. Bevor die Bewerbungsphase begonnen hatte, schienen die Studenten tendenziell eher der glücksmaximierenden Alternative zugeneigt.

In der zweiten Studienphase, die kurz vor Beginn der Bewerbungsperiode durchgeführt wurde, ließen wir die Studenten das Prozedere von Phase eins wiederholen. Wie wir erwartet hatten, verschoben sich die Präferenzen der Studenten im Vergleich zu Phase eins nun zugunsten der extrinsischen Motivationen. Während in Phase eins die durchschnittliche Bewertung der drei extrinsisch motivierten Jobs bei 3,58 lag, betrug die Punktzahl in Stadium zwei 3,25. (Achtung: Die niedrigere Zahl bedeutet hier, dass eine Option bevorzugt wird.) Und während die durchschnittliche Bewertung der drei intrinsisch motivierten Jobs in Phase eins bei 3,41 lag, war es in Phase zwei 3,79.

Wird das Glück wirklich abgewertet?

Was lässt sich aus diesen Ergebnissen nun eigentlich ablesen? Die offensichtlichste Schlussfolgerung lautet, dass Zufriedenheit für die meisten Menschen zwar ein hehres Ziel ist, sie diese im Laufe ihres Lebens jedoch um anderer Ziele willen abzuwerten scheinen. Dagegen einwenden ließe sich, dass Glücksmaximierung unterschiedlich betrieben werden kann. Die Masterstudenten der Berufswahlstudie könnten z. B. versucht haben, »zukünftiges Glück« auf Kosten von »gegenwärtigem Glück« zu maximieren. Höher bezahlte Jobs versetzen einen schließlich eher in die Lage, Kredite abzubezahlen, beziehungsweise Rücklagen für schlechte Zeiten zu bilden. Doch Vorsicht, wenn dem so wäre, sollten diejenigen mit höheren ausstehenden Krediten eine stärkere Präferenz für besser bezahlte Stellen aufweisen.

Wir fanden jedoch heraus, dass die Höhe ausstehender Kredite kaum Einfluss auf die berufliche Präferenz hatte.

Hätten die Studenten ihr zukünftiges Glück maximieren wollen, hätten sich ihre Vorlieben außerdem im Lauf der Zeit nicht verändern dürfen. Die Präferenz für extrinsisch motivierte Jobs nahm in Phase zwei jedoch zu.

Die plausibelste Erklärung unserer Ergebnisse lautete daher, dass die Studenten ihr Glück für ein anderes Ziel opferten – möglicherweise das Ziel, andere zu beeindrucken. Die Tatsache, dass sich quer durch die verschiedensten Szenarien – wie dem Salatbar- oder dem Beziehungsszenario – die gleichen Ergebnismuster ergaben, legt nahe, dass das fundamentale Glücksparadox tatsächlich ziemlich weitverbreitet ist – wir opfern unser Glück für andere Ziele.

Alles kein Problem?

Wenn ich diese Erkenntnisse vor Zuhörern präsentiere, höre ich immer wieder, es handle sich um keine so große Sache, schließlich scheine nur ein relativ geringer Bevölkerungsanteil – etwa 15 bis 20 Prozent – dieses Phänomen in bestimmten Zusammenhängen zu zeigen.

Ich warne jedoch all jene, die zu dieser Schlussfolgerung gelangen. Das fundamentale Glücksparadox ist vermutlich sehr viel weiter verbreitet, als unsere Studien es vermuten lassen. Warum? Weil nur wenige Menschen freiwillig zugeben würden, dass sie kleinkarriert, oberflächlich oder aber geldgierig sind. Folgestudien, die wir mithilfe projektiver Techniken durchgeführt haben, bestätigen diese Annahme: In ihnen werteten etwa doppelt so viele Probanden das Glück zugunsten von etwas anderem ab.

Hinzu kommt, dass wir täglich Hunderte, wenn nicht sogar Tausende Entscheidungen treffen. Das bedeutet, auch, wenn wir nur in einem Bruchteil unserer Entscheidungen etwas anderem als unserer Zufriedenheit den Vorzug geben, ist es dennoch ein ziemlich großes Stück vom Glück, das wir uns auf diese Weise durch die Lappen gehen lassen.

Wie aber kommt es dazu, dass Menschen ihr Glück abwerten – ein Ziel, das nach eigenen Aussagen ein überaus wichtiges ist? Mit dieser Frage wollen wir uns im nächsten Kapitel beschäftigen.

GLÜCKSREZEPT

Dem Glück Priorität einräumen, ohne ihm nachzurennen

Eine häufig erzählte Geschichte, die Sie vielleicht schon kennen, lautet so: Ein reicher, amerikanischer Banker macht Urlaub in einem kleinen mexikanischen Fischerdorf. Eines Tages kommt er am Hafen mit einem Fischer ins Gespräch. Der Banker erkennt schnell, dass der Fischer ziemlich gerissen ist und einen guten Investmentbanker abgeben würde.

»Wissen Sie«, sagt der Amerikaner irgendwann, »Sie sind wirklich intelligent. Ich wette, Sie könnten als Investmentbanker an der Wall Street ziemlich erfolgreich sein.«

»Aber warum sollte ich als Investmentbanker arbeiten wollen?«, fragt der Fischer.

»Weil Sie dort ein Schweinegeld verdienen könnten«, gibt der Banker zurück und lässt demonstrativ seine Rolex aufblitzen.

»Und dann?«, will der Fischer mit Unschuldsmiene wissen. »Was würde ich mit all dem Geld anstellen?«

»Na, Sie könnten sich früher zur Ruhe setzen!«, antwortet der Amerikaner begeistert. »Und wer weiß, wenn alles gut läuft, könnten Sie sogar darüber nachdenken, sich in einem kleinen Fischerdorf wie diesem hier niederzulassen und nichts anderes mehr tun, als den ganzen Tag zu fischen!«

»Aber …«, hebt der Fischer an, doch er brauchte seinen Satz nicht mehr zu vollenden. Der Amerikaner erkennt, dass der Fischer seinen Traum bereits lebt.

Es gibt mehrere Gründe, warum mir diese Geschichte gefällt. Zunächst sollte ich jedoch kurz den einen Punkt anführen, warum ich sie *nicht* mag: Sie scheint zu suggerieren, dass kurzfristiges Glück stets wichtiger ist als langfristiges. Dies ist jedoch nicht immer der Fall. Darauf komme ich später noch zu sprechen.

Doch nun zurück zu der Geschichte vom mexikanischen Fischer. Mir gefällt diese Parabel, weil sie uns ein wunderbares Exempel für das Glücksparadox liefert. Der reiche Amerikaner, obwohl er genau weiß, was Glück für ihn bedeutet – ein entspanntes Leben mit viel Zeit zum Fischen –, kann nicht umhin, sich von anderen Zielen ablenken zu lassen. Wahrscheinlich geht es Ihnen wie den meisten Menschen, und Sie können sich dennoch gut mit ihm identifizieren. Das zeigt, wie leicht jeder von uns dazu neigt, das eigene Glück für andere Ziele zu opfern.

Ich befasse mich nun schon seit einigen Jahren mit diesem Phänomen, und dennoch muss auch ich immer wieder feststellen, dass ich zu diesem Verhalten neige. Kürzlich etwa wollte ich mir eine neue Brille besorgen und hörte von einer Werbeaktion: Eine Brille kaufen und eine gleichwertige oder günstigere für den halben Preis dazubekommen. Schnell fand ich eine für 120 Dollar, die mir gefiel, und beschloss, diese zu kaufen. Um die Werbeaktion zu nutzen, begann ich, mich nach einer weiteren Brille umzusehen und fand auch bald ein schönes Gestell. Ich wollte es schon nehmen, bis mir auffiel, dass es nur 70 Dollar kostete. Weil aber der Preis der ersten Brille 120 Dollar betrug, hätte ich eine ebenso teure Brille umsonst dazu bekommen und hatte daher das Gefühl, auf 50 Dollar zu verzichten, wenn ich das 70-Dollar-Exemplar nahm. Gleichzeitig war mir klar, dass keine andere Brille so gut aussah wie diese. Was sollte ich also tun? Ein attraktives Gestell aussuchen, das nur 70 Dollar kostete, oder eins nehmen, das mir weniger gut gefiel, mir aber einen höheren Preisvorteil verschaffte?

Erst nachdem ich zehn Minuten über diese Frage nachgegrübelt hatte, fiel mir auf, dass ich kurz davor war, dem fundamentalen Glücksparadox aufzusitzen! Nach dieser Erkenntnis entschied ich mich ohne weiteres Zögern für die 70-Dollar-Brille und verließ mit beiden Gestellen zufrieden den Laden. Doch hat mich diese Erfahrung eines gelehrt, nämlich dass die Überwindung der Tendenz, das Glück abzuwerten, eines langen und komplizierten Prozesses bedarf, eines Prozesses, der es unbedingt erfordert zu ergründen, woher diese Neigung kommt.

Warum wir das Glück abwerten

Warum also werten wir das Glück ab, obwohl es uns doch so wichtig ist?

Auch hier hilft uns die Dschinn-Frage weiter. Meist frage ich die Menschen, warum sie sich nicht Glück als solches gewünscht haben. Aus den Antworten lassen sich drei Gründe ablesen.

Erstens ist Glück für viele Menschen zu »abstrakt«, insbesondere im Vergleich zu Geld, Ruhm oder Status. Mit den Worten eines meiner Studenten: »Ich würde den Dschinn nicht um Glück bitten, weil ich gar nicht wüsste, was ich dann eigentlich bekäme – ganz im Gegensatz dazu, wenn ich um Geld, Ruhm, Status oder körperliche Attraktivität bitte.« Ein gewichtiger Grund für das Abwerten von Glück ist also, dass uns eine klare und konkrete Vorstellung davon fehlt, was Glück ist. Das leuchtet völlig ein, zieht man Erkenntnisse aus Studien zum sogenannten *Geläufigkeits-Effekt* in Betracht. Diese zeigen, dass wir Dinge häufig abwerten, wenn sie abstrakt, nicht eindeutig oder aus sonstigen Gründen schwer verständlich sind.

Ein weiterer Grund sind negative Vorstellungen, die wir im Zusammenhang mit Glück hegen; diese sind maßgeblich dafür verantwortlich, dass Glück als Ziel an Anreiz verliert. So glauben beispielsweise viele, Glück führe unweigerlich zu Faulheit. Einer meiner Studenten merkte hierzu an: »Ich würde Dschinn nicht um Glück bitten, denn, warum sollte ich noch arbeiten, wenn ich bereits glücklich wäre? Ich würde mich zu einem absoluten Faulpelz entwickeln!« Ich vermute, wir fürchten vor allem deshalb in glücklichem Zustand faul zu werden, weil in unserer schnelllebigen Zeit nur dann ein Gefühl von Zufriedenheit und Entspannung in uns aufkommt, wenn wir ausnahmsweise einmal Zeit haben – also etwa im Urlaub. So kommt es, dass wir Glücklichsein mit »sich ausruhen« verbinden. Doch, wie sich zeigt, entspricht diese Vorstellung keineswegs der Wahrheit. Hier eine Auswahl der Erkenntnisse über den Einfluss von Glück und Zufriedenheit auf Produktivität und Erfolg:

- Zufriedene Mitarbeiter erledigen ihre Aufgaben objektiv besser (selbst solche, die Kreativität und Personalführung erfordern).
- Zufriedenere Mitarbeiter verdienen besser.
- Zufriedenere (optimistische) Manager begünstigen ein positiveres Arbeitsklima, das wiederum die Produktivität des Unternehmens steigert.
- Die Leistungsbewertung zufriedenerer Manager durch den Vorstand oder das Unternehmen fällt besser aus.

Und mein Favorit:

- Glücklichere Schlagmänner beim Cricket haben eine höhere Trefferquote.

Weitverbreitet auch die Befürchtung, Glück mache uns egoistisch. Doch auch dafür gibt es keinen Grund, denn, wie Studien zeigen, sind glückliche Menschen in der Regel freundlicher und einfühlsamer. Hier ein kurzer Abriss der Erkenntnisse zu diesem Thema:

- Zufriedene Menschen engagieren sich häufiger ehrenamtlich.
- Zufriedene Menschen beurteilen ihre Mitmenschen tendenziell günstiger und sind eher bereit, sie an ihrem Glück teilhaben zu lassen.
- Gut gelaunte Menschen (im Gegensatz zu traurigen oder neutral gestimmten) spenden höhere Summen für wohltätige Zwecke; zudem spenden sie häufiger Blut.

Und mein Favorit:

- Glücklichere Menschen sind eher bereit, sich freiwillig an einem Experiment zu beteiligen.

Eine weitere Negativannahme besagt, dass Glück flüchtig ist. So antwortete ein Proband auf die Dschinn-Frage: »Warum sollte ich um etwas bitten, das nicht von langer Dauer sein wird?« Dabei hat er nicht ganz unrecht. Wie wir aus eigener Erfahrung wissen, halten positive Gefühle selten lange an; selbst kleine negative Störungen – wie schlechtes Wetter oder ein unangenehmer Wortwechsel – können unsere Laune trüben. Das bedeutet jedoch nicht, dass es nicht positive Befindlichkeitsformen gibt, die beständiger sind als andere, wie wir später noch sehen werden.

Es gibt allerdings noch einen dritten Grund, warum wir Glück abwerten: Wir haben schlicht und ergreifend aus den Augen verloren, dass unser oberstes Lebensziel – also der Grund, warum wir uns so »abrackern« – darin besteht, ein glücklicheres, erfüllteres Dasein zu führen. Dies wurde mir erstmals klar, als mir versehentlich herausrutschte, die Studenten könnten sich »wirklich alles« vom Dschinn wünschen, »einschließlich Glück«. In der Folge stieg der Anteil derjenigen, die sich für diese Option entschieden, auf das Dreifache an – von mageren 6 auf 18 Prozent! Folglich bitten Menschen den Dschinn deshalb nicht um Glück, *weil es ihnen nicht in den Sinn kommt.* Das erklärt überdies, warum Glück in Befragungen, die diesen Wert explizit nennen, eine derart hohe Priorität eingeräumt wird.

Dass Glück bei der Beantwortung der Dschinn-Frage vor allem dann genannt wird, wenn die Probanden ausdrücklich daran erinnert werden (übrigens meine bis dato interessanteste Erkenntnis), führt uns zu dem Begriff der »Maximierung der Mittel«. Dieser beschreibt die Tendenz, das eigentliche Ziel aus den Augen zu verlieren und sich stattdessen darauf zu konzentrieren, die *Mittel* zur Erreichung dieses Zieles zu maximieren. Belegt wurde dieses Phänomen mithilfe eines sehr intelligenten Experiments. Dafür wurden die Teilnehmer aufgefordert, wahlweise eine kleinere oder größere Aufgabe zu übernehmen; als Belohnung winkte ein Pfund Schokoriegel, wobei diejenigen, die sich für die umfangreichere Aufgabe entschieden hatten, zwischen zwei Sorten (A und B) wählen durften, während ihren Kollegen automatisch Sorte A ausgehändigt wurde. Eine zweite Gruppe wurde vor dieselbe Option gestellt – mit einem Unterschied: Ein »Mittel« wurde eingeführt. Wie die Teilnehmer erfuhren, sollte ihnen die weniger zeitaufwändige Aufgabe 60 und die umfangreichere Tätigkeit 100 Punkte einbringen. An der tatsächlichen Belohnung änderte sich nichts – für 60 Punkte gab es ein Pfund der Schokoriegelsorte A, während man für 100 Punkte zwischen den Sorten A und B wählen durfte. Wie sich herausstellte, zog die Mehrheit beider Gruppen Riegelsorte A vor. Es wäre daher für sämtliche Teilnehmer das Beste gewesen, sich für die weniger zeitraubende Aufgabe zu entscheiden. Die Einführung eines Mittels veränderte jedoch ihre Präferenz, sie wählten nun die umfangreichere Aufgabe. Warum? Weil das Mittel sie von ihrem eigentlichen Ziel (Schokoriegel A genießen) ablenkte und sie dazu veranlasste, sich stattdessen auf die Maximierung des Mittels zum Bekommen der Belohnung (die Punkte) zu konzentrieren.

Übertragen wir diese Erkenntnisse auf Geld – das gängigste Mittel überhaupt –, so wird schnell deutlich, dass sich Menschen derart in ihrer Jagd nach Geld verrennen können, dass sie gänzlich aus dem Blick verlieren, wozu ihnen dieses Geld ursprünglich dienen sollte.

Die Erkenntnisse aus Studien zum fundamentalen Glücksparadox decken sich mit dem Phänomen der »Maximierung der Mittel«. Allerdings zeigen sie außerdem, dass uns nicht nur das Mittel Geld von unserem Bestreben, glücklich zu leben, abzulenken vermag, sondern auch weitere Ziele wie der Wunsch nach Schönheit, Ruhm oder Prestige, sich uns häufig in den Weg stellen.

Dem Glück nicht nachrennen

Wie wir es dennoch verhindern können, den ersten Glücksfehltritt zu begehen, sprich das Glück nicht abzuwerten, mit dieser Frage haben meine Kollegen – Kelly Goldsmith von der Northwestern University, David Gal, von der University of Illinois in Chicago und Lauren Cheatham von der Stanford University – und ich uns einen ganzen Sommer lang ausführlich beschäftigt. Die einfachste Strategie war zugleich die vielversprechendste: Sich selbst immer wieder daran zu erinnern, so wie ich es im Optikerladen tat, dass Glück das höchste aller Ziele ist. Rufen Sie sich »meine bis dato interessanteste Erkenntnis« ins Gedächtnis – dass nämlich ein höherer Anteil der Probanden den Dschinn um Glück bittet, wenn vorher an die Option Glück erinnert wird. Man müsste die Menschen also lediglich daran erinnern, glücksförderndede Entscheidungen zu treffen, und sie würden sich nicht mehr so leicht von anderen Zielen ablenken lassen.

Doch würde eine derart simple Strategie im wahren Leben wirklich funktionieren?

Um das herauszufinden, haben wir eine Studie durchgeführt, für die wir über 300 Mitarbeiter von sieben der international umsatzstärksten Unternehmen dazu aufgefordert haben, eine Woche lang täglich das persönliche Glücksniveau festzuhalten. Wir teilten die Probanden in zwei Gruppen ein. Die eine erhielt eine Woche lang täglich eine E-Mail, die sie freundlich ermunterte, glücksfördernde Entscheidungen zu treffen, während die zweite Gruppe keine solchen Erinnerungsmails erhielt. Dann fragten wir sämtliche Teilnehmer, wie glücklich sie sich am Ende der Woche fühlten. Wie sich herausstellte, waren diejenigen, die täglich Erinnerungsmails erhalten hatten, bei Weitem glücklicher. Zurückführen ließ sich das vor allem auf glücksfördernde Entscheidungen, die diese Teilnehmer trafen. So beschlossen sie etwa, lieber ihren Kindern beim Baseball zuzusehen, als daheim fernzusehen, nachdem sie von uns elektronische Post erhalten hatten. Zwei Wiederholungsstudien, die wir unter kontrollierten Laborbedingungen durchführen ließen, brachten dieselben Ergebnisse.

Die simple Erinnerung daran, glücksfördernde Entscheidungen zu treffen, vermag also tatsächlich darin zu unterstützen, den ersten Glücksfehltritt nicht zu begehen. Doch Achtung: Vermeiden Sie unbedingt, *Glück als solches anzustreben* beziehungsweise *ihm nachzujagen.* Warum? Wer danach strebt, glücklich zu sein, vergleicht seinen emotionalen Ist-Zustand häufig mit dem *idealen*. Und da wir grundsätzlich gerne glücklicher wären, macht uns allein die Tatsache, dass wir unglücklich sind, noch unglücklicher! Während es also förderlich ist, dem Glück einen hohen Stellenwert einzuräumen, ist es weniger zuträglich, das Glück tatsächlich anzustreben, wie verschiedene Studien gezeigt haben.

Wie lässt sich dieser knifflige Balanceakt nun bewältigen?

Eine Möglichkeit besteht darin, sich andere Kernziele vor Augen zu führen, die man ebenfalls nicht allzu direkt angehen sollte. Denken Sie beispielsweise an den Schlaf. Es nützt wenig, sich im Bett zu wälzen und krampfhaft einschlafen zu wollen. Da ist es bekanntermaßen hilfreicher, im Vorhinein bestimmte Schritte zu ergreifen, etwa nur etwas Leichtes zu Abend zu essen, ein wenig zu trainieren und, der vielleicht wichtigste Punkt, sich nicht mit dem Partner über die Wahl des Fernsehabendprogramms zu streiten; selbstverständlich sollte man auch nach diesem Programm tunlichst vermeiden, ständig den Moment des Einschlafens abpassen zu wollen. So viel zu der Methode, dem Schlaf Priorität einzuräumen, ohne ihm dabei nachzujagen. In Bezug auf Glück funktioniert das Ganze ähnlich: Auch hier gilt es, verschiedene Maßnahmen zu ergreifen, die die Chancen auf ein glückliches Leben erhöhen.

Allen voran tragen zwei Schritte zu stetigerer Zufriedenheit bei: **(1) die persönliche Definition von Glück** und **(2) Glücksauslösende Determinanten bestimmen.**

Um Glück zu definieren, müssen Sie herausfinden, was es für Sie konkret bedeutet. Dieser Schritt ist zweifellos wichtig, denn wenn Sie nicht wissen, was Glück für Sie bedeutet, ist es kaum möglich, ihm einen höheren Stellenwert einzuräumen. Leider lässt sich Glück aber nur sehr schwer definieren. Das liegt unter anderem daran, wie Daniel Kahnemann (Nobelpreisträger und emeritierter Professor für Psychologie) feststellte, dass es zwei Arten von Glück gibt, nach denen sich die Menschen sehnen, die allerdings nicht immer harmonieren. Bei der ersten Glücksform geht es um eine spontane, augenblicksbezogene Gefühlsregung, darum, ob man sich im Moment gerade gut oder schlecht fühlt; sie hängt dementsprechend mit den umittelbaren Lebensumständen zusammen (ob man etwa gerade krank ist oder üppig gegessen hat). Die zweite Glücksform bezieht sich auf das große Ganze (das Bankkonto, die Qualität der mitmenschlichen Beziehungen etc.), es geht darum, wie zufrieden man im Allgemeinen mit seinem Leben ist. Man kann also durchaus allgemein zufrieden mit seinem Leben sein (weil die Dinge sich im Gesamtbild positiv präsentieren) und dennoch auf der Ebene der unmittelbaren Emotionen unglücklich – oder umgekehrt.

Ein weiterer Grund, warum Glück so schwer zu definieren ist, ist, dass jeden Menschen etwas anderes glücklich macht. Während sich der eine z. B. für Segelfliegen begeistert, gibt es für den anderen wiederum nichts Schrecklicheres.

Dennoch hegt jeder Einzelne eine gewisse Vorstellung davon, was Glück für ihn bedeutet. Sonst könnten wir eine Frage wie

»Bist du glücklich?« nicht beantworten. Klar ist, dass Glück mit einer positiven Gefühlsregung assoziiert wird. Um dahinterzukommen, wie jemand Glück definiert, muss man also lediglich herausfinden, welche Emotion er oder sie implizit mit diesem Begriff verbindet. Dazu gibt es eine ziemlich einfache Methode: Man fordert Personen dazu auf, sich an etwas zu erinnern, das sie glücklich gemacht hat. Aus den Antworten kann dann auf die Emotionen gefolgert werden, die sie mit dem Begriff »Glück« in Verbindung bringen.

Meine Kollegen und ich haben diese Methode mit Erfolg angewendet, um hinter die Glücksdefinition von 188 Probanden zu kommen. Diese hatten wir gebeten, uns schriftlich von einem Ereignis zu berichten, das sie vor Kurzem »glücklich« gemacht hat. Danach haben wir, unterstützt von zwei wissenschaftlichen Mitarbeitern, den Inhalt der Rückmeldungen analysiert. Wir fanden heraus, dass Glück von den Teilnehmern vornehmlich mit diesen Emotionen assoziiert wird: Liebe/Verbundenheit, Freude, echter Stolz (»authentic pride«) und falscher Stolz (»hubristic pride«).

Man könnte diese Emotionen folgendermaßen definieren:

- **Liebe/Verbundenheit** beschreibt das Gefühl, das mit einer innigen Beziehung verknüpft wird. Diese Emotion richtet sich für gewöhnlich auf eine andere Person oder ein Tier, kann sich aber auch auf eine Aktivität (z. B. Tennisspielen), eine Veranstaltung (z. B. Konzert) oder einen Gegenstand (z. B. einen Stift) beziehen.

- **Freude** entspringt dem Gefühl, dass das Leben gerade gut läuft. Man fühlt sich sicher und geborgen und kann sich somit aus der Deckung begeben, um ausgelassen oder sogar albern zu sein.
- **Echter Stolz** entsteht, wenn wir etwas Wichtiges und Erstrebenswertes erreicht haben, z. B. eine großartige Präsentation abgeliefert oder anderen dazu verholfen haben, ihr Ziel zu erreichen.
- **Falscher Stolz** beschreibt die Empfindung, die sich aus dem Eindruck ergibt, dass »ich etwas ganz Besonderes und Besseres bin«; diese Form des Stolzes umfasst stets einen impliziten oder expliziten Vergleich mit einer anderen Person und geht mit der Wahrnehmung der eigenen Überlegenheit einher.

Das sind natürlich längst nicht alle Emotionen, die wir mit Glück verbinden. Barbara Fredrickson von der University of North Carolina hat mit ihrer Kollegen herausgefunden, dass es mindestens sieben weitere »positive Emotionen« gibt, die wir Menschen täglich erfahren und sämtlich mit dem Begriff »Glück« in Verbindung bringen. Diese sind: Gelassenheit, Ehrfurcht, Inspiration, Interesse und Hoffnung.

Harmonie und Überfluss als Definitionen von Glück

Es gibt darüber hinaus noch zwei weitere Emotionen, die meiner Ansicht nach Beachtung verdienen. Lassen Sie uns diese als **Harmonie** und **Überfluss** bezeichnen.

Harmonie beschreibt die absolute Zufriedenheit mit dem Hier und Jetzt und der momentanen Tätigkeit. Nach dieser Definition ist man so lange glücklich, bis man nichts fühlt oder denkt, das man nicht fühlen oder denken will. Man könnte demnach z. B. gleichzeitig verärgert und glücklich (oder zumindest nicht unglücklich) sein – vorausgesetzt, der Ärger wird nicht als unerwünscht oder ungerechtfertigt empfunden. Sollten Sie jemals von einem Kundenbetreuer ungerecht behandelt worden sein, dann werden Sie in etwa so empfunden haben. Ebenso kann man aufgeregt sein (z. B. während einer Achterbahnfahrt) oder traurig (z. B. während man ein Theaterstück sieht) *und* zugleich »glücklich«.

Überfluss hingegen entspringt der Wahrnehmung, man hätte genug – ja, sogar mehr als genug – von allem und jedem, das man sich vom Leben nur wünschen kann: Geld, Liebe, Glück etc. Das Gefühl des Überflusses ergibt sich aus Überzeugung, dass sich alles, wie schrecklich es momentan auch sein mag, irgendwann zum Besten fügen wird. Wenn wir Überfluss empfinden, erscheint uns das Leben wie ein gemütliches Chaos: trotz aller Macken perfekt. Der Terminus »gemütliches Chaos« ruft mir ein bestimmtes Bild vor Augen, das möglicherweise hilfreich für Sie sein könnte. Als meine Tochter etwa zwei Jahre alt war, arrangierte sie Decken und Kissen – und alles, was sie sonst zu fassen bekam – um sich herum und schlief auf der Stelle ein. Meine Frau und ich sahen uns genötigt, dieses »Chaos« zu beseitigen, in dem wir unsere Tochter vorfanden. Doch unserer Tochter war dieses Chaos überhaupt nicht unangenehm – es war *gemütlich*! Ähnlich geht es jemandem, der Überfluss empfindet, die Herausforderungen und Probleme machen das Leben erst *interessant* und nicht bedrohlich. Das ist der Grund, warum Menschen, die so empfinden, das Leben mit *allem*, was es zu bieten hat, auch den Herausforderungen, voll und ganz annehmen.

Sowohl Harmonie wie auch Überfluss beruhen auf Akzeptanz, der Bereitschaft, alles, was das Leben bringt, vorbehaltslos anzunehmen, was auch eine Art optimistische Gleichgültigkeit ist. Daher neigt jemand, der sich harmonisch oder im Überfluss fühlt, eher dazu, die Dinge zum Besseren wenden zu wollen, sogar dann, wenn sich diese Person eigentlich sehr wohl in ihrem Leben fühlt.

Der Gedanke, dass jemand etwas verändern wollen würde, das an sich bereits perfekt ist, scheint widersprüchlich, ist es aber nicht. Stellen Sie sich beispielsweise vor, Sie haben in der letzten Nacht gut geschlafen und fühlen sich frisch und voller Energie. Es ist ein wunderbar sonniger Morgen, und es wartet ein anspruchsvolles Tennismatch auf Sie. Die Aussicht auf das Tennisspiel belebt Sie, und Sie hoffen, das Spiel zu gewinnen.

In diesem Beispiel würden Sie, obwohl das Leben »perfekt« ist, dennoch den Gegner herausfordern, um zu gewinnen. Ja, das Leben ist eigentlich deshalb »perfekt«, weil Ihnen eine interessante Herausforderung bevorsteht. Das soll natürlich nicht bedeuten, dass das Leben nur dann perfekt ist, wenn man beständig herausgefordert wird. Im Zustand von Harmonie und Überfluss akzeptiert man auch jene Situationen, die keine Herausforderungen bereithalten, bieten sie doch Gelegenheit, Gelassenheit und Freude zu empfinden.

Es ist diese außergewöhnliche Kombination zweier scheinbar widersprüchlicher Charakterzüge – vollständige Akzeptanz und voller Einsatz (inklusive des Wunschs, die Dinge zu verändern) –, weshalb Harmonie und Überfluss sich als Definition von Glück anbieten. Überdies gibt es zwei weitere Eigenschaften, die diesen Eindruck noch bekräftigen. Erstens, auch eine kürzlich durchgeführte Studie von Michaël Dambrun und seinen Kollegen weist darauf hin, dass Glück nicht flüchtig sein muss, wenn man es im Sinne von Harmonie und Überfluss definiert. Warum? Weil sowohl Harmonie wie auch Überfluss wenig mit den äußeren Gegebenheiten, sondern mehr mit den inneren zu tun haben. Sie hängen beide von der Fähigkeit ab, *mit allem, was einem im Leben begegnen kann, umzugehen.* Definiert man Glück also über die Begriffe Harmonie und empfundenen Überfluss, hätte man die Schlüssel zum Glücklichsein selbst in der Hand, statt diesbezüglich den Launen des Lebens ausgeliefert zu sein. Zweitens, obwohl im Schnitt keine 2 Prozent unserer Studienteilnehmer Glück mit Harmonie oder Überfluss gleichsetzten, konnten fast alle diese Definition nachvollziehen, sobald wir sie ihnen unterbreiteten. Das lässt darauf schließen, dass sowohl Harmonie wie Überfluss den Probanden zumindest einigemaßen geläufig sein musste, sodass sie beide als Definition in Erwägung ziehen konnten.

Glücksauslösende Determinanten bestimmen

Mit der Definition von Glück haben Sie den ersten Schritt der Glücksübung geschafft. Im zweiten Schritt geht es darum herauszufinden, was Sie nun eigentlich, in der von Ihnen definierten Weise, glücklich macht. Dafür sollten Sie sich zurückliegender Momente, in denen Sie glücklich waren, entsinnen und eine Liste erstellen – von Aktivitäten, Menschen, Gegenständen, Erlebnissen etc. –, die diese positive Empfindung ausgelöst haben. Steht beispielsweise Liebe/Verbundenheit im Zentrum Ihrer Definition von Glück, so würden Sie sich an entsprechende Momente erinnern, in denen Sie diese Emotion besonders stark empfunden haben, um dann die bestimmenden Faktoren zu ermitteln (z. B. umgeben sein von Freunden, mit der Familie Urlaub machen). Ist Glück für Sie eng mit Harmonie verknüpft, listen Sie entsprechend Situationen auf, in denen diese

Emotion vorherrschend war (z. B. joggen gehen, Achtsamkeit praktizieren). Anders ausgedrückt, Sie erstellen ein Portfolio verlässlicher Determinanten von Glück nach Ihrem persönlichen Verständnis.

Die erste Glücksübung: Definition von Glück

Zusammengefasst besteht die erste Glücksübung also aus zwei Schritten, die das Glückslevel steigern: die Definition von Glück und die Bestimmung glücksauslösender Determinanten. Wie auch bei den anderen Glücksübungen in diesem Buch finden Sie die Anleitung im Anschluss. Bevor Sie sich ihr jedoch zuwenden, ist es hilfreich, zunächst kurz zu klären, *warum* diese beiden Übungsschritte dazu beitragen können, den ersten Glücksfehltritt (die Abwertung von Glück) zu verhindern.

Wie besprochen werten wir Glück ab, weil wir keine genaue Vorstellung davon haben, was Glück für uns bedeutet. Der erste Schritt der Glücksübung, die Definition von Glück, geht offensichtlich nur diese eine Ursache an. Ein weiterer Grund für die Abwertung von Glück liegt in den negativen Vorstellungen, die wir rund um den Begriff Glück hegen, etwa »glücklich sein macht faul« oder »Glück führt zu Egoismus« oder »Glück ist flüchtig«. Abhängig davon, wie jemand Glück definiert, kann diese Glücksübung auch dazu beitragen, diese Ursache zu beseitigen. Ist Glück für uns beispielsweise eng verbunden mit »echtem Stolz« (dem Gefühl, das sich ergibt, wenn wir etwas Erstrebenswertes erreicht haben), kann das zur Überwindung des Irrglaubens beitragen, Glück hinge mit Faulheit zusammen – schließlich ist es kaum möglich, etwas Erstrebenswertes ohne einen gewissen Einsatz und Anstrengungen zu erreichen. Gleiches gilt, wenn Glück für uns vor allem Liebe/Verbundenheit bedeutet, in diesem Fall kann Glück wohl kaum zu Egoismus führen.

Schließlich spielt auch noch das Phänomen der »Maximierung der Mittel« – der Tendenz, sich auf die Mittel zum Glück zu konzentrieren, statt auf das Glück an sich – eine Rolle bei der Abwertung von Glück. Ein Grund, warum wir anfällig für »Maximierung der Mittel« sind, ist, dass wir die Konsequenzen unserer Beurteilungen und Entscheidungen für unser Glück nicht bewusst betrachten. Beide Schritte der ersten Glücksübung tragen zur Lösung dieses Problems bei. Indem wir uns die Mühe machen, Glück zu definieren, verleihen wir ihm mehr Gewicht; wie wir vorher gesehen haben, messen wir Konkreterem und leichter zu Handhabendem eine höhere Bedeutung bei. Und indem wir herausfinden, was es ist, das uns glücklich macht, verstehen wir, welche Arten von Entscheidungen wir treffen müssen, um unser Glückslevel zu steigern.

Eine letzte Sache noch, bevor Sie sich der ersten Glücksübung widmen. Bedenken Sie, dass Sie wahrscheinlich sehr viel Zeit und Mühe investieren müssen, um das Glück auf Dauer nicht mehr abzuwerten. Das liegt zum einen daran, dass wir alle von

Kindheit an dazu konditioniert wurden, Glück abzuwerten. Ich kann mich an eine Situation mit meinem Sohn erinnern, in der ich mich dabei ertappt habe, ihn *beinahe* selbst zur Abwertung von Glück zu erziehen. Als er drei Jahre alt war, überredete er uns, ihm ein Bobby Car zu kaufen. Wir bestellten es, und schon bald wurde es in einem großen braunen Pappkarton geliefert. Mein Sohn war vollauf begeistert von seinem neuen Spielzeug – ganze drei Tage lang. Danach wollte er nur noch mit der Verpackung spielen, in der das Auto geliefert worden war! Warum? Weil er ganz vernarrt war in eine kanadische Trickfilmfigur namens Hamilton the Pig, die in einem Pappkarton hauste. Und das wollte er nun auch.

Ich war ziemlich verärgert. Ich wollte, dass mein Sohn mit dem Auto spielte, es hatte eine Stange Geld gekostet. Doch mit einem Mal wurde mir klar, dass ich dabei war, meinem Sohn beizubringen, Geld eine höhere Priorität einzuräumen als Glück. Ich erkannte, dass es völlig unerheblich für mich sein sollte, *auf welche Weise* mein Sohn Spaß hatte, vorausgesetzt, er hatte Spaß. Mir wurde außerdem klar, dass unsere Kinder deshalb irgendwann aus den Augen verlieren, was sie wirklich glücklich macht, weil wir ihnen beibringen, was sie wertschätzen sollen – Geld, Preis-Leistungs-Verhältnis, Status, Schönheit, Macht etc. Sobald ich das begriffen hatte, ließ ich nicht nur meinen Sohn mit dem Karton spielen, ich nahm mir überdies vor, mein Bestes zu tun, um mich nicht mehr von meinem Ziel, glücksmaximierende Entscheidungen zu treffen, ablenken zu lassen.

Ich muss allerdings hinzufügen, dass mir dies höchstwahrscheinlich nicht immer gelungen ist. Mir ist auch klar, dass ich nicht der Einzige bin, der meinem Sohn die »Lebensregeln« vermittelt. Und da, wie wir in den folgenden Kapiteln sehen werden, die Neigung, das Glück abzuwerten, ziemlich weitverbreitet ist, wird wohl auch er, wie alle anderen auch, in der Kindheit zu diesem Verhalten konditioniert.

Kurz gesagt, um ein erfülltes, glückliches Leben zu führen, braucht es mehr, als lediglich die Determinanten für Glück zu bestimmen; wir müssen ganz bewusst hinsehen, wann, wie und warum wir zu diesem Glücksfehltritt neigen, und wir müssen uns immer wieder daran orientieren, wie sich besonders glückliche Menschen verhalten: dem Glück Priorität einzuräumen, ohne ihm nachzurennen.

GLÜCKSÜBUNG:

Das Glück definieren und einordnen[2]

Hintergrund

Um dem Glück Priorität einräumen zu können (ohne ihm nachzujagen), sollten Sie sich zunächst darüber klar werden, was Glück für Sie persönlich bedeutet, um dann die Faktoren (Stimuli, Aktivitäten) zu bestimmen, die Sie in eben dieser Weise glücklich machen.

Ziel

Diese Übung wird Ihnen helfen, (1) eine genauere Erkenntnis darüber zu erlangen, was Glück für Sie bedeutet, und (2) die Faktoren zu bestimmen, die es ermöglichen, diesen Zustand zu erreichen.

Schritte

Die Übung gliedert sich in zwei Schritte:

1. Das Glück definieren, also die Art des emotionalen Erlebens, das Sie als »Glück« empfinden. Wie wir bereits gesehen haben, kann Glück definiert werden als:

- Liebe/Verbundenheit
- Freude
- echter Stolz
- falscher Stolz
- Harmonie
- Überfluss

Glück kann außerdem definiert werden als[3]

- Dankbarkeit: empfinden wir, wenn wir eines Vorteils gewahr werden, den wir durch eine Person oder eine Sache/Umstand erlangt haben
- Gelassenheit: verspüren wir, wenn die Dinge gerade gut laufen; meist begleitet von innerer Ruhe und Frieden
- Inspiration: entsteht, wenn wir etwas Bewegendes oder Erhebendes erleben
- Ehrfurcht: das Gefühl des Erstaunens beziehungsweise der Andacht gegenüber etwas besonders Mächtigem und Bewundernswertem
- Hoffnung: der Glaube, dass sich die Dinge zum Besten wenden werden
- Heiterkeit/Gelächter: wenn wir etwas Lustiges, Witziges oder Spaßiges erleben bzw. hören
- Interesse: entsteht, wenn wir einer Sache mit Neugierde begegnen oder in ihr aufgehen

Lesen Sie diese Definitionen genau durch und überlegen Sie, welche Ihnen am ehesten entspricht. Halten Sie anschließend Ihre persönliche Glücksdefinition schriftlich fest, die allerdings auch aus einer Kombination aus mehreren emotionalen Erfahrungen beziehungsweise völlig anderen Gefühlen bestehen kann.

Achtung: Sie werden Ihre Glücksdefinition wahrscheinlich im Laufe der nächsten Monate revidieren und verfeinern müssen. So lautete meine Definition anfangs, »mich unbeschwert und energiegeladen zu fühlen«, während Glück für mich heute bedeutet, sämtliche Ereignisse – auch die unangenehmen – voll und ganz zu akzeptieren und ihnen mit Mitgefühl (mir selbst wie auch anderen gegenüber) sowie Selbstwahrnehmung zu begegnen.[4]

2. Beim zweiten Schritt geht es darum, sich drei oder vier Dinge zu überlegen, die Sie in der von Ihnen definierten Weise glücklich machen.

Vier Dinge tragen dazu bei, Mitgefühl (für sich oder andere) und Selbstwahrnehmung auszulösen:

- sich bewusst machen, dass ausnahmslos jeder Probleme hat, und dass die überwiegende Mehrzahl der Menschen uns im Grunde freundlich gesinnt ist,
- sich einen erhebenden Film ansehen, z. B. *Before Sunrise,*
- joggen gehen (oder ganz allgemein Sport treiben),
- Zeit mit der Familie verbringen.

Überlegen Sie sich drei oder vier Punkte – oder auch mehr –, die zuverlässig diese Gefühle in Ihnen zu wecken vermögen, die Sie mit »Glück« gleichsetzen. Schreiben Sie sich diese auf einen Zettel und hängen Sie ihn an einer gut sichtbaren Stelle auf, etwa an den Badezimmerspiegel oder an den Wandschrank.

GLÜCKSFEHLTRITT NR. 2

Krampfhaft nach Überlegenheit streben

Als Dreijähriger besuchte unser Sohn eine Kindertagesstätte bei uns um die Ecke. Nachdem ich ihn eines Morgens dorthin gebracht hatte, fiel mir auf dem Weg zur Arbeit auf, dass seine Brotdose noch im Auto lag. Leicht genervt wendete ich und fuhr zurück. Gerade, als ich seinen Gruppenraum betreten wollte, konnte ich durch die Glasscheibe der Tür sehen, dass sich alle Kinder, inklusive meines Sohnes, im Kreis um den Musiklehrer versammelt hatten. Ich beschloss, ein wenig zuzusehen. Der Lehrer schlug auf der Gitarre die Akkorde zu einem bekannten Lied an und ermunterte die Kinder mitzusingen. Typisch für ihr Alter alberten die meisten Kinder herum, kitzelten sich gegenseitig oder machten lustige Geräusche. Ich war erfreut zu sehen, dass mein Sohn, neben wenigen anderen Kindern, dem Lehrer aufmerksam zuhörte.

Der Lehrer war ein guter Musiker und gab sich alle Mühe, die Kinder zu motivieren. Er nickte denen, die mitsangen, begeistert zu und versuchte geduldig, auch die anderen einzubinden. Als nach ein paar Minuten klar war, dass er nicht alle Kinder motivieren konnte, richtete er sein Hauptaugenmerk auf die Singenden. Mir fiel auf, dass ab diesem Moment eine etwas subtilere Entwicklung ihren Lauf nahm. Unter den singenden Kindern war eines, das auffallend gut war. (Mein Sohn war es nicht.) Ich merkte, wie die Gesangsfähigkeiten dieses Kindes (nennen wir ihn Ben) die Reaktion des Lehrers zu beeinflussen begann. Obwohl er zu allen singenden Kindern Blickkontakt herstellte, merkte ich, dass er Ben mit besonderer Aufmerksamkeit bedachte, seine Augen weilten auf ihm stets ein wenig länger. Er lächelte ihm überdies häufiger zu, wobei das Lächeln mit jedem Mal größer ausfiel. Ben bemerkte die wohlgesinnte Haltung des Lehrers bald, gab sich beim Singen noch mehr Mühe und setzte damit eine positive Dynamik in Gang. Innerhalb von Minuten wurden die Kinder, auch mein Sohn, dessen gewahr. Ein Kind versuchte Ben nachzueifern, doch leider fehlte ihm das Talent. In der kurzen Zeitspanne, in der ich beobachtete, wie das Geschehen seinen Lauf nahm, entwickelte sich Ben offensichtlich zum Lehrerliebling, dem wichtigsten Kind der Gruppe.

Schon in der Kindheit sind wir Feedback ausgesetzt, das uns in subtiler oder weniger subtiler Form als besser oder schlechter als die anderen um uns herum klassifiziert.[5] In der Situation, von der ich gerade berichtet habe, stand nicht viel auf dem Spiel. Meinem Sohn würde aufgrund unzureichender Gesangsqualitäten weder die Nahrung verweigert, noch würde er auf andere Weise bestraft werden. Nichtsdestotrotz frustrierte ihn die bevorzugte Behandlung Bens. Noch am selben Abend erklärte er mir, er hätte keine Lust mehr zu singen, weil: »Ich kann das nicht, Papa.« Man kann sich daher sehr leicht vorstellen, welch emotionalen Einfluss die Beurteilung anderer auf uns haben kann, wenn es um Situationen geht, in denen sehr wohl etwas auf dem Spiel steht. Denken Sie nur an den Einfluss, den das Urteil des Lehrers oder der Eltern auf Schüler hat, die keine guten Noten nach Hause bringen. Oder was es auslöst, wenn alle anderen schon einen Freund oder eine Freundin haben, man selbst jedoch keine(n) findet. Ist es denn ein Wunder, dass das Selbstwertgefühl unter Schülern am wenigsten ausgeprägt ist? Und dass das mittlere Lebensalter – also dann, wenn viele von uns erkennen müssen, dass sie weniger erreicht haben, als ihre Altersgenossen – eine derart harte Zeit ist?

Warum wir überlegen sein wollen

Wie gerade beschrieben werden wir von nahezu allen Gesellschaftsmitgliedern – von unseren Eltern, Lehrern, Betreuern, den Medien – dazu konditioniert, in allem und jedem, der oder die »Beste« zu sein (besser als alle anderen).

Doch warum? Was bringt es Eltern, wenn ihr Sohn oder ihre Tochter am besten in Rechtschreibung oder Korbflechten ist?

Ein Grund ist, dass Überlegenheit in der Evolution eine wesentliche Rolle gespielt hat: Sie erhöhte unsere Überlebenschancen. »Überlegene« Menschen – die größer, schneller, stärker oder reicher waren – überlebten mit höherer Wahrscheinlichkeit. Wurde ein Dorf von einem räuberischen Stamm angegriffen, waren es meist die schnellsten Läufer, die überlebten. Entsprechend hatten in Zeiten von Hungersnöten und Knappheit die Allerstärksten, die über die meisten Ressourcen verfügten, die größte Überlebenschance. Wir können also gar nicht anders, als nach Überlegenheit zu streben – wir sind schlichtweg darauf gepolt. Das erklärt überdies, warum unsere Eltern und Betreuer uns zu diesem Verhalten drängen. Da sie es gut mit uns meinen, möchten sie, dass wir die besten Überlebenschancen haben.

Natürlich wird uns nicht nur von den Eltern vermittelt, wie wichtig Überlegenheit ist; wir lernen es auch von unseren Lehrern und Arbeitgebern. Wir lernen, dass die Klassenbesten häufiger Stipendien erhalten, dass Manager besser bezahlt werden und Top-Entertainer günstigere Konditionen und mehr Titelblätter bekommen. Wir werden außerdem geprägt durch die selektive Berichterstattung der Medien, die eher von Erfolgen als vom Scheitern berichten.

Als Konsequenz aus dieser Konditionierung neigen wir dazu, unser Selbstwertgefühl am Grad unserer Überlegenheit festzumachen. Wenn wir lernen, dass die Intensität von Liebe und Aufmerksamkeit, die uns von anderen entgegengebracht wird, davon abhängt, wie gut wir im Vergleich zu Gleichaltrigen abschneiden, verinnerlichen wir das Bedürfnis nach Überlegenheit derart, dass wir auch dann danach streben, wenn niemand da ist, der uns beurteilt. Suchen wir in der Kindheit noch nach Überlegenheit, um den Standards anderer zu genügen, so sind es im Erwachsenenalter unsere *eigenen* Standards, denen wir entsprechen wollen. Dieses Bedürfnis ritzt sich tief in unser innerstes Wesen ein.

Das Bedürfnis nach Überlegenheit hat jedoch noch eine weitere Ursache. Wir alle haben Ziele und möchten wissen, ob wir auf dem Weg dorthin adäquate Fortschritte machen. Dabei gehört *Kompetenz* zu unseren vorrangigsten Zielen. Indem wir uns mit anderen vergleichen, können wir herausfinden, ob wir besser oder effektiver in einer Sache werden, ein untrügliches Zeichen dafür, dass wir Fortschritte machen; demnach ist dieses Verlangen nach Perfektion auf einem bestimmten Gebiet neben dem Verlangen nach Bestätigung durch andere und Selbstachtung ein weiterer Grund, warum wir nach Überlegenheit streben.

Doch es gibt noch eine wichtige Erklärung: »Überlegen« zu sein verleiht uns die *Autonomie* oder die Freiheit zu sein, wie wir sind. Studien zeigen, dass gesellschaftlich höhergestellte Personen sich nicht dazu veranlasst sehen, auf ihre Wortwahl zu achten oder ihre Verhaltensweise anderweitig einzuschränken. Diejenigen mit niedrigerem Status dagegen fühlen sich unter Druck, gefälliger zu sein.

Es geht bei der Überlegenheit also nicht nur um das Überleben. Es geht noch um einiges mehr: um Selbstachtung, Perfektion und Autonomie. Es handelt sich bei diesem Bestreben also nicht um irgendeinen oberflächlichen Charakterzug, den lediglich solche mit übergroßem »Ego« oder narzisstischer Persönlichkeit aufweisen. Es ist vielmehr ein tiefverwurzeltes Bedürfnis, das wir fast alle in uns tragen.

Das Bedürfnis nach Überlegenheit in seinen mannigfaltigen Erscheinungsformen

Das Streben nach Überlegenheit äußert sich auf vielfältige Weise und kann manchmal sogar witzig und schmerzlich zugleich ausfallen. Denken Sie an die verzweifelten Versuche derjenigen, die ihren Zenit längst überschritten haben (z. B. Schauspieler oder Sportler), im Rampenlicht zu bleiben (Billy Wilder hat es genial in dem Filmklassiker *Boulevard der Dämmerung* illustriert). Oder denken Sie daran, welches Tamtam Facebook-»Freunde« um ihre Leistungen machen und ausschließlich die vorteilhaftesten Bilder von sich hochladen. Studien haben ergeben – und das ist wenig überraschend –, dass derartige Updates auf Facebook bei den Betrachtern mehr negative als positive Empfindungen auslösen. Die meisten Menschen würden sich vermutlich gerne für ihre gutaussehenden und erfolgreichen Bekannten freuen, sie können jedoch nicht anders, als eifersüchtig und neidisch zu reagieren.

Das Bedürfnis nach Überlegenheit durchdringt sogar solche Kontexte, in denen es an sich darum geht, dieses zu dämpfen. Falls Sie jemals an einer Meditationsrunde teilgenommen haben, kennen Sie ihn sicherlich auch, den besonders »glückseligen« Typen. Das ist die Person mit dem sanften Blick und dem engelsgleichen Lächeln, die nach der Meditation in süßlich sonorer Stimme verkündet, es sei einfach »unglaublich fantastisch« gewesen. Die untergründige Botschaft dieses Glückseligen lautet: *»Ich kann besser meditieren als du, denk daher gar nicht erst daran, spirituell mit mir in Konkurrenz zu treten!«* Das Bedürfnis nach Überlegenheit äußert sich auch in der Tendenz, sich anderen, die überlegen sind, anzuschließen. Wie Sie vielleicht wissen, tragen nach einem Sieg der Hochschulmannschaft mehr Studenten das Universitätsshirt als zu sonstigen Zeiten. Warum? Weil es sich gut anfühlt, mit dem »überlegenen« Team in Verbindung gebracht zu werden!

Macht Überlegenheit glücklicher?

Wenn das Streben nach Überlegenheit derart weitverbreitet ist, müsste tatsächliche Überlegenheit glücklicher machen, oder? Im Rahmen einer Studie beobachteten Wissenschaftler den Gesichtsausdruck von Probanden, die Rückmeldungen erhielten, sodass sie sich anderen gegenüber überlegen oder aber minderwertig fühlten. Wenig überraschend fiel der Gesichtsausdruck der »überlegenen« Teilnehmer im Vergleich zu den anderen deutlich positiver aus. Zumindest unmittelbar nach dem Feedback scheint Überlegenheit ein gutes Gefühl zu verleihen.

Doch wie sieht es auf lange Sicht aus? Sind überlegene Menschen insgesamt glücklicher? Sind Vorgesetzte glücklicher als ihre unterstellten Mitarbeiter?

Das ist aus mehreren Gründen eine schwierige Frage, etwa weil Glück außer von Überlegenheit noch von einer Reihe anderer Faktoren abhängt – Lebensstil, Möglichkeiten und Verbindlichkeiten etc. Doch da gibt es auch noch das Problem der Umkehr von Ursache und Wirkung. Glückliche Menschen sind generell erfolgreicher; wenn Vorgesetzte also laut Studien glücklicher als ihre Mitarbeiter sind, könnte das auch daran liegen, dass sie von vornherein glücklicher waren.

Auch wenn es also schwierig ist, den wahren Zusammenhang zwischen Überlegenheit und Glück zu ermitteln, scheint es, dass Überlegenheit tatsächlich glücklicher macht. Der vielleicht überzeugendste Beleg dafür stammt aus den renommierten Whitehall-Studien, die mit zu den einflussreichsten psychologischen Forschungsarbeiten überhaupt gehören.

Angenommen Sie arbeiten als niedrig stehender Beamter für die Regierung. Von Ihrem dürftigen Einkommen können Sie sich lediglich Hausmannskost leisten. Das Gute an dem Job ist allerdings, dass die Regierung Ihre Mietkosten übernimmt, für alle medizinischen Ausgaben aufkommt und Sie überdies dieselben medizinischen Leistungen erhalten wie die ranghöchsten Regierungsmitglieder.

Ist Ihr Gesundheitszustand dann ebenso gut wie der Ihrer Vorgesetzten?

Die Antwort lautet: nein. Sie werden wahrscheinlich in einem schlechteren gesundheitlichen wie emotionalen Zustand sein. In einer Reihe von Studien, die seit den 1960er-Jahren und bis heute andauern, den erwähnten Whitehall-Studien, fanden Wissenschaftler heraus, dass Personen niedrigeren Status trotz identischer medizinischer Versorgung krankheitsanfälliger und insgesamt länger krank sind, eine geringere Lebenserwartung haben und stärker unter negativen Emotionen leiden als jene mit höherem Status. Selbst nach Überprüfung der Lebensstilfaktoren (z. B. Schlafmenge) und der Angewohnheiten (z. B. Rauchen) ist die Mortalität von Arbeitnehmern der untersten sozialen Stufe zweimal so hoch wie die von Beamten der höchsten Stufe.

Doch wie kommt es, dass sozial höhergestellte Menschen körperlich und emotional gesünder sind?

Um das zu ergründen, haben die Forscher ein paar Folgestudien durchgeführt und sind dabei auf zwei wichtige Faktoren gestoßen. Da wäre zum einen das Selbstwertgefühl. Höhergestellte Menschen genießen ein ausgeprägteres Selbstwertgefühl und sind somit glücklicher. Die andere Sache ist Kontrolle oder Autonomie. Menschen aus einer höheren sozialen Schicht verfügen ihrer Wahrnehmung nach über größere Autonomie und

Kontrolle über die persönlichen Entscheidungen, was sie wiederum glücklicher macht.

Das Streben nach Überlegenheit und Materialismus

Angesichts des bisher Besprochenen möchte man meinen, dass man für maximales Glück nach Überlegenheit streben sollte. Obwohl Überlegenheit tatsächlich glücklicher macht, stellt sich jedoch heraus, dass das Anstreben dieses Zustands glücksmindernd wirkt. Dieser Punkt ist so wichtig, dass Sie ihn sich unbedingt noch einmal durch den Kopf gehen lassen sollten! Oder anders ausgedrückt, *je stärker das Bedürfnis nach Überlegenheit, desto niedriger das Glücksniveau.* Das bedeutet, ganz egal wie reich, berühmt, mächtig oder attraktiv Sie verglichen mit anderen sind, Sie werden umso unglücklicher, je stärker Sie nach Überlegenheit streben.

Ich hatte vor Kurzem auf einer Kreuzfahrt Gelegenheit, einem »Wer hat die haarigste Brust«-Contest beizuwohnen. Wie sich herausstellte, hatte ich mir nicht zu viel davon versprochen. Ein südafrikanischer Großvater bot sich im Finale mit einem rothaarigen irischen Milchmann einen knallharten Wettkampf, aus dem Letzterer – auf Basis einer informellen Publikumsabstimmung – schließlich als »Sieger« hervorging.

Später am Abend hatte ich das Glück, an einer Bar neben dem südafrikanischen Großvater zu sitzen. Nachdem ich mich mit einem raschen Blick auf seine Brust davon überzeugt hatte, dass er es wirklich war, bemerkte ich beiläufig, dass meiner Ansicht nach er der eigentliche Gewinner gewesen sei. Ich hatte nicht mehr als ein Achselzucken als Reaktion darauf erwartet, doch die Niederlage gegenüber dem irischen Milchmann hatte ihn augenscheinlich tief getroffen.

»*Danke!*«, antwortete er, während er meine Hand umklammerte und enttäuscht den Kopf schüttelte. »*Vielen* Dank. Ich finde auch, dass eigentlich ich hätte gewinnen sollen. Doch was kann man machen? Das Publikum entscheidet«, sagte er verächtlich. »Nehmen Sie es sich nicht so zu Herzen«, erwiderte ich, seine gut gepolstere Hand tätschelnd. Ich konnte mich gut in den Schmerz dieses Mannes hineinversetzen, kannte ich das Gefühl, der eigentliche »Gewinner« zu sein, doch nur zu gut – wenn ich mit Feuereifer über die Existenz der Seele debattierte, nur um aufgrund der Reaktionen von Zuschauern zu erkennen, dass mein Gegenüber mich geschlagen hatte. Der Punkt an der Geschichte ist, dass es selbst bei etwas scheinbar so leicht zu Bewertendem wie der Brustbehaarung schwierig sein kann, den wahren Sieger festzustellen. Noch »haariger« wird das Problem in Kontexten mit weniger eindeutigen Maßstäben.

Dazu ein paar Beispiele:

Wer ist der beste Schlagzeuger aller Zeiten?

Meine Wahl würde wahrscheinlich auf Stewart Copeland, den Schlagzeuger von *The Police* fallen, ich könnte mich aber auch dazu durchringen, Neil Peart aus der kanadischen Rockband *Rush* zu nennen, der wohl einen besseren »Groove« hat. Andere wiederum – die eher technisch Interessierten – mögen Steve Smith von *Journey* oder den Jazz-Schlagzeuger Buddy Rich vorziehen, während jene, mit einer breiteren Auffassung von Schlagzeug möglicherweise Mridangam-, Djembe- oder Steeldrum-Spieler nennen würden.

Ähnlich verhält es sich mit folgenden Fragen:

Wer ist der beste Gärtner/die beste Geschäftsfrau/der beste Koch aller Zeiten?

Sie haben es verstanden. Tatsächlich ist es in fast jedem Bereich schwierig, wenn nicht unmöglich, objektive Messkriterien zu entwickeln, um sich selbst im Vergleich zu anderen zu bewerten. In der Tat besteht darin die Schwachstelle jedes Maßstabs, dass er Menschen dazu bringt, eine stark überhöhte Meinung von sich selbst zu haben – ein Phänomen, das auch als »Überdurchschnittlichkeitssyndrom« bekannt ist. Fast jeder glaubt, dass er in Sachen Professionalität, Herzlichkeit und Güte überdurchschnittlich gut ausgestattet ist, dabei kann höchstens die Hälfte der Menschen besser sein als der Durchschnitt, sodass vielen klar sein müsste, dass sie sich irren.

Ihnen ist natürlich sofort aufgefallen, dass diese Schwachstelle all jene, die nach Überlegenheit streben, vor ein ernsthaftes Problem stellt. Wenn die Metrik zur Bewertung der Überlegenheit subjektiv und uneindeutig ist, wie um alles in der Welt soll man dann vorankommen?

Angesichts dieses scheinbar hartnäckigen Problems möchte man meinen, dass die Menschen ihr Streben nach Überlegenheit seit Langem aufgegeben haben. Doch das Verlangen danach ist offenbar so stark, dass wir nicht so leicht kapitulieren. Anstatt uns also anhand von allzu diffusen – dabei aber relevanten – Messkriterien mit anderen zu vergleichen, begnügen wir uns mit der zweitbesten Möglichkeit: Wir vergleichen uns anhand etwas weniger diffuser Kriterien, auch wenn diese eigentlich nicht relevant für die Bewertung dessen sind, was uns wirklich interessiert. Ich rede hier natürlich von extrinsichen Maßstäben – Geld, Macht und Ruhm. Diese Maßstäbe erlauben es uns, unsere Position im Vergleich zu anderen auch in jenen Bereichen noch zu beurteilen, die wenig mit Geld, Macht oder Ruhm zu tun haben. Will man beispielsweise einschätzen, ob Bill Gates eine stärkere Führungspersönlichkeit war als, sagen wir mal, Steve Jobs, verwenden wir den relativen Nettowert als Stellvertreter für die Führungsqualitäten, davon ausgehend, dass die reichere Person logischerweise auch die bessere Führungsfigur sein muss. Ähnlich verhält es sich bei der Frage nach dem besten Schlagzeuger – wir sehen uns die jeweilige Anzahl der Fans auf Facebook an oder vergleichen die Ticketpreise ihrer Konzerte.

Das Problem – oder der Vorteil, je nach persönlichem Standpunkt – solcher Stellvertretermaßstäbe ist, dass sie es erlauben,

Vergleiche *über* die einzelnen Bereiche hinaus anzustellen. So könnte ich als Professor etwa meine Position im Vergleich zu der eines anderen bewerten, der nichts mit der Berufsgruppe der Professoren zu tun hat. Wie? Indem ich bewerte, um wie viel wohlhabender (oder ärmer), mächtiger oder berühmter diese Person im Vergleich zu mir zu sein scheint. Ich sage scheint, weil wir in den wenigsten Fällen genau wissen, wie wohlhabend, mächtig oder berühmt ein anderer ist, weshalb wir Signale für Wohlstand (z. B. die Marke des Autos), Macht (z. B. Position in der Firma) oder Ruhm (z. B. Anzahl der Follower auf Twitter) als Stellvertretermaßstäbe für tatsächlichen Wohlstand, Macht und Ruhm einsetzen.

Wie sich herausstellt, gehen die Stellvertretermaßstäbe für Wohlstand, Macht und Ruhm, obschon sie den Vorzug haben, quantifizierbar zu sein, mit einem schwerwiegenden Problem einher: Sie bringen uns dazu, uns auf das Ansammeln extrinsischer – oder materialistischer – Belohnungen zu konzentrieren, und ein derart materialistischer Fokus gehört, wie sich wiederum zeigt, zu den größten Glückskillern überhaupt.

Wie Materialismus das Glück schmälert

Ich kann mich noch genau daran erinnern, wie begeistert ich war, als ich meine Stelle an der McCombs School of Business antrat. Davor erhielt ich ein mageres Doktorandengehalt, nun wurde mir ein Sechsfaches davon als Assistenzprofessor angeboten. Ich wusste buchstäblich nicht, was ich mit all dem Geld anfangen würde. Selbst nachdem ich großzügige Summen für alle erdenklichen Ausgaben veranschlagte, ergaben meine Berechnungen, dass ich in wenigen Jahren unweigerlich Millionär wäre. Ich telefonierte mit meinen Eltern, um ihnen die gute Nachricht mitzuteilen, und kaufte mir zur Feier des Tages eine Flasche Champagner. Doch, Sie ahnen es bereits, ich hatte mich zu früh gefreut. Obwohl ich in jedem der 15 Jahre meiner Mitarbeit bei McCombs mit ziemlich guten Gehaltserhöhungen bedacht wurde, bin ich immer noch weit davon entfernt, Millionär zu sein.

Der Haken an einem höheren Verdienst ist, dass die Ausgaben, auf scheinbar magische Weise, mit dem Einkommen steigen. Das ist ein Grund, warum ein höherer Verdienst nicht glücklicher macht. Es gibt allerdings noch einen weiteren, triftigeren: Der positive Schub auf psychologischer Ebene nutzt sich allzu schnell ab, und man benötigt eine weitere Gehaltserhöhung, um denselben psychologischen Effekt auszulösen. Die Neigung, sich schnell an mehr Geld oder an jede andere Variable für Überlegenheit (Macht, Ruhm, Schönheit etc.) zu gewöhnen, ist so geläufig, dass die sogenannte hedonistische Adaption als eine der grundlegendsten Wesensmerkmale der menschlichen Natur betrachtet werden kann. Darauf ist auch zurückzuführen, dass Lottogewinner schon zwei Jahre nach ihrem Gewinn um keinen Deut glücklicher sind als der Durchschnittsbürger – ein Umstand, den zahlreiche Studien belegen.

Für den Fall, dass wir unser Glück an unserer Überlegenheit festmachen, bedeutet das, dass wir im Laufe unseres Lebens immer noch reicher, mächtiger und angesehener werden müssten, um das hohe Glückslevel aufrechtzuerhalten. Man braucht kein Genie zu sein, um zu erkennen, dass dies kaum möglich ist.

Hedonistische Anpassung liefert demnach eine wichtige Erklärung, warum Materialismus unserem Glück auf lange Sicht schadet. Es gibt einen weiteren Grund: Die unrealistisch hohen Erwartungen, die Menschen an materielle Dinge hinsichtlich der Mehrung ihres Glückes hegen, gehören, wie Wissenschaftler zeigen, zu den Hauptursachen für die Unzufriedenheit materialistisch orientierter Menschen. Darüber hinaus fördert ein materialistischer Lebensstil die Selbstzentriertheit und senkt das Mitgefühl, weshalb andere eher ungern mit materialistisch eingestellten Menschen kooperieren, was auf lange Sicht deren Glück trübt. Infolge des geringeren Mitgefühls sind Menschen häufiger bereit, auf Freude und Zufriedenheit (Zeit mit Freunden/der Familie zu verbringen oder etwas für die Gesellschaft beizutragen) zugunsten von Geld, Macht oder Ruhm zu verzichten.

Bestätigt wird dies durch eine Studie, für die Wissenschaftler 12 000 Studienanfänger für einen Zeitraum von 19 Jahren (von 1976 bis 1995) begleiteten. Dabei zeigte sich, dass diejenigen, deren oberstes Ziel es war »viel Geld zu verdienen« zwei Jahrzehnte später deutlich unzufriedener mit ihrem Leben waren als ihre früheren Kommilitonen. Andere Studien legen offen, dass materialistisch gesinnte Menschen im Vergleich zu nichtmaterialistischen mit höherer Wahrscheinlichkeit psychisch erkranken.

Nachdem Sie nun wissen, welchen Einfluss eine materialistische Prägung auf das persönliche Glück hat, wollen Sie sicherlich wissen, wie es um Sie in dieser Hinsicht bestellt ist. Um das herauszufinden, können Sie am Ende des Kapitels den Materialismus-Fragebogen ausfüllen.

Weitere Gründe, warum krampfhaftes Streben nach Überlegenheit unglücklich macht

Doch Materialismus und Überlegenheitsstreben stehen nicht als einzige Hindernisse dem Glück im Wege. Wer sein Selbstwertgefühl zu stark darauf aufbaut, besser zu sein als andere, leidet mehr unter den Konsequenzen, wenn das Ziel nicht erreicht wird und hat ein erhöhtes Depressionsrisiko. Zudem orientieren wir uns bei der Einschätzung unserer Überlegenheit eher an der vermuteten Sicht entfernter *Bekannter* als an engen Freunden oder der Familie. Damit ist die Grundlage der Wahrnehmung instabil und wackelig. Darüber hinaus führt das Bedürfnis nach Überlegenheit erwiesenermaßen zu dem bereits erwähnten »Überdurchschnittlichkeitssyndrom«, sodass man blind für die eigenen Fehler und Schwächen wird. In der Folge opfert so mancher dieser nach Überlegenheit Strebenden langfristiges Lernen und Wachstum zugunsten kurzfristiger Schübe hochmütigen Stolzes.

Ein weiterer Grund, warum das Streben nach Überlegenheit nicht glücklich macht, ist der zerrüttende Effekt dieser Eigenschaft auf Beziehungen. Solche Menschen neigen dazu, »Nehmer« zu sein, so Adam Grant, Autor des Buches *Geben und Nehmen,* und Nehmer sind selten beliebt. Im Rahmen einer Studie wurden die Teilnehmer gefragt, ob sie sich eher an Vorschläge von »Gebern« oder »Nehmern« halten würden, dabei wurde deutlich, dass die Bereitschaft, mit Gebern zu kooperieren, deutlich stärker ausgeprägt war. Das liegt nicht zuletzt daran, dass Nehmer häufig verärgert und aggressiv reagieren, insbesondere, wenn ihnen nicht der Respekt zuteilwird, den sie ihres Erachtens verdienen. Es ist daher nicht verwunderlich, dass sich Nehmer quer durch zahlreiche Studien als weniger glücklich erwiesen haben als Geber.

Zuletzt noch ein sehr wichtiger Punkt: Überlegenheitsgefühle gehen untrennbar einher mit pausenlosem Vergleich mit anderen, was erwiesenermaßen glücksmindernd wirkt. Und, wie Studien zeigen, je weniger ein Mensch darauf achtet, wie viel besser oder schlechter er als andere ist, desto glücklicher ist er – und umgekehrt, je mehr man sich mit anderen vergleicht, desto unglücklicher wird man.

Was wir dem Bedürfnis nach Überlegenheit entgegensetzen können

Das bisher Besprochene lässt sich in etwa wie folgt zusammenfassen:

- Das Streben nach Überlegenheit ist nicht nur in uns angelegt, wir werden zudem meist dazu erzogen.
- Obwohl Überlegenheit glücklicher (und entspannter) macht, wirkt sich das Streben danach glücksmindernd aus.

Wenn wir also ein glücklicheres Leben führen wollen, liegt es auf der Hand, was zu tun ist: dem Streben nach Überlegenheit entgegenwirken – allerdings ohne dabei zu riskieren, weniger gute Leistungen zu erzielen.

Doch wie ist das zu schaffen? Zuallererst müssen wir uns von einer weit verbreiteten Fehlinterpretation des Überlegenheitsstrebens verabschieden. In meinen Seminaren zum Thema Glück ist mir aufgefallen, dass viele meiner Studenten dieses Bedürfnis als wichtige Voraussetzung für Erfolg wahrnehmen. Wir fürchten, weniger erfolgreich zu sein, wenn wir dieses Bedürfnis abschwächen. Dies stellt sich jedoch, zumindest in den meisten Fällen, als unbegründet heraus. Zwar spornt uns dieses Bedürfnis in der Tat dazu an, bessere Leistungen zu erbringen; Es kann uns sogar den berühmten »Tritt in den Hintern« verpassen, sodass wir die Dinge wirklich angehen. Sobald wir uns jedoch einer Aufgabe wirklich zuwenden, kann Überlegenheitsstreben eher Hindernis als Hilfe sein, insbesondere in kognitiv und intellektuell fordernden Berufen. Es mag zunächst widersprüchlich erscheinen, dass Überlegenheitsbestrebungen dem Erfolg im Wege stehen können, doch wie wir noch sehen werden, gibt es verschiedene Studien, die diese Tatsache ausdrücklich belegen.

Neben der Beseitigung besagten Missverständnisses gibt es noch einen weiteren hilfreichen Tipp: Hüten Sie sich vor Situationen, in denen Sie sich unsicher fühlen – denn genau in solchen Situationen neigen wir dazu, nach Überlegenheit zu streben. Nehmen wir die Ergebnisse einer Studie, für die die Teilnehmer zunächst einen Test absolvieren sollten; danach erhielten Sie, unabhängig von ihrer tatsächlichen Leistung, entweder Lob oder Kritik. Anschließend wurden sie dazu aufgefordert, andere Personen hinsichtlich bestimmter Charakterzüge zu beurteilen, wobei deutlich wurde, dass diejenigen, die gerade selbst negativ bewertet worden waren, andere eher herabsetzten, als die Probanden, die ein positives Feedback erhalten hatten. Auch andere Studien haben gezeigt, dass unser Bedürfnis nach Überlegenheit ausgeprägter ist, sobald wir unsicher werden.

Ein weiterer Faktor, der unser Überlegenheitsbedürfnis erhöht, ist, paradoxerweise, materieller Erfolg. Ein Individuum, das von Symbolen materiellen Erfolgs (z. B. Luxusgüter) umgeben ist, neigt stärker zu Egoismus und Materialismus. Das deutet darauf hin, dass Menschen mit leichterem Zugang zu Ressourcen, also die Klugen und Erfolgreichen unter uns, anfälliger dafür sind, nach Überlegenheit zu streben. Bekrägtigt wird diese These durch folgende Tatsache: Obwohl US-Amerikaner materiellen Wohlstand von bis dato ungekanntem Ausmaß genießen, hat ihre Sehnsucht nach materiellem Erfolg mittlerweile einen neuen Höhepunkt erreicht. Während im Jahr 1970 noch lediglich 40 Prozent der amerikanischen Studienanfänger in Umfragen materiellen Erfolg als ihr wichtigstes Ziel angaben, waren es 2014 bereits über 80 Prozent! Doch es gibt noch mehr, was wir tun können, um dieses Bedürfnis zu lindern. Diesen Möglichkeiten wende ich mich im folgenden Kapitel zu.

Der Materialismus-
FRAGEBOGEN

Dieser aus 18 Aussagen bestehende Fragebogen zum Thema Materialismus wurde 1992 von Richins und Dawson entwickelt. Bewerten Sie jede Aussage auf einer Skala von 1 bis 7, wobei 1 für »starke Ablehnung« und 7 für »starke Zustimmung« steht.

1. Ich bewundere Menschen, die teure Häuser, Autos und Kleidung besitzen.
2. Zu den wichtigsten Leistungen im Leben gehört der Erwerb materieller Besitztümer.
3. Ich messe der Masse an materiellen Objekten, die Personen als Zeichen ihres Erfolgs besitzen, keine allzugroße Bedeutung bei.*
4. Die Dinge, die ich besitze, sagen viel darüber aus, wie gut mein Leben verläuft.
5. Ich mag es, Dinge zu besitzen, die andere beeindrucken.
6. Ich achte nicht so sehr darauf, welche materiellen Objekte andere besitzen.*
7. Ich kaufe mir normalerweise nur Sachen, die ich wirklich brauche.*
8. Ich versuche mein Leben, was Besitztümer betrifft, so einfach wie möglich zu halten.*

9. Die Dinge, die ich besitze, haben keine große Bedeutung für mich.*
10. Ich liebe es, Geld für Dinge auszugeben, die nicht praktisch sind.
11. Dinge zu kaufen bereitet mir großes Vergnügen.
12. Ich mag eine Menge Luxus in meinem Leben.
13. Ich lege weniger Wert auf Materielles, als die meisten anderen Menschen aus meinem Bekanntenkreis.*
14. Ich habe alles, was ich brauche, um das Leben zu genießen.*
15. Mein Leben wäre besser, wenn ich ein paar Dinge besäße, die ich bisher noch nicht habe.
16. Ich wäre kein bisschen glücklicher, wenn ich schönere Dinge besäße.*
17. Ich wäre glücklicher, wenn ich mir mehr Dinge leisten könnte.
18. Manchmal nervt es mich ein wenig, dass ich mir nicht alles, was ich haben möchte, leisten kann.

Auswertung

Für die Aussagen 1, 2, 4, 5, 10, 11, 12, 15, 17 und 18 ist die Punktzahl gleich dem Wert, den Sie sich gegeben haben. Die mit einem Sternchen versehenen Aussagen, also die Nummern 3, 6, 7, 8, 9, 13, 14 und 16 müssen Sie »umgekehrt« einbeziehen. Am einfachsten funktioniert das, wenn Sie den Wert, den Sie sich gegeben haben, von 8 abziehen. Wenn Sie sich also bei 5 auf der Skala bewertet haben, beträgt die Punktzahl 8–5=3.

Zählen Sie anschließend alle Punkte zusammen.

Gesamtpunkte:

Bei **mehr als 72 Punkten** ist der Materialismus in Ihrer Persönlichkeit ziemlich stark ausgeprägt.

Ein Punktestand von **99 und mehr** deutet auf ein über das Optimale hinausgehende Materialismusfokussierung hin.

Die **Aussagen 1 bis 6** beschäftigen sich mit der »Erfolgsdimension« von Materialismus, also inwieweit Ihnen konventioneller Erfolg (Wohlstand, Macht etc.) wichtig ist.

Ein Punktestand von **24 und mehr** lässt darauf schließen, dass Sie eher konventionell eingestellt sind.

Ein Punktestand von **33 und mehr** bedeutet, dass sie über das optimale Maß hinaus nach Macht und Wohlstand streben.

Die **Aussagen 7 bis 13** gehen der Frage danach, welche Rolle die Anhäufung von Besitztümern in Ihrem Leben spielt – Materialisten betrachten dies als eigene Lebensaufgabe.

Ein Punktestand **von 28 und mehr** deutet auf eine über das optimale Maß hinausgehende Fokussierung hin.

Die **Aussagen 14 bis 18** beziehen sich darauf, inwieweit Sie davon überzeugt sind, dass Sie Besitztümer zu Ihrem Glück benötigen.

Ein Punktestand **von 20 und mehr** zeigt, dass Sie im Bereich dieser Subskala eher materialistisch eingestellt sind, während ein Punktestand **von 27 und mehr** auf eine über das Optimale hinausgehende materialistische Einstellung in der Glücksdimension hindeuten.

GLÜCKSREZEPT

Für Flow-Erlebnisse sorgen

Stellen Sie sich vor, Sie müssten eine Aufgabe erledigen, sagen wir, ein Kapitel für ein Buch verfassen. Sie begeben sich in Ihr Büro, um mit Ihrem Tagwerk zu beginnen, doch aus wohlbekannten Gründen fangen Sie an zu trödeln. Sie surfen im Internet, plaudern mit Kollegen, trinken Kaffee. Irgendwann, wenn Sie keine Ausrede mehr haben, um noch weiter herumzutrödeln und schon eine Mischung aus Schuldgefühlen und Panik in Ihnen aufsteigt, setzen Sie sich an den Computer, seufzen tief und fangen an zu schreiben.

Es geht nur schleppend voran, so wie schon in der ganzen letzten Woche. Sie finden die richtigen Worte nicht, doch Sie versuchen es beharrlich weiter. Schließlich, nachdem Sie sich eine volle Stunde abgemüht haben, fragen Sie sich, warum dieses Kapitel nur so schwierig zu schreiben ist. Mehr aus Verzweiflung denn aus Hoffnung kramen Sie ein altes Dokument mit der Gliederung des Kapitels hervor, und während Sie es durchsehen, haben Sie eine Art Erleuchtung. Ihnen fällt auf, dass es ein Problem mit der Handlung gibt, das zunächst behoben werden muss, um weitere Fortschritte zu machen. Sie sind zugleich frustriert und begeistert von dieser Entdeckung. Frustriert, weil das bedeutet, dass Sie mit dem Kapitel noch einmal von vorne anfangen müssen, begeistert, weil Sie zuversichtlich sind, dass es mit der überarbeiteten Handlung funktionieren wird. Sie verbringen die nächsten paar Minuten damit, gegen den Widerwillen anzukämpfen, das Kapitel neu zu verfassen, und nach einem kurzen Aufenthalt in der Teeküche wagen Sie es schließlich.

In der darauffolgenden Stunde werden Sie von Kollegen gefragt, ob Sie nicht mit zum Kaffeetrinken gehen wollen. Sie verneinen. Sie werden überdies durch mehrere Anrufe und aufploppende E-Mails unterbrochen. Sie lassen diese Unterbrechungen ungeduldig über sich ergehen, um sich dann schnell wieder Ihrer Arbeit zuzuwenden. Erst als Sie richtig großen Hunger bekommen, fällt Ihnen auf, dass Sie drei Stunden am Stück gearbeitet haben! Sie fragen sich, wo die Zeit geblieben ist, und wie es kommt, dass Sie in diesem langen Zeitraum nicht unterbrochen worden sind. Sie blicken auf das Telefon und entdecken zu Ihrer Überraschung, dass Sie, ohne es zu wissen, den Hörer danebengelegt haben; Sie wenden sich Ihren E-Mails zu und merken erst jetzt, dass Sie das Programm wohl geschlossen haben.

Bevor Sie sich zu einem späten Mittagessen aufmachen, sehen Sie sich noch einmal an, was Sie geschrieben haben, und bemerken, ungemein befriedigt, dass Sie in den letzten drei Stunden mehr geschafft haben als in der ganzen letzten Woche.

Flow

Die meisten von uns kennen das, was der herausragende Psychologe Mihaly Csikszentmihalyi »Flow« nennt – man geht, in dem, was man tut, derart auf, dass man das Zeitgefühl verliert. Mihaly Csikszentmihalyi dokumentierte dieses Phänomen zum ersten Mal in den 1970er-Jahren.

Im Rahmen einer seiner bekanntesten Studien händigte er den Probanden einen Beeper und ein Tagebuch aus, mit der Maßgabe, beides im Laufe der Woche immer bei sich zu haben. Er stellte die Beeper so ein, dass sie nach dem Zufallsprinzip losgingen. Die Teilnehmer sollten jedes Mal, wenn der Beeper sich meldete, ihre aktuelle Tätigkeit sofort unterbrechen und im Tagebuch festhalten, mit was sie sich beschäftigt hatten und wie sie sich dabei fühlten.

Nach dieser Woche sammelte Mihaly Csikszentmihalyi die Tagebücher ein und setzte sich mit den Einträgen auseinander. Csikszentmihalyi wollte etwas finden, das bereits viele Philosophen und Mystiker vor ihm zu ergründen suchten, von Aristoteles bis Buddha: das Rezept für Zufriedenheit und Glück.

Csikszentmihalyis Frage

Versetzen Sie sich für einen Moment in Csikszentmihalyis Lage. Stellen Sie sich vor, Sie gehen die Tagebucheinträge von Hunderten Befragten aus den verschiedensten gesellschaftlichen Schichten durch.

Was würden Sie wohl herausfinden?

Das kommt ganz darauf an, welche Frage Sie sich beim Durchlesen stellen. Wenn Sie sich fragen »Sind bestimmte Berufe zufriedenstellender als andere?«, können Sie feststellen, dass Künstler bessergestellt sind als Hausmeister. Auf die Frage: »Sind die Menschen am glücklichsten in der Arbeit oder an einem andern Ort?« finden Sie die Antwort, dass die Menschen dann am glücklichsten sind, wenn sie sich in der Freizeit mit anderen treffen, weniger glücklich am Arbeitsplatz und am allerwenigsten, während sie pendeln. Diese Erkenntnisse, wiewohl interessant, wären nicht annähernd so aufschlussreich wie das, was Csikszentmihalyi herausgefunden hat.

Die Genialität Csikszentmihalyis lag in der Frage, die er stellte, eine Frage, die noch kein Wissenschaftler vor ihm zu beantworten versucht hatte. Diese lautete: Gibt es eine gemeinsame Erfahrung, die Menschen aus verschiedensten Schichten allesamt als bedeutungsvoll erachten? Und wenn ja, welche?

Indem er diese Frage stellte, ging Csikszentmihalyi von der impliziten Annahme aus, dass Menschen sich zwar in dem, *was* sie als bedeutungsvoll erachten, unterscheiden (z. B. ist für einen Musiker die Komposition einer Sonate bedeutsamer als ein Hundertmetersprint, während für einen Athleten das Umgekehrte gilt), es aber Erfahrungen gibt, die alle Menschen gleichermaßen, unabhängig von der gesellschaftlichen Zugehörigkeit, als wichtig erachten. Und indem er herausfinden wollte, worin die Gemeinsamkeit in all diesen Erfahrungen bestand, versuchte er ein allgemeines Rezept für Zufriedenheit zu finden, ein Rezept, das für einen Fabrikarbeiter ebenso funktioniert wie für die Maskenbildnerin. Es hätte sich natürlich auch herausstellen können, dass keine derartige Gemeinsamkteit existiert. In diesem Fall wäre Csikszentmihalyi eben in einer Sackgasse gelandet, und das wäre es gewesen. Aber es gibt eine Gemeinsamkeit, die quer durch die Erfahrungen aller, ungeachtet ihres sozialen Hintergrunds, als bedeutend erachtet wird. Und um besser verstehen zu können, um was es sich dabei handelt, schauen wir uns zunächst das Konzept des Flow an.

Merkmale von Flow

Was also versteht man unter Flow?

Nach Csikszentmihalyi werden Flow-Erfahrungen durch bestimmte gemeinsame Merkmale charakterisiert, wobei das vordergründigste sicherlich die Art der Wahrnehmung von Zeit ist.

Paradoxerweise kommt es einem während eines Flow so vor, als würde die Zeit sowohl verlangsamt *als auch* beschleunigt.

Betrachten wir folgendes Beispiel. Nehmen wir an, Sie spielen gerade Tennis. Während Sie sich darauf konzentrieren, den nächsten Ball anzunehmen, merken Sie, dass Sie sich in einer Art Zeitschleife befinden: Alles scheint in Zeitlupe abzulaufen. Sie sehen den Ball sehr viel klarer als sonst – so klar, dass Sie die Filzfasern erkennen, während der Ball auf Sie zurast. Und weil die Zeit langsamer abzulaufen scheint, haben Sie den Eindruck, mehr Zeit zur Verfügung zu haben, um Ihre Schläge auszuführen. Sie merken, dass Sie an Bälle herankommen, die für Sie normalerweise unerreichbar gewesen wären. Hinzu kommt: Obwohl Sie sich schneller bewegen und eine größere Reichweite auf dem Platz haben, fühlen Sie sich nicht erschöpft – weil Ihre Bewegungen effizient sind. Tatsächlich sind Ihre Bewegungen nicht nur effizient, sie verlaufen *fließend,* wie die eines Tänzers. Anders ausgedrückt, Sie fühlen sich ein wenig wie die Figur Neo aus dem Film *Matrix:* Die Zeit scheint derart verlangsamt, dass man das Gefühl hat, Geschossen ausweichen zu können. Und dennoch – hier wird es paradox –, wenn Sie nach dem Spiel auf die Uhr sehen, merken Sie, dass das Spiel deutlich länger gedauert hat als gedacht.

Ein zweites Wesensmerkmal von Flow ist die Selbstvergessenheit. Menschen berichten, im Rahmen von Flow-Erlebnissen derart in ihrer Tätigkeit aufzugehen, dass sie sich unmöglich noch darauf konzentrieren können, wie gut – oder schlecht – sie

sie ausführen. Mit anderen Worten, der Flow-Zustand erfordert die gesamte psychische Energie, über die man verfügt. Erst nach diesem Zustand, beziehungsweise wenn er durch einen externen Trigger (Auslöser, wenn z. B. der Beeper losgeht) unterbrochen wird, sind die Menschen in der Lage, ihre Leistung aus einem gewissen Abstand heraus zu beurteilen.

Ein drittes Wesensmerkmal, das sich von den ersten beiden ableitet, ist das »im Hier und Jetzt«-Sein. Menschen im Flow-Zustand widmen sich ihrer gegenwärtigen Aufgabe mit äußerster Konzentration. Oder genauer, sie gehen völlig darin auf, das nächste *Teil*ziel der Aufgabe zu erledigen. Nehmen Sie beispielsweise an, Sie würden gerade eine Felswand hinaufklettern und haben vor, oben mit dem Partner eine schöne Brotzeit einzunehmen, sobald Sie den Gipfel erreicht haben. Falls Sie in einen Flow-Zustand geraten, schwindet dieses Endziel, die Brotzeit mit dem Freund, aus Ihrem Fokus. Stattdessen richtet sich der Fokus möglicherweise auf die nächste Spalte oder den nächsten Vorsprung, an dem Sie sich festhalten können. Oder auch auf Ihre feuchten Finger oder auf dorniges Gestrüpp entlang des Pfads. Ihr Fokus wäre also auf all jene Dinge gerichtet, die unmittelbar relevant für die momentane Tätigkeit sind.

Flow – ein elementares menschliches Bedürfnis

Gut möglich, dass Sie alle drei Merkmale von Flow nachvollziehen konnten. Das liegt daran, dass Sie, wie viele andere auch, bereits Flow-Erfahrungen gemacht haben. Die Tatsache, dass wir das alle bereits getan haben, weist darauf hin, dass Flow kein Privileg einer einzelnen Personen- oder Berufsgruppe ist. Der Zustand des Flow ist für alle erreichbar. Dass etwas allem Anschein nach dermaßen Esoterisches und Mysteriöses wie Flow von wirklich jedem erlebt werden kann, ist schier unglaublich!

Noch faszinierender ist allerdings, dass jeder Mensch, überall auf der Welt, Flow als etwas Bedeutsames und Befriedigendes empfindet. Einige von uns wurden in kapitalistischen Gesellschaften erzogen, andere in sozialistischen, manche wuchsen auf dem Land auf, andere in Städten, wir leben in Demokratien oder Autokratien und dennoch haben wir alle eines gemeinsam: Flow-Erlebnisse sind uns ein grundlegendes Bedürfnis.

Anders als das Streben nach Überlegenheit verfügt Flow über das Potenzial, nicht nur unser eigenes Glück zu mehren, sondern auch das der Menschen in unserem Umfeld. Hinzu kommt, dass das Streben nach Flow eine sehr viel verlässlichere Erfolgsdeterminante darstellt als das Überlegenheitsstreben.

Doch bevor ich Ihnen erkläre, warum Flow das Glückslevel erhöht, sehen wir uns ein bestimmtes Merkmal von Flow genauer an.

Das Verhältnis zwischen Anforderungen und Fähigkeiten

Stellen Sie sich abermals vor, Sie würden Tennis spielen. Wann ist die Chance größer, einen Flow-Zustand zu erreichen: wenn der Matchpartner viel besser oder viel schlechter spielt als Sie?

Laut Csikszentmihalyi in *keinem* der beiden Fälle: Ist der Gegner viel besser, sind Sie wahrscheinlich verunsichert, ist er deutlich schlechter, sind Sie gelangweilt. Csikszentmihalyi erkannte, dass Flow-Erlebnisse vor allem dann entstehen, wenn die Kräfteverhältnisse beinahe ausgeglichen sind und der Gegner *eine Idee* besser ist.

Nehmen Sie also an, Sie wären ein mittelmäßiger Tennisspieler. Um in einen Flow-Zustand zu geraten, sollten Sie also mit jemandem spielen, der Ihnen ein klein wenig überlegen ist. Um gegen diesen Spieler zu gewinnen, können Sie sich nicht nur auf Ihr derzeitiges Können verlassen; Sie müssten sich steigern, allerdings nur ein wenig. Zu Flow-Erlebnissen kommt es also vor allem in Situationen, in denen der Grad der Herausforderung optimal ist – weder zu hoch noch zu gering. Solche Situationen bewirken, dass Sie dazulernen und sich weiterentwickeln, während Sie diese Tätigkeit ausüben.

Das bedeutet nichts anderes, als dass Sie mehr oder weniger selbst nach Belieben Flow-Erlebnisse herbeiführen können, ganz einfach, indem Sie sich Situationen aussetzen, in denen Ihr Qualifikationslevel ein klein wenig unter dem erforderlichen liegt.

Allerdings münden nicht alle Situationen, in denen sich die vorhandenen und geforderten Fähigkeiten optimal entsprechen, in ebenso intensiven Flow-Erfahrungen. Um zu verstehen, warum, begeben wir uns gedanklich ein letztes Mal auf den Tennisplatz. Nehmen wir an, Sie wären ein Anfänger, der gegen einen anderen Anfänger spielt. Angesichts des niedrigen Qualifikationslevels werden Sie und Ihr Partner den Ball wohl häufiger ins Aus (oder ins Netz) befördern, sodass es Ihnen noch nicht gelingt, den Ball längere Zeit im Spiel zu behalten. Sollte es dabei überhaupt zu Flow-Erlebnissen kommen, würden diese beständig durch relativ lange Intervalle ohne Flow (den Ball aus dem Netz klauben, den Ball außerhalb des Spielfelds aufsammeln etc.) unterbrochen werden.

Vergleichen Sie das nun mit einem Szenario, in dem sowohl Sie als auch Ihr Matchpartner Profis sind. Auf diesem hohen Spielniveau werden Sie und Ihr Gegenspieler wahrscheinlich sehr viel länger andauernde Flow-Erlebnisse erreichen. Die Ballwechsel werden wohl mehrere Sekunden dauern, und Sie werden im Verlauf dieser Partie wohl beide bis an Ihre jeweiligen Grenzen gehen. Je höher also Ihr Qualifikationsniveau, desto wahrscheinlicher sind Sie in der Lage, den Flow-Zustand aufrechtzuerhalten.

Warum uns Flow glücklicher macht

Bevor wir uns später ausführlicher mit intensiven und weniger intensiven Flow-Erfahrungen auseinandersetzen, müssen wir zunächst ergründen, warum Flow-Zustände das Glücksniveau steigern. Das liegt einerseits daran, dass Flow-Erfahrungen angenehm sind. Für eine Studie wurden Studenten dazu aufgefordert, sich entweder eine Stunde einer »High-Flow-« oder einer »Low-Flow-Aktivität« zu widmen. Als danach das Glücksniveau dieser Probanden ermittelt wurde, waren die Studenten der erstgenannten Gruppe erheblich glücklicher als die anderen. Eine weitere Ursache liegt in unserem Drang, auf bestimmten Gebieten eine hohe Kompetenz entwickeln zu wollen. Wie bereits erwähnt kommt es genau dann zu Flow-Erlebnissen, wenn die Situation es erfordert, dass Sie wachsen und sich weiterentwickeln. Haben Sie auf irgendeinem Gebiet (etwa beim Jonglieren) erst einmal eine ganze Reihe Flow-Erlebnisse zu verzeichnen, *können Sie nicht umhin, Ihre Fähigkeiten auf diesem Gebiet zu verbessern.* Und wenn Sie es schaffen, eine entscheidende Anzahl von Flow-Erlebnissen auf einem bestimmten Gebiet aneinanderzureihen, werden Sie dabei nolens volens meisterhafte Fähigkeiten entwickeln – oder sind zumindest auf dem besten Weg dorthin.

Und weil dieses Bedürfnis der Meisterschaft tief in uns verwurzelt ist, wirken sich Flow-Erfahrungen positiv auf unser Glücksniveau aus. Sie versetzen uns in die Lage, diesem Kernziel näher zu kommen.

Doch es gibt noch einen weiteren Grund, und der hängt mit dem Glück *anderer* zusammen. Wie bereits erwähnt, haben Flow-Erfahrungen nicht nur das Potenzial, uns selbst glücklicher zu machen, sondern überdies auch die Menschen um uns herum. Warum? Ganz einfach, weil es uns beflügelt, andere im Flow-Zustand zu sehen. Stellen Sie sich vor, Sie sind auf einem Rockkonzert, in dem die Band das Publikum wirklich »rockt«. Oder aber Sie sitzen in einer Vorlesung, in der ein kauziger – aber enthusiastischer – Professor über sein Lieblingsthema referiert.

Der Umstand, dass andere durch unseren Flow beflügelt werden, zeigt, dass das Anstreben von Flow-Erfahrungen eine deutlich nachhaltigere Quelle von Glück bietet, als das krampfhafte Eifern nach Überlegenheit. Im Gegensatz zu den Maßstäben für Überlegenheit – Wohlstand, Ruhm oder Macht – sind die Gelegenheiten für Flow-Erfahrungen *weder begrenzt noch rar.* Das heißt, die Flow-Erfahrung des einen ergibt sich nicht auf Kosten eines anderen. Weil aber extrinsische Belohnungen demgegenüber limitiert sind, kann sich eine Steigerung von Wohlstand, Macht oder Ruhm einer Person nur auf Kosten anderer ergeben.

Was den Flow verhindert

Denken Sie an eine x-beliebige Erfindung, etwa an das Flugzeug, den Computer, Tesafilm oder Carsharing, Sie können darauf wetten, dass Flow bei der Entwicklung eine Rolle gespielt hat. Und dennoch sind sich viele darüber nicht bewusst. Stattdessen glauben wir, es wären Erfolgsorientiertheit und Überlegenheitsbestrebungen, die hinter diesen Leistungen stecken, während wir sie in Wahrheit dem Flow verdanken.

Das soll nicht heißen, dass der Wunsch nach Überlegenheit gar keinen Einfluss auf unsere Leistungen hätte. Nicht selten treibt uns genau dieser Wunsch dazu an, uns ein bestimmtes Ziel vorzunehmen und auch weiterhin zu verfolgen. Dennoch spielt dieses Bedürfnis eine eher untergeordnete Rolle: solange es nicht durch Flow ergänzt wird, wird es uns nicht zum Erfolg führen. Wenn wir uns einer Aufgabe widmen, sind Gedanken an weltlichen Erfolg beziehungsweise an das Überflügeln anderer in der Tat sogar eher hinderlich, als dass sie uns helfen, Fortschritte zu machen. Ursache ist unsere begrenzte Verarbeitungskapazität; je mehr wir davon mit Gedanken an Wohlstand, Ruhm oder Macht belegen, desto weniger Kapazität bleibt uns für die entsprechende Aufgabe. Wir machen genau dann die größten Fortschritte, wenn wir überhaupt nicht mehr an extrinsische Belohnungen denken und uns vollkommen auf die jeweilige Aufgabe konzentrieren.

Jeder, der schon einmal versucht hat, ein ehrgeiziges Ziel zu erreichen, kennt das. Nehmen Sie beispielsweise Athleten bei den Olympischen Spielen. Obwohl sie ebenso wettbewerbsorientiert sind wie jeder andere Mensch, sind sie zugleich Meister darin, Gedanken über Überlegenheit (Erfolg oder Misserfolg) in ihre Schranken zu verweisen. In der Tat ist es nicht körperliche oder technische Begabung, die einen großartigen Sportler von »nur« guten unterscheidet; es ist vielmehr die mentale Stärke – die Fähigkeit, all das zu vergessen, was sich vorher ereignet hat oder in Zukunft ereignen wird, und sich stattdessen auf das zu konzentrieren, was genau in diesem Moment passiert. Ohne die Fähigkeit, im Hier und Jetzt zu leben, wäre es den Athleten unmöglich, sich in einen Flow-Modus zu versetzen.

Wenn Sie nun glauben, Flow wäre lediglich in hart umkämpften Bereichen von Belang, ist das ein Trugschluss. Über eine Reihe wohldurchdachter Studien haben der Verhaltensökonom Dan Ariely und seine Kollegen gezeigt, dass der Wunsch nach weltlichem Erfolg es auf beinahe jedem Gebiet erschwert, tatsächlich gute Leistungen zu erbringen. In einer dieser Studien wurden die Teilnehmer dazu aufgefordert, 13 Sets mit jeweils drei Anagrammen zu lösen.

Bei acht der 13 Sets arbeiteten die Teilnehmer einzeln in abgetrennten Kabinen. Bei den anderen wurden die Probanden aufgefordert, nach vorne zu kommen und die Anagramme unter den Blicken der Öffentlichkeit sowie der anderen Teilnehmer zu lösen. Da die Probanden unabhängig von den Bedingungen die gleiche Bezahlung erhielten, war der monetäre Anreiz in allen Fällen derselbe. Allerdings bedeuteten die »öffentlichen« Bedingungen mehr Druck für die jeweiligen Teilnehmer. Wann würden sie nun mehr Anagramme lösen – wenn sie stärker oder weniger stark unter Druck gesetzt wären?

Wie die Ergebnisse zeigten, fiel die Leistung der Probanden deutlich schlechter aus, wenn sie unter sozialem Druck standen. Dan Ariely führte mit seinen Kollegen noch eine Reihe weiterer Studien aus, um herauszufinden, welchen Einfluss materielle Anreize auf die Leistung haben. Sämtliche Studien ergaben übereinstimmend das folgende Muster: Die Teilnehmer erbrachten stets dann die besseren Leistungen, wenn nicht der Druck der finanziellen Belohnung als Damoklesschwert über ihren Köpfen hing.

Diese Erkenntnisse stimmen weitgehend überein mit den klassischen Studien, die in den 1980er-Jahren zum Thema intrinsiche Motivation durchgeführt wurden. Wie diese ergaben auch sie, dass extrinsische Belohnungen und materielle Anreize die Leistung eher negativ als positiv beeinflussen, denn sie halten uns davon ab, in einen Flow-Zustand zu geraten. Werden wir auf der Basis des *Ergebnisses* unserer Zielintention belohnt oder bestraft, verlieren wir die Fähigkeit, uns auf den *Prozess* der Umsetzung eines angestrebten Ziels zu konzentrieren.

Wie Sie im (Arbeits-) Alltag für Flow sorgen können

Wenn Flow sowohl ein Schlüssel für Glück wie auch für Erfolg ist, dann sollte er auch im Arbeitsalltag, der schließlich einen Großteil unseres wachen Lebens ausmacht, nicht fehlen. Doch leider empfinden viele ihre berufliche Tätigkeit nicht in dieser Weise sinngebend oder erfüllend, wie es sein sollte – oder könnte. Eine kürzlich erschienene internationale Umfrage ergab, dass es etwa doppelt so viele mit ihrer Tätigkeit unzufriedene Angestellte wie zufriedene gibt. Das war nicht immer so. In den 1970er- und 1980er-Jahren stand es in den USA noch sehr viel besser um die Zufriedenheit im Beruf.

Die meisten Menschen empfinden es als kaum hinzunehmenden Zustand, wenn ihnen ihre berufliche Tätigkeit als sinnlos und wenig erfüllend vorkommt. Daher träumen so viele davon, wie Herminia Ibarra in ihrem Buch *Working Identity* schreibt, eines Tages ihren Job zu kündigen und etwas Sinnvolleres zu tun. Doch meist bleibt es bei dem Traum, da wir zu viel Angst haben, als dass wir tatsächlich den Absprung wagen würden. Wir führen weiterhin unser wenig befriedigendes Leben und verschieben »Lebensfreude und Glück« auf die Rentenzeit. Und wenn es dann endlich so weit ist, haben wir entweder keine Energie mehr oder haben nicht genügend Zeit für die Ausbildung der erforderlichen Fähigkeiten aufgewendet, um regelmäßig Flow-Erfahrungen genießen zu können. Wir schieben unser Vorhaben, sinnvoll und erfüllt zu leben, so weit auf, bis es schließlich zu spät ist.

Doch das muss nicht so sein. Es gibt ein paar Dinge, die Sie tun können, um wieder für mehr Flow in Ihrem Leben zu sorgen. Am einfachsten ist es, an ein früheres Hobby anzuknüpfen. Hobbys sind ein wunderbares Mittel, um Flow-Zustände herbeizuführen, vor allem, da sich die meisten, auch nach längerer Unterbrechung, relativ einfach wieder aufnehmen lassen. Wichtiger noch ist es allerdings, während der Arbeitszeit für Flow zu sorgen. Doch wie lässt sich das bewerkstelligen? Steven Tomlinson, der renommierte Professor für Betriebswirtschaft, weiß darauf eine Antwort. Er legt uns zwei Dinge ans Herz. Erstens, herauszufinden, wo die eigenen Talente liegen, und zu versuchen, diese im Rahmen der aktuellen beruflichen Tätigkeit auszubauen. Auch wenn das bedeutet, mehr Verantwortung zu übernehmen oder die Tätigkeitsbeschreibung der eigenen Position zu modifizieren. Das könnte ein wenig Mut und harte Arbeit erfordern, doch am Ende wird sich der Aufwand lohnen. Zweitens, herauszufinden, was die Gemeinschaft – die Stadt, das Land oder sogar die Welt – braucht, und Wege zu finden, diese Bedürfnisse zu erfüllen.

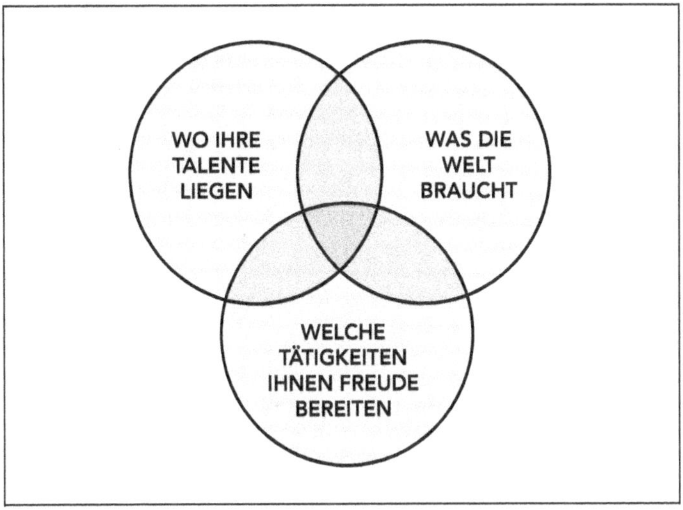

Wie Sie im Leben für Flow-Erfahrungen sorgen können[6]

Stevens Empfehlung lautet also, sich zunächst über die Punkte in den oberen beiden Kreisen der Grafik klar zu werden – sowie idealerweise auch über all das, was auf den Schnittflächen liegt – um dann zu versuchen, diese Punkte an Ihrem Arbeitsplatz umzusetzen.

Ich würde das Ganze gerne um eine zusätzliche Dimension erweitern: Verlegen Sie den Schwerpunkt in der Arbeit mehr auf solche Tätigkeiten, die Ihnen *Spaß* machen (auf dem Schaubild ist das der dritte Kreis ganz unten). Und zwar, weil man häufig einfacher sagen kann, welche Tätigkeit einem wirklich Spaß macht, als auf die Fragen »Worin bin ich wirklich gut?« oder

»Was braucht die Welt?« zu antworten. Laut einer Studie von Professor Vallerand von der Université du Québec, Montréal, kennt die überwiegende Mehrzahl (85 Prozent) der Menschen ihre eigenen Passionen sehr genau. Und wenn uns etwas Spaß macht, ist die Wahrscheinlichkeit hoch, dass es dabei zu Flow-Erfahrungen kommt und wir somit kreativer und erfolgreicher auf diesem Gebiet werden. Übereinstimmend mit Csikszentmihalyis Erkenntnissen sind es (entgegen des weitverbreiteten Irrglaubens) keineswegs die Depressiven und Einsamen, die am kreativsten sind; vielmehr sind es eben jene Menschen, die ein eher glückliches und solides Leben führen.

Flow, die goldene Ausnahme: Wann es sich lohnt, kurzfristigem Glück den Vorzug zu geben

Der Freude an einer Sache eine höhere Priorität einzuräumen als anderen – insbesondere extrinsischen – Zielen, darf nicht mit dem Verzicht auf langfristiges Glück zugunsten von kurzfristigem verwechselt werden. Selbst wenn einem etwas Spaß macht, etwa schreiben oder Produkte gestalten, sind Engagement und Einsatz gefragt, will man eine gewisse Expertise erlangen. Es erfordert das, was Angela Duckworth, Psychologieprofessorin an der University of Pennsylvania als »Grit« bezeichnet, eine Mischung aus Hingabe und Zielstrebigkeit. Dieser Prozess der Expertisebildung kann kurzfristig schmerzhaft ausfallen, doch es handelt sich dabei um die Art von Schmerz, die es wert ist, ausgehalten zu werden, weil sie etwas Größerem, Bedeutsamerem dient – dem Ziel, Expertise zu entwickeln, die, wie wir vorhin besprochen haben, wesentlich ist, um »intensiven Flow« zu erfahren.

Das bringt mich zurück zu der Frage: Wann lohnt es sich, kurzfristiges Glück zugunsten von langfristigem zu opfern? Meiner Ansicht nach ist das nur unter zwei Umständen der Fall: (1) wenn die eigenen Grundbedürfnisse noch nicht erfüllt wurden und (2) wenn der Verzicht auf kurzfristiges Glück dazu führt, dass wir Flow-begünstigende oder auf andere Weise sinnvolle Tätigkeiten aufnehmen. In sämtlichen anderen Bereichen, darunter auch im Rahmen des weitverbreiteten Strebens nach mehr Wohlstand, Macht, Ruhm oder Kontrolle, lohnt sich dieses Opfer nicht. Diese Erkenntnis fußt auf zwei Leitgedanken, die sich aus dem bisher Behandelten ergeben haben: (1) Um sowohl kurz- wie langfristig glücklicher zu werden, ist das Streben nach Flow die eindeutig bessere Methode als die Jagd nach extrinsischen Belohnungen, und (2) der zusätzliche Druck, der sich beim Streben nach extrinsischen Belohnungen ergibt, mindert unsere Produktivität, insbesondere wenn es sich um Aufgaben intellektueller oder kreativer Art handelt.

Karrierewechsel auf die »sanfte Tour«

Doch zurück zum Arbeitsplatz: Was tun, wenn Ihr derzeitiger Job es nicht zulässt, dass Sie Ihre Stärken zeigen oder Ihren Leidenschaften nachgehen?

Sie könnten die Position kündigen und eine andere annehmen, die Ihren Stärken und Interessen eher entspricht. Dies kann aber, je nach Ihren Lebensumständen, eine ziemlich schwerwiegende Entscheidung sein. Sind Sie beispielsweise mittleren Alters und in der Familie der Hauptverdiener, so ist es relativ riskant, den Job zu kündigen, um etwas völlig Neues zu versuchen. Dennoch sehen Sie möglicherweise keinen anderen Weg, wie Sie Ihrer derzeitigen beruflichen Tägigkeit mehr Sinn verleihen könnten; eine berufliche Neuorientierung wäre daher das einzig Mögliche.

Falls das auf Sie zutrifft, sollten Sie den mutigen Schritt eines Jobwechsels unbedingt in Erwägung ziehen, allerdings auf eine Weise, die das damit verbundene Risiko minimiert. Herminia Ibarra, die Autorin von *Working Identity,* hat mehrere Dutzend Menschen nach einem Karrierewechsel befragt; ihr Fazit: Die beste Strategie besteht darin, an der aktuellen beruflichen Tätigkeit festzuhalten, während nach einem sinnvolleren und befriedigenderen Tätigkeitsfeld gesucht wird. Insbesondere fand sie heraus, dass diejenigen, die sich jede Woche ein paar Stunden mit dem als sinnvoller erachteten Job auseinandersetzten – sei es mit Menschen, die in diesem Bereich tätig sind, oder mit den damit zusammenhängenden Aktivitäten – besser aufgestellt sind als andere, die Knall auf Fall kündigen, um sich dann eine neue Stelle zu suchen.

Angenommen Sie arbeiten als Buchhalter und empfinden Ihren Job als unbefriedigend. Wirklich Spaß machen würde es Ihnen, so glauben Sie, einen Laden für Taucherbedarf zu eröffnen, das würde so ganz Ihren Talenten entsprechen. In diesem Fall könnten Sie jede Woche zwei bis drei Stunden investieren, um herauszufinden, wie es wirklich ist, einen solchen Laden zu betreiben. Sie könnten anbieten, kostenlos in einem solchen Laden zu arbeiten – etwa an der Kasse aushelfen, die Sauerstoffflaschen auffüllen oder eine Ausbildung zum Tauchlehrer machen. Mit der Zeit werden Sie so herausfinden, ob die Tätigkeit tatsächlich Ihren Erwartungen entspricht. Ist dem nicht so, werden Sie froh sein, zu dieser Erkenntnis nicht erst nach der Kündigung gelangt zu sein. Sollte sich hingegen zeigen, dass diese Tätigkeit genau das ist, wovon Sie geträumt haben, hätte sich der Aufwand mehr als gelohnt – Sie hätten dabei innerhalb der Branche wichtige Kontakte geknüpft und elementare Kenntnisse über das Betreiben eines solchen Ladens gewonnen. Überdies hätten Sie nicht einfach alles über den Haufen geworfen und so der Familie einiges an Sorgen erspart.

Wie man es auch dreht und wendet, wenn Sie die derzeitige, für Sie unbefriedigende Tätigkeit zugunsten einer sinnvolleren aufgeben wollen, ist die »sanfte Tour« immer noch die bessere Strategie, als eines Tages stehenden Fußes zu kündigen.

Selbstmitgefühl: Wenn die Dinge mal nicht so gut laufen

Angenommen Sie arbeiten im Verkauf und haben das Verkaufsziel im letzten Monat nicht erreicht. Oder aber Sie studieren und haben in der Prüfung versagt. Vielleicht waren Sie als Elternteil auch zu streng mit Ihrem Kind. In solchen Situationen neigt man nach Ansicht von Professor Kristin Neff von der University of Texas dazu, sich selbst dafür zu geißeln. Professor Neff findet, dass wir selbst häufig unsere ärgsten Feinde sind, wenn wir unsere eigenen Erwartungen nicht erfüllen. Darunter leidet unser Selbstwertgefühl, und wir streben vermehrt nach Überlegenheit, was wir, wie im letzten Kapitel beschrieben, vor allem dann tun, wenn wir uns unsicher fühlen.

Wir sind unter anderem deshalb so hart zu uns selbst, weil wir annehmen, das würde uns dazu motivieren, es das nächste Mal besser zu machen. In Wahrheit ziehen uns diese Selbstvorwürfe jedoch nur runter und demotivieren uns sogar. Ein deutlich konstruktiverer Umgang mit Fehlern besteht laut Professor Neff darin, Selbstmitgefühl auszudrücken, das sich kurzgefasst aus drei Komponenten zusammensetzt:

1. Selbstfreundlichkeit (Freundlichkeit gegenüber sich selbst)
2. gewöhnliche Menschlichkeit
3. Achtsamkeit

Bei der ersten Komponente, der Selbstfreundlichkeit, geht es darum, sich selbst so zu behandeln, wie man auch einen guten Freund oder ein Familienmitglied behandeln würde. Was würde man so jemandem sagen, wenn er oder sie sich nach einem Fehlschlag in der Hoffnung auf Unterstützung an einen wendet. Dasselbe sollte man sich dann selbst sagen. Auf diese Weise nehmen Sie sich ein Stück weit die Unsicherheit. Die zweite Komponente, gewöhnliche Menschlichkeit, umfasst die Erkenntnis, dass Fehler Teil des Lebens sind, dass wir alle Fehler begehen, da niemand perfekt ist. Auch darüber verringert sich das Gefühl der Unsicherheit, da man sich klarmacht, dass man nicht allein oder anders ist als die anderen. Die letzte Komponente, Achtsamkeit, bedeutet, alles Gute und Schlechte, was auf einen zukommt, in einer gütigen, mitfühlenden Weise ganz bewusst zu erleben, ohne es zu bestreiten oder abzulehnen. Wie wir gegen Ende des Buches noch sehen werden, *senkt* Achtsamkeit das Stressniveau, fördert eine positive Haltung und gibt uns auf diese Weise mehr Sicherheit. Und indem wir uns durch das Ausdrücken von Selbstmitgefühl innerlich sicherer fühlen, werden wir weniger dafür anfällig, krampfhaft nach Überlegenheit zu streben.

Dankbarkeit ausdrücken: Wenn die Dinge gut laufen

Eine weitere Übung, mit der sich der Neigung, besser sein zu wollen als der Rest der Welt, ebenso wirksam entgegenwirken lässt, besteht in dem Ausdrücken von Dankbarkeit. Diese Übung eignet sich vor allem für Phasen, in denen das Leben gerade gut verläuft. Obwohl wir in solchen Zeiten generell weniger geneigt sind, nach Überlegenheit zu streben, kann es dennoch vorkommen, dass sich unser Bedürfnis, besser als andere zu sein, einen Weg an die Oberfläche bahnt und wir beispielsweise von falschem Stolz erfüllt werden und uns etwa Erfolg als persönliches Verdienst ans Revers heften.

Nehmen wir an, Sie wurden vor Kurzem befördert. Oder Sie haben eine Prüfung mit Bravour bestanden. Bei solchen Gelegenheiten kann sich wohl kaum jemand zumindest eines Anflugs falschen Stolzes erwehren. Auch wenn wir mit Bescheidenheit von diesem Erfolg berichten, klopfen wir uns innerlich auf die Schulter, während wir uns sagen: »Raj, du bist der Beste; kein anderer hätte das schaffen können!« Das mag sich für den Moment gut anfühlen, doch auf lange Sicht stärkt es einzig unser Bedürfnis nach Überlegenheit.

Anstatt sich selbst zu beweihräuchern, könnten wir an jemanden denken, der wesentlich zu unserem Erfolg beigetragen hat. Vielleicht war da ein Mitarbeiter, der unermüdlich für stetigen Kaffeefluss gesorgt hat – ohne den wir niemals all die Nachtschichten durchgestanden hätten, die den Erfolg erst ermöglicht haben. Oder es war der Ehepartner, der sich um die Kinder gekümmert hat, während Sie in der Firma Überstunden gemacht haben. Sie könnten auch einen Blick in die Vergangenheit werfen und an all die Menschen denken, die indirekt zum Erfolg beigetragen haben, etwa an den Lehrer, der Sie stets ermutigt hat, sich hohe Ziele zu setzen, oder Ihre Großmutter, die auch dann noch an Sie geglaubt hat, als alle anderen es nicht mehr taten.

Die Dankbarkeitsübung beruht auf dem Gedanken, dass niemand etwas ganz alleine erreicht. Wir alle mussten uns an irgendeinem Punkt auf andere verlassen. Und die Erkenntnis, dass Sie das Geleistete niemals ohne die Unterstützung anderer hätten erreichen können, löst für gewöhnlich ein positives Gefühl der Dankbarkeit für diejenigen aus, die Ihnen geholfen haben. Das wiederum führt dazu, dass Sie ein Gefühl der Verbundenheit zu ihnen entwickeln. Mit der Folge, dass Sie möglicherweise den Hörer zur Hand nehmen und diese Personen anrufen; oder aber, Sie bemühen sich um einen freundlichen Umgang mit ihnen und hören in Zukunft besser zu, wenn Sie mit ihnen sprechen. Und indem Sie sich derart verhalten, setzen Sie eine Kette von Ereignissen in Gang, die das Band zwischen Ihnen festigen wird.

Es gibt mehrere Studien, die den Zusammenhang zwischen Dankbarkeit und der Stärkung sozialer Bindungen belegen. So haben Forscher z. B. erkannt, dass sich Jugendliche, die sich häufig dankbar zeigen, im Vergleich zu materialistisch eingestellten Jugendlichen positiver entwickelten – sie hatten bessere Noten, waren zufriedener mit ihrem Leben, hatten erfüllendere Sozialkontakte und neigten seltener zu Neid oder Depressionen. Man kann Dankbarkeit daher als eine Art Brücke zwischen falschem Stolz und Verbundenheit betrachten. Sie wandelt die auf sich selbst gerichtete, positive Empfindung – das Gefühl falschen Stolzes – um in eine *auf andere gerichtete* positive Empfindung, das Gefühl der Liebe oder Verbundenheit. Auf diese Weise führt Sie die Dankbarkeit gewissermaßen aus einem Zustand kurzfristigen Glücks heraus und hinein in einen anderen, der potenziell von längerer Dauer ist. Und weil Sie sich nun weniger isoliert und stärker mit anderen verbunden fühlen, wird nebenbei auch noch das Bedürfnis nach Überlegenheit abgeschwächt.

Doch das ist nicht der einzige Grund, warum Dankbarkeit unser Glück mehrt. Nicht umsonst bezeichnet Professor Sonja Lyubomirsky von der University of California Dankbarkeit als »Meta-Strategie« – was soviel heißt, dass sie das Glück auf zahlreiche, unterschiedliche Arten verstärkt.

GLÜCKSÜBUNG:

Seiner Dankbarkeit Ausdruck verleihen[7]

Hintergrund

Gegenstand dieser Übung ist es, sich bei einem Menschen zu bedanken, der Ihr Leben positiv beeinflusst hat.

Ziel

Begreifen, welchen Einfluss das Ausdrücken von Dankbarkeit auf das persönliche Glücksniveau hat.

Schritte

Es geht darum, in den folgenden vier Schritten einen Dankesbrief zu verfassen:

1. Denken Sie an jemanden, der Ihr Leben positiv beeinflusst hat. Es kann sich dabei um eine Person aus der Vergangenheit (z. B. Lehrer, Mentor) oder der Gegenwart (z. B. Freund, Partner) handeln, die idealerweise noch am Leben sein sollte. Wenn Sie es vorzie-

hen, einer bereits verstorbenen Person einen Dankesbrief zu schreiben, ist auch das in Ordnung, allerdings müssen Sie ihn dann jemandem vorlesen, der diesen Menschen gekannt hat. Falls Sie also etwa Ihrem verstorbenen Onkel schreiben möchten, könnten Sie seine Schwester, seine Frau oder auch seine Kinder als Empfänger des Briefes auswählen.

2. Überlegen Sie sich, auf welche Weise diese Person Ihr Leben genau positiv beeinflusst hat, und bringen Sie diese Gedanken ausführlich (aber nicht zu langatmig) zu Papier – es sollten ungefähr drei bis vier Absätze werden.

Achtung: Vermeiden Sie, etwas zu schreiben, das negativ ausgelegt werden könnte. Das heißt, Sie sollten auf Aussagen verzichten wie: »Obwohl Du nicht mit einem großartigen Aussehen gesegnet bist, hast Du Dich davon niemals unterkriegen lassen.« Überprüfen Sie anschließend den Brief sorgfältig auf etwaig enthaltene, negativ interpretierbare Stellen und streichen Sie diese entweder oder formulieren Sie sie um. Falls Sie sich nicht ganz sicher sind, fragen Sie jemanden, der oder die den gewünschten Adressaten ebenfalls kennt.

3. Falls der Empfänger des Briefes noch lebt, lesen Sie ihm oder ihr den Brief vor. Sie können das entweder am Telefon tun oder – noch besser – persönlich, während eines Besuchs. Falls Sie die Person weder anrufen noch besuchen können, schicken Sie ihm oder ihr den Brief per E-Mail.

Falls dieser Mensch nicht mehr lebt oder den Brief nicht persönlich empfangen kann (wenn er oder sie z. B. in kritischem Zustand im Krankenhaus ist), lesen oder mailen Sie den Brief einem Menschen, den Sie zuvor für sich bestimmt haben – jemand, der den eigentlichen Adressaten des Briefes kennt. Auch hier ist es am besten, dies am Telefon oder persönlich zu tun.

4. Zum Schluss sollten Sie sich zu folgenden Fragen Gedanken machen: Was haben Sie in den verschiedenen Phasen empfunden – während Sie den Brief verfasst, ihn überbracht und auf eine Rückmeldung gewartet haben? Und wie haben Sie sich gefühlt, nachdem Sie diese Rückmeldung erhalten haben?

Dies ist eine meiner Lieblingsübungen, denn sie bringt – obwohl sie vielen nicht leichtfällt – stets allen Beteiligten Wärme und Frohsinn.

GLÜCKSFEHLTRITT NR. 3

Verzweifelt nach Liebe suchen

Als Teenager sah ich einmal einen Film, in dem der Ehemann einer schwangeren Frau von einem üblen Schurken umgebracht wird. Sie bringt das Kind schließlich zur Welt und versucht, es zu einem robusten, zähen Menschen zu erziehen. Obwohl die Mutter das Kind zweifellos liebt, bestraft sie es des Öfteren sehr hart – es muss im kalten Regen stehen, sie verweigert ihm das Essen, lässt es sich in den Schlaf weinen –, alles in der Absicht, einen starken, unabhängigen Kerl aus ihm zu machen. Der Trick funktioniert! Der Junge rächt schließlich den Tod des Vaters, indem er den Kopf des Schurken gegen einen Felsen schmettert, und danach leben alle glücklich und zufrieden.

Der Film macht sich einen häufig geäußerten Irrglauben zunutze: Entbehrung tue – selbst in extremer Form – Kindern gut. Diese Annahme war Anfang des 20. Jahrhunderts weitverbreitet, insbesondere unter den sogenannten Behavioristen. Diese glaubten, dass Kinder, die »zu viel« Liebe und Zuneigung erfahren, sich zu schwachen, faulen und allzu abhängigen Menschen entwickeln. Heute wissen wir, dass die Behavioristen unrecht hatten. Um gesund heranzureifen, brauchen Kinder Liebe und Geborgenheit ebenso sehr wie Essen und Nährstoffe. Die meisten Menschen (außer jenen in schlechten Filmen) wissen das natürlich instinktiv, doch gab es für diese Theorie kaum wissenschaftliche Belege, bis Harry Harlow 1930 gleich nach seinem Doktorexamen an die University of Wisconsin wechselte.

Harlows Affen

Harlow ging es nicht darum zu beweisen, welchen Stellenwert Liebe und Geborgenheit für uns Menschen haben. Er wollte zeigen, dass lebendige Wesen nicht die Maschinen sind, die die Behavoristen aus ihnen gemacht hatten. Um seine These über Liebe zu überprüfen, benötigte Harlow Affen, doch Affen waren damals in den USA ein knappes Gut. Daher tat Harlow etwas, das niemand zuvor getan hatte: Er zog seine *eigenen* Affen groß, indem er es erwachsenen Affen in seinem Labor ermöglichte, sich zu paaren. Harlow wünschte sich verständlicherweise gesunde Affen heranzuziehen, und um die Chancen dafür zu erhöhen, trennte er die Babyaffen kurz nach der Geburt von ihren Müttern. Diese Babyaffen wurden in separate Käfige gesetzt, was die Ausbreitung von Krankheiten verhindern sollte. Es geschah also ironischerweise aus der Absicht heraus, gesunde Affen heranzuziehen, dass Harlow den Äffchen die Möglichkeit vorenthielt, von ihren Müttern liebkost und im Arm gehalten zu werden.

Im Gegensatz zu den Erwartungen Harlows entwickelten die Tiere psychische Schäden. Anders als gesunde Affen (die in ihrem neugierigen, verspielten Verhalten an Kinder erinnern) reagierten sie im Kontakt mit Artgenossen entweder mit Desinteresse oder offen feindselig. Es war ihnen insbesondere zuwider, von anderen Affen oder auch Forschern berührt zu werden; kam ihnen jemand zu nahe, ging ihre Aggression so weit, dass sie den anderen körperlichen Schaden zufügten. Viele der Affen verletzten sich regelmäßig selbst – indem sie ihre Gliedmaßen zerbissen. Manche schaukelten auch ständig hin und her und starrten abgestumpft ins Leere. Später sollte René Spitz, ein Wissenschaftler, der mit Waisenkindern arbeitete, herausfinden, dass auch menschliche Kinder dieselben Symptome aufweisen, wenn ihnen Liebe und Geborgenheit verweigert wird.

Anfangs merkten Harlow und sein Team nicht, dass sie geisteskranke Affen großzogen. Es brauchte erst einen Außenseiter in Gestalt des britischen Psychoanalysten John Bowlby, um dies zu erkennen. Doch einmal darauf hingewiesen begann Harlow zu erforschen, welche Rolle die Liebe für Wachstum und Entwicklung der Affen spielt.

Primaten und ihr Bedürfnis nach Liebe

In einem seiner bekanntesten Experimente stellte Harlow mit seinem Team die beiden Bedürfnisse nach Liebe und Nahrung einander direkt gegenüber. Dafür wurden einige Rhesusaffen-Babys kurz nach der Geburt von ihren Müttern getrennt und in Einzelkäfigen untergebracht. Diese enthielten zwei »Ersatzmütter«, eine Drahtfigur und eine andere, die gepolstert und mit Stoff überzogen war; beide hatten in etwa die Größe eines ausgewachsenen Affen und waren ausgestattet mit Mund, Augen sowie einem Körper.

Die Mütterattrappen in Harlows Experiment – eine reine Drahtfigur und eine mit Stoff überzogene.

Um die relative Bedeutung von Liebe versus Nahrung zu testen, unternahmen Harlow und sein Team etwas sehr Cleveres: Bei der Hälfte der Affen platzierten sie die Nahrungsquelle (eine Milchflasche) in den Körper der Drahtfigur, während sie sie bei der anderen Hälfte am Körper der kuscheligeren Attrappe befestigten. Während also Letztere sämtlichen Affen als Quelle der Liebe und Geborgenheit diente, versorgte sie nur die Hälfte mit Nahrung. Die andere Hälfte bekam von der Drahtfigur Nahrung. Harlow nahm an, dass das Bedürfnis nach Geborgenheit – das Verlangen, mit einer weichen und anschmiegsamen Figur zu kuscheln – ebenso fest verwurzelt war, wie das Bedürfnis nach Nahrung. Daher ging er davon aus, dass alle Affenbabys viel Zeit mit der gepolsterten Attrappe verbringen würden, *auch dann, wenn diese nicht mit der Milchflasche ausgestattet wäre.* (Behavioristen hätten wiederum vorhergesagt, dass die Affen die ganze Zeit mit der nahrungsgebenden Figur zubringen würden – auch, wenn es sich dabei um die Drahtfigur handelte.)

Die Ergebnisse gaben Harlow recht. Dennoch war auch er überrascht davon, wie intensiv das Bedürfnis der Babyaffen nach Liebe und Geborgenheit tatsächlich war. Wenn die Drahtfigur die Milchflasche hielt, verbrachten die Babyaffen gerade so viel Zeit bei ihr, wie nötig war, um genügend Nahrung zu sich zu nehmen, und wendeten sich ansonsten der gepolsterten Figur zu. Von 24 Stunden verbrachten die Babys im Schnitt kaum eine Stunde mit der Drahtfigur, und das nur, um zu nuckeln. Bei der gepolsterten Figur verbrachten sie hingegen 18 Stunden.

Und war die Milchflasche an der gepolsterten Figur befestigt, hielten sich die Affenbabys *überhaupt nicht* an der Drahtattrappe auf. Harlow widerlegte damit das, was Behavioristen prognostiziert hätten: dass Babys lediglich deshalb eine Bindung zur Mutterfigur aufbauen, weil diese sie mit Nahrung versorgt. Seine Erkenntnisse belegen, dass Bindungen eher auf dem Verlangen nach Liebe und Geborgenheit basieren, als auf dem Bedürfnis nach Nahrung.

In Folgeversuchen untermauerten Harlow und sein Team diese Erkenntnisse noch durch weitere Belege. In einem Experiment wurden Affenbabys einem bedrohlich wirkenden Objekt ausgesetzt, einem, das laut klapperte und an einen ausgewachsenen, agressiven Affen erinnerte. Sobald dieses Objekt in den Käfig gesetzt wurde, suchten die verängstigten Tiere Zuflucht bei der gepolsterten Figur. In einem anderen Experiment fanden Harlow und sein Team heraus, dass Affenbabys, die mit (echten, lebendigen) Affenmüttern und Spielkameraden aufwuchsen, mühelos den Umgang mit anderen Affen erlernten. Die mit einer Schaumstoffmutter großgezogenen Äffchen entwickelten sich diesbezüglich verzögert, waren jedoch in der Lage, den Rückstand im Laufe etwa eines Jahres nachzuholen. Jene Affen, die nur mit einer Drahtgeflechtsmutter aufwuchsen, wurden hingegen sozial inkompetent und waren später häufig nicht in der Lage, sich zu paaren. Hatten diese Weibchen dennoch Nachwuchs bekommen, verhielten sie sich diesem gegenüber gleichgültig, was darauf hindeutet, dass die Fähigkeit der

Affen, Liebe und Geborgenheit zu geben, davon abhängt, ob sie selbst als Babys ausreichend geliebt und umsorgt wurden.

Das menschliche Bedürfnis nach Verbundenheit

Auch wenn Harlows Erkenntnisse uns heute selbstverständlich erscheinen, waren sie für die Behavioristen damals durchaus eine Überraschung. Sie bezweifelten, dass sich die Ergebnisse auch auf den Menschen übertragen ließen. Liebe mag für Affen essenziell sein, doch ist sie das auch für Menschen?

Es ist aus nachvollziehbaren Gründen nicht möglich, die Harlow'schen Erkenntnisse mit menschlichen Babys zu bestätigen. (Stellen Sie sich nur vor, man würde menschliche Babys für ein Experiment von ihren Müttern trennen!) Weil dennoch einige menschliche Babys aus traurigen Gründen nach der Geburt von ihren Eltern isoliert werden, können wir gelegentlich einen kurzen Blick darauf erhaschen, in welcher Weise die Trennung ihr psychisches Wohlergehen beeinflusst. René Spitz dokumentierte als einer der Ersten, welche psychischen Schäden ein menschliches Baby davonträgt, dem die Liebe versagt bleibt. In einer Reihe von Videos, die man sich im Internet ansehen kann, hielt er die typischen Verhaltensweisen von Kindern fest, die von ihren Müttern getrennt wurden. Er fand heraus, dass diese Babys erschreckenderweise dieselben Verhaltensauffälligkeiten aufwiesen, wie die Affen in Harlows Studien – unter anderem Verschlossenheit, Teilnahmslosigkeit und fehlende Neugierde.

Spitz' Erkenntnisse bestätigten, was der britische Psychoanalytiker John Bowlby herausgefunden hatte, als er die Kindheitserfahrungen und psychologischen Profile von 44 jugendlichen Dieben mit denen einer Kontrollgruppe, bestehend aus 44 »gesunden« Heranwachsenden, verglich. Bowlby fiel auf, dass die kriminell vorbelasteten Jugendlichen mit höherer Wahrscheinlichkeit in ihren ersten fünf Lebensjahren für mindestens fünf Monate ohne ihre Mütter aufgewachsen waren, und dass sie überdies häufiger zu »Gefühlskälte« neigten sowie unfähig waren, tiefe Beziehungen einzugehen.

Das Bedürfnis nach Liebe und Geborgenheit ist wohl in der Kindheit am ausgeprägtesten – aus verständlichen Gründen. Menschliche Babys gehören schließlich zu den hilflosesten lebenden Wesen überhaupt. Doch der Wunsch nach Liebe und Geborgenheit schwindet nicht mit den Jahren. Wie zahlreiche Wissenschaftler festgestellt haben, hegen wir weiterhin den eindringlichen Wunsch, Beziehungen mit anderen einzugehen und aufrechtzuerhalten, auch als Heranwachsende und Erwachsene noch. Tatsächlich gehört die romantische Liebe zu den markantesten Merkmalen menschlicher Erfahrungen überhaupt und ist nicht zuletzt deshalb Thema so vieler Bücher, Filme und Märchen. Der griechische Mythos vom Kugelmenschen veranschaulicht meiner Ansicht nach die Intensität dieses Verlangens nach Liebe am schönsten. Ihm zufolge hatten die Menschen zu Urzeiten noch vier Arme, vier Beine und zwei Gesichter. Als den Göttern die Menschen jedoch zu mächtig wurden, entschieden sie, diese zu schwächen, indem sie sie in zwei Hälften zerteilten. Seitdem besteht der Schwerpunkt der menschlichen Existenz in der Suche nach der jeweils anderen Hälfte. Die Suche nach romantischer Liebe kann laut dieser Sage als Bemühung verstanden werden, wieder vollständig und eins zu werden.

Falls Sie je verliebt waren, wissen Sie, dass an dieser Sage etwas dran ist. Für Verliebte gibt es kaum etwas Wichtigeres als die Nähe des Partners. Und wirklich, auf dem Gipfel der leidenschaftlichen Liebe glauben wir, nichts und niemand könnte uns davon abhalten, mit dem Partner zu verschmelzen. Und wenn dieses Gefühl erwidert wird, scheint es tatsächlich kein Hindernis mehr zu geben, das nicht bezwungen werden könnte. Dieses positive Gefühl der Verliebtheit ist zugleich mächtig und stark und gilt nicht umsonst als eine unserer am höchsten geschätzten Erfahrungen überhaupt.

Die vielen Gesichter unseres Bedürfnisses nach Verbundenheit

Zu den zentralen Elementen der menschlichen Existenz gehört also das Streben nach emotionalen Beziehungen zu anderen. Dieses Verlangen äußert sich häufig auf interessante Weise, wie der Psychologe Solomon Asch in einer seiner frühen Studien gezeigt hat. In dieser Studie wurde den Teilnehmern eine Linie bestimmter Länge gezeigt (wie die »Ausgangslinie« weiter unten), und sie sollten beurteilen, welche von drei anderen Linien der »Ausgangslinie« hinsichtlich ihrer Länge am nächsten kommt.

Ausgangslinie: ____________

Optionen: a) _____ b) ____________ c) ____________________

In diesem Beispiel ist es eindeutig Linie b, die dieses Kriterium erfüllt, und normalerweise würde das wohl jeder auf den ersten Blick erkennen. Unter gesellschaftlichem Druck neigen Menschen allerdings dazu, die falsche Antwort zu wählen – sogar dann, wenn ihnen zu einem gewissen Grad bewusst ist, dass die Antwort falsch ist. Angenommen Sie hätten sich bereit erklärt, an einer Studie über »visuelle Wahrnehmung« teilzunehmen. Während Sie das Labor betreten, sehen Sie, dass es sechs weitere Studienteilnehmer gibt. Der Experimentleiter erklärt, er wolle mit der Studie die menschliche Fähigkeit, Zeilenlängen zu beurteilen, erforschen; danach fordert er die Teilnehmer auf, sich an einer ähnlichen Aufgabe wie der gerade beschriebenen zu beteiligen. Er zeigt den Probanden also die Linien auf einem Bildschirm und fordert die anderen sechs Teilnehmer dazu auf, ihre Meinung kundzutun, bevor er sich an Sie wendet. Stellen Sie sich nun vor, dass sämtliche andere Teilnehmer sich für Option c entschieden hätten und demnach offensichtlich alle falschliegen. Jetzt sind Sie an der Reihe.

Was würden Sie tun? Würden Sie jene Option wählen, von der Sie insgeheim wissen, dass sie die richtige ist (Option b)? Oder würden Sie sich der allgemeinen Meinung anschließen? Die Mehrzahl der Menschen glaubt, sie würde die richtige Antwort wählen. Doch Salomon Asch fand heraus, dass die meisten die Antwort nennen, die auch die anderen gewählt haben. (Wie Sie sicherlich bereits vermutet haben, waren die anderen »Teilnehmer« aus Aschs Studie in Wahrheit Schauspieler.) Salomon Aschs Erkenntnisse, die inzwischen mehrfach in anderen Experimenten bestätigt wurden, zeigen, dass der Mensch über eine »Herdenmentalität« verfügt: Wir fühlen uns genötigt, mit anderen übereinzustimmen, auch wenn wir wissen, dass sie im Unrecht sind. Der Druck, mit anderen übereinzustimmen, wird größtenteils von dem Verlangen getrieben, Bindungen zu anderen aufzubauen und zu erhalten.

In einer Reihe von Experimenten, die Kim Corfman, meine Coautorin, und ich durchführten, nahmen wir uns ein Beispiel an Salomon Asch und stellten je einen »echten« Probanden mit einem Schauspieler zusammen. Wir baten sämtliche Paare, sich drei kurze Videos anzusehen. Während die eine Gruppe unterhaltsame Videos zu sehen bekam, wurden den anderen Teilnehmern langweilige Filme vorgesetzt. Beim Filmschauen verhielt sich die Hälfte der Schauspieler in einer Weise, die der Reaktion der echten Teilnehmer entsprach. Wurde also deutlich, dass den Probanden die Videos gefielen, machten die Schauspieler entsprechende Bemerkungen oder Gesten, die darauf hindeuteten, dass es ihnen genauso ging. In den übrigen Fällen benahmen sich die Schauspieler entgegengesetzt der Reaktionen der »echten« Probanden, indem sie etwa klar durchblicken ließen, dass sie die an sich amüsanten Filme langweilig fanden.

Auf diese Weise wollten wir ergründen, was den größeren Einfluss auf den Spaß der Teilnehmer an dem Experiment hätte – die Qualität des Videos oder das Ausmaß der Übereinstimmung mit dem Partner. Man sollte meinen, ausschlaggebend wäre Ersteres – doch die Ergebnisse sagten etwas anderes. Die wahrgenommene Übereinstimmung mit dem »Partner« ist eine sehr viel wirksamere Triebfeder. So bereitete es beispielsweise deutlich mehr Vergnügen, langweilige Videos anzusehen, wenn der »Partner« die Videos anscheinend ebenfalls als langweilig empfand, als unterhaltsame Filme zu sehen, wenn der »Partner« nicht mit ihnen übereinstimmte.

Diese Erkenntnisse deuten darauf hin, dass uns die Zustimmung oder Ablehnung anderer viel wichtiger ist, als die »objektive« Qualität unserer geteilten Erfahrungen. Ein wesentlicher Grund dafür liegt in unserem tiefverwurzelten Verlangen, eine Bindung zu anderen aufzubauen. Je mehr wir davon überzeugt sind, dass andere mit uns übereinstimmen, desto höher sind, so glauben wir, unsere Chancen, eine Beziehung zu ihnen zu knüpfen, und das gibt uns ein gutes Gefühl. Wenn andere uns hingegen widersprechen, glauben wir nicht mehr daran, eine Verbindung zu demjenigen herstellen zu können, und wir sind dementsprechend traurig.

Der vielleicht stärkste Beweis für das Bedürfnis nach Verbindung kommt aus Erkenntnissen zum Thema Einsamkeit. Der renommierte Wissenschaftler John Cacioppo, der insbesondere dazu forscht, welche Auswirkungen die Wahrnehmung hat, von anderen psychologisch abgetrennt zu sein, ist der Ansicht, dass das Gefühl der Einsamkeit die vielleicht wichtigste Determinante einer ganzen Reihe psychologischer und körperlicher Erkrankungen ist, angefangen von Depressionen und Schlafstörungen bis hin zu Adipositas und Diabetes. Interessanterweise kommt es hier auf die wahrgenommene (und nicht tatsächliche) Einsamkeit an. Und weil diese einen solch hohen Stellenwert für unsere Zufriedenheit hat, finden Sie am Ende dieses Kapitels einen Fragebogen zum Thema Einsamkeit. Falls Sie also wissen wollen, auf welchem Level sich die von Ihnen wahrgenommene Einsamkeit bewegt, können Sie diesen einfach ausfüllen.

Verbundenheit macht glücklich

Zahlreiche Studien belegen, dass es zu unseren Kernbedürfnissen gehört, uns mit anderen verbunden zu fühlen. So gingen Wissenschaftler etwa der Frage nach, worin sich die obersten 10 Prozent der glücklichsten Menschen von den restlichen Studienteilnehmern unterschieden. Sie fanden heraus, dass *jeder einzelne* dieser allerglücklichsten Menschen über mindestens eine innige Beziehung verfügte. Das zeigt, dass starke Beziehungen kein Luxus sind – sie sind vielmehr eine wesentliche Voraussetzung, um glücklich zu sein. Ähnliches ergab eine andere ausführlichere Studie, die 268 Männer vom Collegeeintritt im Jahr 1938 bis Ende der 2000er-Jahre begleitet hat. Die Resultate zeigten, dass die Stärke der sozialen Beziehungen das *einzige* Merkmal war, in dem sich die 10 Prozent der glücklichsten Männer von den anderen unterschieden. Erkenntnisse einer anderen Studie mit 1600 Harvard-Studenten ergaben eine Korrelation von 0,7 – eine sehr hohe Zahl – zwischen Verbundenheit und Glück/Zufriedenheit.

Wenn zwischenmenschliche Beziehungen wesentlich für unser Glück sind, sollte das Gefühl der Isolation mit dem Gegenteil von Glück einhergehen: Depression. Und genau das haben die Studien gezeigt. Wie bereits erwähnt, haben Cacioppo und seine Kollegen herausgefunden, dass das Gefühl der Einsamkeit eine Reihe von psychologischen und körperlichen Problemen hervorruft. Das ist nicht weiter überraschend, weil wir aus Forschungen wissen, dass durch soziale Ausgrenzung dieselben Bereiche im Gehirn aktiviviert werden wie durch körperliche Verletzungen. In einer Studie, die ebenjene Erkenntnisse zutage gebracht hat, wurden die Teilnehmer dazu eingeladen, ein Computerspiel namens »Cyber Ball« zu spielen; dabei wurde ihnen vorgegaukelt, sie würden gemeinsam mit zwei anderen Teilnehmern spielen. In Wahrheit war das Computerspiel manipuliert. Zu dem Spiel gehörte es, einem der beiden anderen Studienteilnehmer einen Ball zuzuwerfen. Für eine Teilnehmergruppe wurde das Spiel zu einer angenehmen Erfahrung: Ihnen wurde der Ball ebenso oft zugeworfen wie den beiden anderen »Teilnehmern«. Die anderen Teilnehmer empfanden das Spiel als deutlich weniger erfreulich: Sobald sie den Ball einem der beiden Partner zugeworfen hatten, kam er nie wieder zu ihnen zurück. Sie fühlten sich dementsprechend ausgegrenzt. Gehirnscans dieser Teilnehmer offenbarten die oben genannte Erkenntnis: Das Gefühl der Isolation aktiviert dieselben Bereiche im Gehirn wie eine körperliche Verletzung.

Vermeidung und Bedürftigkeit – zwei entgegengesetzte Pole eines ungesunden Bindungsstils

Bei dem Bedürfnis nach Liebe und Geborgenheit – oder, wie einige Psychologen es ausdrücken, bei dem *Bedürfnis nach Zugehörigkeit* – handelt es sich nicht nur um ein wichtiges menschliches Bedürfnis, sondern um eine dringende Notwendigkeit. Aus diesem Schluss würden wohl die meisten folgern: »Wenn Liebe und Geborgenheit wesentlich sind, um glücklich sein zu können, dann hole ich mir am besten so viel Liebe, wie irgend möglich!«

Und wenn man betrachtet, wie verbreitet das Bedürfnis, geliebt zu werden, ist, entspricht diese Logik genau der Herangehensweise vieler Menschen, die so oft verzweifelt auf der Suche nach Liebe und Verbundenheit sind. Doch so entscheidend dieses Gefühl, geliebt zu werden, für das Glück auch sein mag, es ist gleichzeitig die Wurzel des Leidens. Denn das *gesunde* Verlangen nach Liebe und Verbindung ist nur durch einen schmalen Grat von dem ungesunden, verzweifelten Verlangen getrennt. Ein gesundes Verlangen nach Verbundenheit manifestiert sich in einem, wie Psychologen es nennen, »sicher autonomen« Bindungsstil. Diejenigen, die diesen Bindungsstil pflegen, schaffen es, die feine Trennlinie zwischen dem Streben nach Liebe und Verbundenheit und der verzweifelten Suche danach nicht zu überschreiten. Von daher können sie ungezwungen Paarbeziehungen anstreben und fühlen sich durch andere, die dies ebenfalls möchten, nicht bedroht. Menschen, die ein ungesundes Verlangen nach Verbundenheit aufweisen, sind entweder verzweifelt auf der Suche nach Innigkeit – eine Tendenz, die als »Bedürftigkeit« bezeichnet werden kann – oder fühlen sich bedroht, wenn andere eine intensivere Beziehung zu ihnen knüpfen wollen – eine Tendenz, die als »Vermeidung« bezeichnet werden kann. Mit anderen Worten, eine ungesunde Herangehensweise an Beziehungen äußert sich durch eine der beiden Extreme: Bedürftigkeit oder Vermeidung. Bei Bedürftigkeit und Vermeidung scheint es sich um die beiden gegenüberliegenden Enden des Spektrums zu handeln – was sie bezogen auf das jeweilige Verhalten auch sind –, doch sie haben eine wesentliche Gemeinsamkeit: Beide gründen, was Beziehungen anbelangt, in tiefverwurzelter Verunsicherung. Darum bezeichnen wir das verzweifelte Streben nach Liebe als dritten Glücksfehltritt.

Eine Reihe von Studien, die in den 1970ern und 1980ern von Mary Ainsworth (einer kanadischen Psychologin und Schülerin John Bowlbys) und ihren Kollegen durchgeführt wurde, bestätigt dies. Sie fanden heraus, dass bereits Säuglinge, denen nicht genügend oder nicht die geeignete Form von Aufmerksamkeit und Liebe zuteilwurde, eine gewisse Unsicherheit entwickeln und zu Bedürftigkeit oder Vermeidung neigen. Dem gegenüber entwickeln Babys, die sich wertgeschätzt fühlen, sichere Bindungen. Später wurden Ainsworths Erkenntnisse von den beiden Forschern Cindy Haze und Phillip Shaver weiterentwickelt. Sie haben bewiesen, dass wir unser in der Kindheit erlerntes Bindungsverhalten auch ins Erwachsenenalter übertragen.

Man könnte nun vermuten, dass es kaum möglich ist, einen in der Kindheit entwickelten Bindungsstil zu ändern. Doch das stimmt so nicht; mithilfe einiger Strategien sind wir durchaus in der Lage, Bedürftigkeit und Vermeidung zu überwinden und uns einen sicheren Bindungsstil anzueignen. Bevor wir uns jedoch diesen Strategien zuwenden, sollten wir zunächst verstehen, warum weder Bedürftigkeit noch Vermeidung dem Glück zuträglich sind.

Warum Bedürftigkeit und Vermeidung das Glück schmälern

Zunächst schauen wir uns die Unzufriedenheit von Liebesbedürftigen an. Laut den Ergebnissen einer Studie, an der sich über 99 ältere sowie 96 jüngere Erwachsene derselben Gemeinde beteiligten, waren die Bedürftigen quer durch beide Altersgruppen weniger glücklich als die Bindungssicheren. Eine weitere Studie zeigte, dass bedürftige Personen häufiger an Depressionen und Angsterkrankungen leiden als bindungssichere.

Warum ist das so? Zum einen handelt es sich bei Bedürftigkeit, wie viele von uns bereits schmerzhaft erfahren haben, nicht um eine allzu attraktive Eigenschaft. Es törnt andere ab, wenn jemand allzu bedürftig erscheint. Das liegt daran, dass Bedürftige zu leicht zu haben sind, und wir darauf gepolt sind Dinge, die leicht zu haben sind, abzuwerten. Menschen, die Bedürftigkeit ausstrahlen, werden geradezu von anderen gemieden, mit der Konsequenz, dass sie noch einsamer werden – ein Teufelskreis, durch den die Bedürftigen immer noch verzweifelter um Verbundenheit ringen. Ein weiterer Aspekt liegt in den Gedanken, die bedürftigen Menschen durch den Kopf gehen. Sie sagen sich etwa: »Ich bin unvollkommen und innerlich gebrochen, ich brauche unbedingt einen Partner, um mit ihm oder ihr zu einem Ganzen zu werden.« Die zentrale Botschaft zwischen den Zeilen dieser Selbstgespräche lautet: »Ich bin mir nicht sicher, ob ich anderen genügend zu bieten habe und zweifle an meiner allgemeinen Attraktivität. Ich fürchte, dass ich die Zuneigung und Aufmerksamkeit anderer nicht verdiene und ihrer auch nicht wert bin.« Sie können sich sicherlich vorstellen, dass solche Gedanken sich nicht dazu eignen, glücklich zu werden.

Wenn Bedürftigkeit das Glück schmälert, könnte man folgern, dass das Gegenteil der Bedürftigkeit – die Vermeidung – dem Glück förderlich sein sollte. Doch weit gefehlt. Das Unbehagen, das Vermeider in innigen Situationen empfinden, ruiniert die Qualität ihrer Beziehungen. Das ist ein Problem mit dem Vermeider sowohl in Paarbeziehungen wie auch am Arbeitsplatz konfrontiert sind – z. B. empfinden Vermeider ihren Beruf als weniger befriedigend als die Bedürftigen und die Sicheren. Sie neigen überdies dazu, nur ungern die Hilfe anderer anzunehmen, was eine positive Zusammenarbeit eher erschwert. Wenig überraschend sind Vermeider daher selten effektive Führungspersönlichkeiten.

Doch es gibt noch einen letzten Grund, warum Vermeidung das Glück trübt: ebenso wie Bedürftigkeit macht sie einsam. Obgleich Vermeider sich selbst als stark und unabhängig wahrnehmen, stellt sich dies bei näherer Betrachtung als reine Fassade heraus. Tief in ihrem Innersten sind sie ebenso hungrig nach Liebe und Verbundenheit wie die Bedürftigen. Doch anders als diese erwarten sie, dass *ihre Mitmenschen* die Initiative ergreifen, um mit ihnen in Kontakt zu treten. Und wenn sie diesem Wunsch nicht entsprechen – was häufig der Fall ist, weil das

Vermeiden so gar nichts Liebenswürdiges hat –, fühlen sie sich oft isoliert und essenzieller Verbindungen beraubt. Das wiederum frustriert sie – ebenso wie die Bedürftigen – und macht sie schließlich unglücklich.

Wie wir Bedürftigkeit und Vermeidung überwinden können

Wie können es nun die Bedürftigen und Vermeidenden schaffen, ein für das Glück essenzielles Gefühl der Sicherheit zu entwickeln? Diese Frage ist vor allem für die Menschen von Belang, die als Kind nicht genügend Liebe und Geborgenheit erhalten haben. Glücklicherweise wissen wir heute, dass wir in der Lage sind, unseren Bindungsstil zu ändern. Wie eine Studie gezeigt hat, hilft es bereits, Worte zu hören, die Innigkeit implizieren, wie etwa »alles Liebe«, »ich umarme dich«, um zumindest kurzfristig das Gefühl einer sicheren Beziehung wachzurufen. Aus einer anderen Studie wissen wir, dass wir zumindest zeitweise ein Gefühl der Sicherheit entwickeln, wenn wir uns Situationen aus der Kindheit ins Gedächtnis rufen, in denen wir uns geliebt und umsorgt gefühlt haben.

Doch natürlich wäre es wünschenswert, das Sicherheitsgefühl nachhaltig zu verbessern. Auch das ist möglich. Doch bevor wir uns den nötigen Strategien zuwenden, sollten Sie sich über Ihr eigenes Bindungsverhalten klar werden. Füllen Sie dafür den kurzen Fragebogen aus, den Sie am Ende dieses Kapitels finden, der international unter dem Titel »Experiences in Close Relationships« (abgekürzt ECR, dt. Erfahrungen in engen Beziehungen) bekannt ist. Sollte sich dabei herauskristallisieren, dass Sie zu bedürftigem oder vermeidendem Verhalten neigen, werden Ihnen die drei Strategien, die ich im Folgenden erörtere, helfen, diese Verhaltensweisen abzulegen.

Strategien zur Förderung eines sicheren Bindungsstils

Die erste Strategie zur Linderung von Bedürftigkeit: Drücken Sie Dankbarkeit aus. Studien zeigen, dass diejenigen, die diesen Tipp beherzigen, über ein regeres Sozialleben verfügen. Denn das Ausdrücken von Dankbarkeit begünstigt die Entstehung von Freundschaften, was wiederum die Selbstsicherheit stärkt und der Bedürftigkeit entgegenwirkt. Wissenschaftler nennen Dankbarkeit auch die »Emotion des Findens, Erinnerns und Bindens«. »Finden«, weil Dankbarkeit dazu führt, dass man Menschen kennenlernt, die später gute Freunde oder sogar Lebenspartner werden können (da dankbare Menschen meist sympatischer sind als andere). »Erinnern«, weil es uns an die Stärken unserer Freunde oder unseres Partners erinnert. Und »binden«, weil Dankbarkeit dazu beiträgt, Bindungen zu anderen Menschen aufzubauen.

Eine weitere Strategie, die beim Abbau von Bedürftigkeit und Vermeidung hilft, ist Selbstmitgefühl. Wie Sie sicherlich noch wissen, beinhaltet Selbstmitgefühl auch die wichtige Erkenntnis, dass *jeder* irgendwann mit Schwierigkeiten und Misserfolg konfrontiert wird. Diese Erkenntnis kann dazu beitragen, ein stärkeres Gefühl der Verbundenheit mit anderen zu entwickeln, was wiederum der Selbstsicherheit zugutekommt und Bedürftigkeits- sowie Vermeidungstendenzen lindert. Doch Selbstmitgefühl stärkt noch aus einem weiteren Grund die Bindungssicherheit: Es trägt dazu bei, das »Bedrohungssystem« zu deaktivieren, das mit Gefühlen von Unsicherheit und Abwehrhaltung zusammenhängt, um stattdessen das »Selbsttröstungssystem« zu aktivieren, das unter anderem mit sicheren Beziehungen zusammenhängt.

Zusätzlich zu Dankbarkeit und Selbstmitgefühl gibt es noch eine dritte Strategie, um die Selbstsicherheit zu stärken. Diese hängt mit dem Bedürfnis zu lieben (und zu geben) eng zusammen – und das ist der Gegenstand des nächsten Kapitels.

Einsamkeits-
FRAGEBOGEN

Anleitung[8]

Dieser Fragebogen wurde ursprünglich 1996 von Daniel W. Russell konzipiert und besteht aus 20 Fragen. Kreisen Sie die Zahl neben jeder Frage ein, die dem entspricht, wie oft Sie sich in der beschriebenen Weise fühlen; dabei steht 1 für »nie« und 4 für »fast immer«. Beachten Sie, dass die Hälfte der Fragen (mehr dazu später) ergründen soll, was Ihnen im Leben fehlt, während die restlichen Fragen dazu dienen festzustellen, was Ihrer Wahrnehmung nach in Ihrem Leben vorhanden ist.

	Nie		Fast immer	
1. Wie oft fühlen Sie sich »im Einklang« mit den Menschen um Sie herum?	1	2	3	4
2. Wie häufig haben Sie den Eindruck, dass es Ihnen an Gesellschaft fehlt?	1	2	3	4
3. Wie oft glauben Sie, dass es niemanden gibt, an den Sie sich wenden können?	1	2	3	4
4. Wie oft fühlen Sie sich alleine?	1	2	3	4

	Nie			Fast immer
5. Wie oft fühlen Sie sich als Teil einer Gruppe von Freunden?	1	2	3	4
6. Wie oft haben Sie den Eindruck, viel mit den Menschen um Sie herum gemeinsam zu haben?	1	2	3	4
7. Wie oft haben Sie das Gefühl, niemandem mehr nahe zu sein?	1	2	3	4
8. Wie oft glauben Sie, dass es niemanden in Ihrem Umkreis gibt, der Ihre Interessen und Vorstellungen teilt?	1	2	3	4
9. Wie oft nehmen Sie sich als aufgeschlossen und freundlich wahr?	1	2	3	4
10. Wie oft fühlen Sie sich anderen Menschen nahe?	1	2	3	4
11. Wie oft fühlen Sie sich ausgeschlossen?	1	2	3	4
12. Wie oft haben Sie den Eindruck, dass Ihre Beziehungen zu anderen keinen Tiefgang haben?	1	2	3	4
13. Wie oft haben Sie das Gefühl, dass die anderen sie nicht wirklich kennen?	1	2	3	4
14. Wie oft fühlen Sie sich von anderen isoliert?	1	2	3	4
15. Wie oft haben Sie den Eindruck, Freunde oder Gesellschaft finden zu können, wenn Ihnen danach ist?	1	2	3	4
16. Wie oft haben Sie das Gefühl, dass es Menschen gibt, die Sie wirklich verstehen?	1	2	3	4
17. Wie häufig sind Sie schüchtern?	1	2	3	4
18. Wie oft haben Sie das Gefühl, von anderen umgeben, nicht aber mit ihnen zusammen zu sein?	1	2	3	4
19. Wie oft haben Sie das Gefühl, dass es Menschen gibt, mit denen Sie reden können?	1	2	3	4
20. Wie oft haben Sie das Gefühl, dass es Menschen gibt, an die Sie sich wenden können?	1	2	3	4

Auswertung

Fragen 2, 3, 4, 7, 8, 11, 12, 13, 14, 17, 18: Hier entspricht der Wert der Punktezahl.

Fragen 1, 5, 6, 9, 10, 15, 16, 19, 20: hier entspricht der Wert der umgekehrten Punktezahl (Wert 1 = 4 Punkte, Wert 4 = 1 Punkt).

Zählen Sie alle Punkte zusammen.

Bei einem Punktestand **von 44 und mehr** spricht man von starker Einsamkeit.

Im Bereich **von 33 bis 39 Punkten** liegt das neutrale Spektrum (weder einsam noch nicht nicht einsam).

Unter 39 Punkten sind Sie nicht einsam.

ECR-FRAGEBOGEN

zum persönlichen Bindungsverhalten

Anleitung

Die folgenden Aussagen aus dem ECR-Fragebogen[9] beziehen sich darauf, wie Sie sich in Paarbeziehungen fühlen. Es geht dabei darum, wie Sie Paarbeziehungen generell wahrnehmen, also nicht nur um die Verfassung Ihrer momentanen Beziehung. Kreuzen Sie bei jeder Aussage an, inwieweit Sie voll und ganz beziehungsweise überhaupt nicht zustimmen, wobei 1 »stimmt überhaupt nicht« und 7 »stimmt voll und ganz« bedeutet.

	Stimmt überhaupt nicht					Stimmt voll und ganz
1. Es hilft mir, mich an meinen Partner zu wenden, wenn ich es brauche.	1 2	3	4	5	6	7
2. Ich brauche häufig die Bestätigung, dass mein Partner mich liebt.	1 2	3	4	5	6	7
3. Ich möchte meinem Partner nahe sein, halte mich aber trotzdem zurück.	1 2	3	4	5	6	7

	Stimmt überhaupt nicht						Stimmt voll und ganz
4. Ich finde, mein Partner will nicht so viel Nähe wie ich.	1	2	3	4	5	6	7
5. Ich wende mich oft an meinen Partner, z. B. wenn ich Trost und Bestätigung brauche.	1	2	3	4	5	6	7
6. Mein Verlangen nach Nähe schreckt andere Menschen manchmal ab.	1	2	3	4	5	6	7
7. Ich versuche zu vermeiden, meinem Partner zu nahezukommen.	1	2	3	4	5	6	7
8. Ich mache mir kaum Gedanken darüber, dass ich verlassen werden könnte.	1	2	3	4	5	6	7
9. Ich bespreche meine Sorgen und Probleme meistens mit meinem Partner.	1	2	3	4	5	6	7
10. Es frustriert mich, wenn ich gern einen Partner hätte und niemand da ist.	1	2	3	4	5	6	7
11. Ich werde nervös, wenn ein Partner mir zu nahe kommt.	1	2	3	4	5	6	7
12. Ich mache mir Gedanken darüber, dass mein Partner sich nicht so um mich kümmert wie ich mich um ihn.	1	2	3	4	5	6	7

Auswertung

Fragen 2, 4, 6, 8, 10 und 12 zeigen, wie beziehungsbedürftig Sie sind.
Frage 10 und 12: Wert = Punktezahl

Fragen 2,4,6,8: Wert = umgekehrte Punktezahl (Wert 1 = 7 Punkte; Wert 7= 1 Punkt)

Zählen Sie alle Punkte zusammen.

Liegt ihr Wert **über 25** sind Sie in Beziehungen tendenziell ängstlich und bedürftig, ein Punktestand unter 25 deutet auf ausreichende Sicherheit hin.

Die übrigen Fragen setzen sich damit auseinander, wie sehr Sie Beziehungen zu vermeiden versuchen.

Frage 11: Wert = Punktezahl

Frage 1, 3, 5, 7, 9: Wert = umgekehrte Punktezahl

Liegt ihr Wert **über 25** neigen Sie zu Vermeidungsstrategien, ein Punktestand unter 25 deutet auf ausreichende Bindungsfähigkeit hin.

Bitte beachten Sie, dass ein geringer Prozentsatz (etwa 5 Prozent) der Bevölkerung sich als sowohl bedürftig wie auch vermeidend entpuppt.

ÜBUNG

zur Entwicklung von Selbstmitgefühl

Nehmen Sie ein Blatt Papier und beantworten Sie folgende Fragen:

1. Stellen Sie sich zunächst vor, einem Ihrer engsten Freunde ginge es wirklich schlecht, oder er hätte mit irgendetwas zu kämpfen. Wie würden Sie auf diesen Freund eingehen (vor allem, wenn es Ihnen momentan gut geht)? Bitte notieren Sie, was Sie in solchen Situationen normalerweise tun, sagen und in welchem Ton Sie dann mit Ihren Freunden sprechen.
2. Denken Sie an Situationen, in denen es Ihnen schlecht geht, und Sie mit irgendetwas zu kämpfen haben. Wie reagieren Sie auf ***sich selbst?*** Bitte notieren Sie, was Sie in solchen Situationen normalerweise tun, sagen und in welchem Ton Sie dann mit sich selbst sprechen.
3. Haben Sie einen Unterschied bemerkt? Wenn ja, denken Sie darüber nach, warum das so ist. Welche Faktoren oder Ängste kommen ins Spiel, die dazu führen, dass Sie sich selbst so anders als Ihre Mitmenschen behandeln?

4. Notieren Sie bitte, was sich möglicherweise ändern würde, wenn Sie auf sich selbst in derselben Weise reagieren würden, wie auf einen leidenden Freund, wenn es Ihnen gerade schlecht geht.

Warum es nicht einfach ausprobieren und sich selbst wie einen guten Freund behandeln, um herauszufinden, was passiert?

GLÜCKSREZEPT

Das Bedürfnis zu lieben (und zu geben)

Während einer Reise nach Las Vegas hatten meine Frau und ich ein interessantes Erlebnis. Wir waren etwa eine Stunde geflogen, als die Flugbegleiterin Folgendes durchsagte: »Wir entschuldigen uns für die Störung, doch sollten sich Ärzte unter den Fluggästen befinden, möchten wir diese bitten, sich in den vorderen Flugzeugbereich zu begeben. Danke sehr!«

»Da geht es wohl jemandem schlecht«, vermutete meine Frau, und damit hatte sie recht. Eine zweite Durchsage bestätigte, dass ein Mitpassagier einen Herzinfarkt erlitten hatte und deshalb eine Person mit medizinischen Kenntnissen benötigt wurde. Wir waren wohl auf einem ganz besonderen Flug, denn es waren nicht weniger als drei Ärzte und zwei Krankenschwestern an Bord. Während ich zusah, wie diese guten Samariter nach vorne eilten, um dem Patienten beizustehen, wurde mir warm ums Herz. Ich war gerührt, dass so viele Menschen bereit waren, einem ihnen völlig Unbekannten freiwillig zu helfen.

Diese Epsisode wies auf etwas hin, das ich lange schon vermutet hatte: Menschen haben den natürlichen Wunsch, anderen zu helfen. Ein Zyniker könnte natürlich einwenden, dass die Ärzte und Krankenschwestern nur deshalb geholfen haben, weil ihnen langweilig war oder weil sie sich vor den anderen Passagieren als Helden aufspielen wollten. Doch bedenken Sie: Hätten Ärzte darauf bestanden, nur unter der Voraussetzung zu helfen, dass sie bezahlt würden, hätten sie ein »Mordsgeschäft« machen können (sowohl im übertragenen wie im wörtlichen Sinn …). Die Tatsache, dass sie es nicht nur unentgeltlich, sondern obendrein mit wahrem Enthusiasmus taten, zeigt, dass sie spontan in guter Absicht handelten.

Es fragt sich natürlich, warum Ärzte, Krankenschwestern – und ganz allgmeinen, die meisten Menschen – sich selten regelmäßig altruistisch verhalten? Warum z. B. behandeln Ärzte ihre Patienten nicht häufiger unentgeltlich? Warum bieten Pädagogen ihre Kurse nicht kostenlos an? Und warum gibt es Bücher nicht gratis?

Das sind interessante Fragen, die ich gegen Ende des Kapitels erneut aufgreifen werde. Doch zunächst möchte ich eine grundlegendere Frage in den Raum stellen: Welche Eigenschaft ist typischer für uns Menschen: Egoismus oder Selbstlosigkeit? Großzügigkeit oder Gier?

Prosoziales Verhalten macht glücklich

Stellen Sie sich vor, Sie schlendern eines Tages vom Parkplatz ins Büro und stolpern über einen Fünf-Dollar-Schein, der auf der Straße liegt. Nachdem Sie sich umgesehen und vergewissert haben, dass niemand Sie beobachtet, tun Sie das, was jeder anständige Mensch tun würde: Sie schnappen sich den Schein und stecken ihn ein. Natürlich sind Sie hocherfreut, einfach so Geld gefunden zu haben, und beschließen daher, sich etwas im Café um die Ecke zu genehmigen. Während Sie das Café betreten, sticht Ihnen eine bemerkenswerte Schlagzeile in der örtlichen Tageszeitung ins Auge: »Neue Studien zeigen, wer Geld für andere Menschen ausgibt, ist glücklicher!« Die Schlagzeile gibt Ihnen zu denken und Sie überlegen, ob Sie wirklich glücklicher wären, wenn Sie die fünf Dollar verschenken würden. Nach exakt drei Sekunden des Nachdenkens schieben Sie die Idee entschlossen beiseite und genießen wenig später Ihr Getränk. Doch noch während Sie an Ihrem Becher nippen, müssen Sie darüber nachdenken, ob die Schlagzeile nicht doch der Wahrheit entspricht. Wären Sie wirklich glücklicher, wenn Sie das Geld für jemand anderen als für sich selbst ausgegeben hätten?

Die meisten Menschen würden das verneinen. In einer Erhebung, in der eine ganz ähnliche Frage gestellt wurde, gingen 63 Prozent (also beinahe zwei Drittel) der Befragten davon aus, dass es sie glücklicher machen würde, das Geld für sich selbst auszugeben als für andere. Und doch, dank einer wunderbaren neuen Studie, wissen wir, dass diese Befragten falschlagen. Sie wären tatsächlich glücklicher, hätten Sie das Geld für andere Menschen ausgegeben.

Betrachten wir die Ergebnisse einer Studie der University of British Columbia. Forscher überreichten Studenten, die sich bereit erklärt hatten, an einer Studie teilzunehmen, Umschläge mit je einer Fünf- oder 20-Dollar-Note. Eine der beiden Teilnehmergruppen wurde angewiesen, das Geld für sich selbst auszugeben, während die zweite Gruppe es für andere ausgeben sollte. Am Abend erkundigten sich die Wissenschaftler telefonisch, ob die Studenten die Instruktionen befolgt hatten. Die meisten hatten es. Dann stellten die Forscher die zentrale Frage: »Wie zufrieden bist du jetzt?«

Folgendes hat sich dabei ergeben: Anders, als man vielleicht vermuten würde, waren die Teilnehmer, die 20 Dollar erhalten hatten, keineswegs glücklicher als diejenigen, die fünf Dollar bekamen. (Das mag auf den ersten Blick überraschen, doch vergessen Sie nicht, dass die Studenten, die fünf Dollar erhielten, gar nicht wussten, dass andere 20 Dollar bekommen hatten, und beide Gruppen waren natürlich hocherfreut, Geld geschenkt zu bekommen.) Was allerdings noch wichtiger ist, die Studenten, die das Geld für andere ausgegeben hatten, waren erheblich glücklicher als die, die sich selbst etwas gekauft hatten.

Ich weiß, was Sie jetzt denken. Sie fragen sich, ob es auch zu diesen Ergebnissen gekommen wäre, wenn die Teilnehmer *ihr eigenes* Geld hätten ausgeben müssen. Es liegt natürlich auf der Hand, dass es durchaus angenehmer ist, fremdes Geld auszugeben als das eigene. Sie fragen sich vielleicht auch, wie verlässlich die Aussagen der Teilnehmer hinsichtlich ihres Glücklichkeitsgrades sind. Ob nicht vielleicht die Teilnehmer der »Wir geben alles für andere aus«-Gruppe möglicherweise ein höheres Glückslevel angegeben haben, als das tatsächliche. Wer würde schließlich gerne zugeben, unzufrieden zu sein, nachdem er Mitmenschen etwas Gutes tun sollte – und das auch noch auf fremde Kosten? Ein weiterer Vorbehalt beschäftigt sich damit, ob es auch zu den Ergebnissen gekommen wäre, wenn die Teilnehmer knapp bei Kasse gewesen wären. Die Teilnehmer studierten jedoch an einer renommierten Hochschule in einem reichen Land. Würde die Studie in einem ärmeren Land – sagen wir Uganda – ähnlich ausfallen?

Das sind natürlich berechtigte Fragen, und leider lassen sich nicht alle mithilfe von Experimenten beantworten. Es gestaltete sich beispielsweise schwierig, wollte man Studenten dazu auffordern, ihr *eigenes* Geld für wohltätige Zwecke zu spenden. Dennoch können wir aufgrund von Umfragen und wissenschaftlichen Erkenntnissen sagen, dass ein deutlicher Zusammenhang zwischen prosozialem Verhalten und persönlicher Zufriedenheit zu bestehen scheint.

Betrachten wir die folgenden – scheinbar unglaublichen – Ergebnisse einer Erhebung. Auf der Basis einer weltweiten Umfrage, an der sich über 200 000 Menschen aus 136 Ländern beteiligt haben, untersuchten Forscher die Korrelation zwischen Altruismus (Wurde im letzten Monat für wohltätige Zwecke gespendet?) und subjektiver Lebenszufriedenheit. Dabei stellte sich heraus, dass in 120 dieser 136 Länder (was einem Anteil von 90 Prozent aller Staaten weltweit entspricht) diejenigen, die wohltätige Zwecke unterstützt hatten, von einer höheren Lebenszufriedenheit berichteten als die anderen, die nichts gespendet hatten. Die Auswirkungen der Wohltätigkeit waren dabei keinesfalls geringfügig: Sie entsprachen dem glücksbringenden Effekt einer *Verdoppelung* des Haushaltseinkommens! Angesichts der Tatsache, dass die meisten Länder dieser Stichproben eher arm waren (mit einem jährlichen Pro-Kopf-BIP von unter 1000 Dollar), lässt sich daraus folgern, dass Altruismus nicht nur in wohlhabenden, sondern auch in den ärmeren Staaten glücklich macht.

Aus solchen weltweit erhobenen Daten lässt sich aber nicht auf einen Kausalzusammenhang schließen. Es wäre heikel, aus den Daten zu folgern, dass Altruismus zu Zufriedenheit führt; ebenso möglich wäre, dass Zufriedenheit zu Altruismus führt. (Wie Sie vielleicht noch wissen, neigen vor allem zufriedene Menschen zu Altruismus.) Um dieses Problem zu umgehen, führten Wissenschaftler eine Studie in lediglich zwei Ländern durch – Kanada und Uganda. Kanada belegt mit seinem jährlichen BIP pro Kopf von 50 230,81 Dollar den 19. Platz des internationalen Rankings, während Uganda mit einem jährlichen BIP pro Kopf von 714,57 Dollar weit abgeschlagen auf Rang 173 steht. Teilnehmer beider Nationen wurden gefragt, wann sie zuletzt einen kleinen Geldbetrag (von etwa 20 kanadischen Dollar) für sich selbst oder eine andere Person ausgegeben hätten. Danach wollten die Forscher wissen, wie glücklich sie sich danach gefühlt haben. Die Erkenntnisse bekräftigten die Resultate anderer Studien, da, wie sich herausstellte, die Teilnehmer, die Geld für andere Menschen aufgewendet hatten, signifikant glücklicher waren als die anderen. Natürlich unterschieden sich die Kanadier und Ugander hinsichtlich dessen, wofür sie das Geld verwendeten; während die Kanadier es im Allgemeinen für Luxusgüter (etwa ein Halstuch) ausgaben, kauften Ugander damit Notwendigkeiten (z. B. Medikamente). Dennoch ergab sich in beiden Ländern dasselbe Muster: Geld für andere auszugeben machte die Menschen glücklicher.

Ist Altruismus eine tiefverwurzelte, menschliche Eigenschaft?

Es gibt dermaßen viele Studien, die die positiven Auswirkungen von Altruismus aufs Glücksempfinden belegen, dass der Einwand, der Mensch sei im Grunde egoistisch, mehr als unglaubhaft erscheint; in uns allen steckt zumindest eine Spur von Altruismus. Der Wunsch, sich selbstlos zu verhalten – das, was ich als *das Bedürfnis, zu lieben (und zu geben)* bezeichne –, offenbart sich auf unterschiedlichste Art und Weise, unter anderem in der Vorliebe, süße Welpen zu verhätscheln, oder in dem Drang, einem pausbäckigen Baby zärtlich in die Wangen zu kneifen. Forscher bezeichnen ein derartiges Verlangen als »cute aggression« (dt. »süße Aggression«). Die Ursache für dieses scheinbar seltsame Verlangen liegt in dem Wunsch, dem Objekt seiner Zuneigung seine Liebe zu zeigen – wenn auch in etwas verdrehter Form.

Wenn wir Menschen nun das Bedürfnis haben zu lieben (und zu geben), stellen sich ein paar wichtige Fragen. Ist dieses Bedürfnis angeboren oder gesellschaftlich erworben? Lässt sich beispielsweise an Kleinkindern, die noch nicht sozialisiert wurden, dieses Bedürfnis feststellen?

Diese Fragen sind deshalb so wichtig, weil die Antworten eine erhebliche Auswirkung auf das haben, was wir von unseren Mitmenschen erwarten können. Wenn das Bedürfnis zu lieben, angeboren ist, hieße das, wir verfügten über ein immenses Potenzial für Liebe und Mitgefühl. Indem wir die Menschen mit den geeigneten Botschaften konfrontierten, könnten wir darauf hoffen, Gesellschaften aufzubauen, in deren Rahmen Individuen Freundlichkeit und Mitgefühl in noch nie dagewesenem Ausmaß zeigen würden. Ist dieses Bedürfnis andererseits »lediglich« anerzogen, wäre es ein aussichtsloser Kampf, die altruistischen Tendenzen von Menschen noch weiter ausbauen zu wollen.

Bis vor Kurzem war die Datenlage zu Kleinkindern und Altruismus eher dürftig, doch glücklicherweise hat sich das inzwischen geändert, wobei die Forschungsergebnisse gleichermaßen herzerwärmend und überraschend sind. Im Rahmen einer dieser Studien wurde 20 etwa Zweijährigen eine Affenpuppe mit dem Hinweis gezeigt, dass sie sich über Leckerlis freue. Danach gab einer der Versuchsleiter den Kindern acht Kekse und verhielt sich wahlweise wie folgt: (1) Er nahm einen weiteren Keks und »verfütterte« ihn vor den Augen der Kleinkinder an den Affen; (2) er nahm noch einen weiteren Keks, händigte ihn einem Kleinkind aus und forderte es auf, ihn dem Affen zu geben, oder (3) er bat ein Kleinkind, dem Affen einen seiner oder ihrer Kekse abzugeben. Währenddessen bewerteten unabhängige Beobachter die Zufriedenheit der Kleinkinder.

Wenn Kleinkinder eher egoistisch als uneigennützig veranlagt sind, sollten sie dann am glücklichsten sein, wenn sie die ausgehändigten Kekse selbst essen dürfen. Neigen sie dagegen eher zu großzügigem Verhalten, sollten sie am glücklichsten sein, wenn der Affe einen Keks abbekommt. Ein besonders starker Nachweis von Großzügigkeit wäre es, wenn sich die Kleinkinder vor allem dann als besonders glücklich erwiesen, wenn sie ihre *eigenen* Kekse mit dem Affen teilten. Und genau das haben die Forscher entdeckt: Wie sich an dem Diagramm weiter unten ablesen lässt, waren die Kleinkinder glücklich, wenn sie Kekse bekamen, noch glücklicher, wenn sie aufgefordert wurden, den Affen mit einem Keks vom Versuchsleiter zu füttern, und am glücklichsten, wenn sie ihm einen von ihren eigenen Keksen geben durften. Diese Ergebnisse belegen, dass Kinder von sich aus zu selbstloser Großzügigkeit neigen. Doch es gibt darüber hinaus noch mehr Studien, die nachweisen, dass es sich bei Altruismus um ein angeborenes, menschliches Bedürfnis handelt.

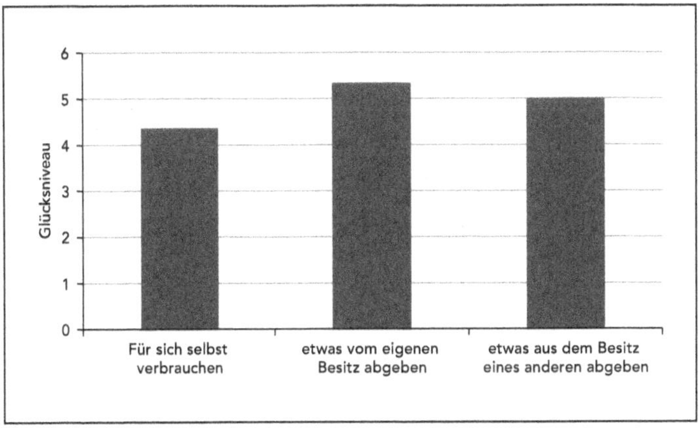

Selbstlose Großzügigkeit löst unter kleinen Kindern das stärkste Glücksgefühl aus.

Warum das Bedürfnis zu lieben (und zu geben) unser Glück mehrt

Doch warum macht es uns so glücklich, wenn wir uns großzügig und gütig zeigen? Eine Erklärung lautet, dass wir uns auf diese Weise von unseren eigenen Sorgen und Nöten ab- und denen *anderer* Personen zuwenden. Betrachten wir die Ergebnisse einer Studie, für die Forscher fünf an multipler Sklerose (MS) erkrankte Frauen drei Jahre lang begleiteten. Die Forscher hatten sie dazu auserkoren, anderen MS-Patienten in dieser Zeit als Unterstützerinnen zur Seite zu stehen, und ließen sie in mitfühlender Pflege ausbilden. Sie wurden angehalten, während dieser drei Jahre mit jedem ihrer Patienten monatlich 15 Minuten zu telefonieren. Es stellte sich heraus, dass der Nutzen, den diese fünf Frauen aus ihrem Ehrenamt zogen, siebenmal größer war, als der den die Patienten aus ihrer Unterstützung erfuhren!

Das liegt an der sogenannten Wechselwirkung: Menschen, denen Sie freundlich und großzügig begegnen, reagieren meist sehr dankbar, was Ihrem persönlichen Glück wiederum zugutekommt. Im Rahmen einer Studie bewerteten Forscher zehn Wochen lang die Hilfsbereitschaft von Probanden sowie das Ausmaß an Dankbarkeit, das dieses Verhalten bei jenen hervorgerufen hat, denen sie geholfen haben. Die Ergebnisse zeigen eindeutig, dass Generosität Dankbarkeit auslöst – und sich etwa über ein Lächeln oder ein Dankeschön äußert – was im Gegenzug das Glück mehrt.

Eine weitere, ziemlich erstaunliche Erklärung lautet, dass großzügiges, freundliches Benehmen unseren allgmeinen Gesundheitszustand verbessert. Forschungen zeigen, dass Personen, die andere unterstützen, unabhängig von anderen Einflussfaktoren wie Einkommen und Mobilität von besserer körperlicher Gesundheit berichten. Im Rahmen einer interessanten Studie über den Zusammenhang von Geben und körperlicher Gesundheit wurden den Teilnehmern jeweils zehn Dollar mit dem Hinweis ausgehändigt, dass sie einer anderen Person, die kein Geld erhalten hatte, einen beliebigen Teil davon abgeben konnten – mit folgendem Ergebnis: Je höher der Geldbetrag, den die Probanden anderen abgaben, desto glücklicher waren sie. Und nicht nur das, auch das Stressniveau der Teilnehmer (gemessen am Kortisolspiegel in ihrem Speichel), die mehr Geld verschenkt hatten, war niedriger.

Die letzte und vielleicht wichtigste Erklärung liegt jedoch in unserem Selbstbild. Wenn wir zu anderen freundlich sind, entsteht vor unserem inneren Auge das Bild eines gütigen und großherzigen Selbst. Anders ausgedrückt, indem wir anderen freundlich begegnen, fühlen wir uns kompetenter, leistungsstärker und *reicher.* Das Erstaunliche ist, dass wir keine übermäßige Freigiebigkeit an den Tag zu legen brauchen, um uns reich zu fühlen – selbst eine kleine Geste der Großzügigkeit reicht dafür aus. Im Rahmen einer Studie erhielten die Teilnehmer jeweils einen Dollar, den sie entweder verschenken oder selbst behalten durften. Es zeigte sich, dass diejenigen, die den Dollar verschenkt hatten, sich selbst als wohlhabender wahrnahmen, und das, obwohl sie faktisch gesehen ein klein wenig ärmer waren als die anderen.

Das Bedürfnis zu lieben (und zu geben) als Quelle des Erfolgs

Viele meiner Studenten reagieren überrascht über die deutlichen Auswirkungen von Großzügigkeit auf das Glück. Was sie allerdings noch mehr erstaunt, sind die Auswirkungen auf den *Erfolg.*

Die meisten Menschen meinen, um erfolgreich zu sein – vor allem im beruflichen Umfeld –, müsse man Rücksichtslosigkeit und Unmoral an den Tag legen. Das liegt daran, dass wir davon ausgehen, Mitgefühl mache uns »weich«, und dass jemand, der weich ist, sich der Gefahr aussetzt, anderen als Fußabstreifer zu dienen. Dennoch sind es, wie Adam Grant auf der Grundlage einer beeindruckenden Fülle an Erkenntnissen argumentiert, die gütigen und großzügigen Menschen, die »Geber«, wie Grant sie nennt – die mit der höchsten Wahrscheinlichkeit erfolgreich werden, und zwar auch in der *Geschäftswelt.* Nehmen wir folgende bemerkenswerte Beobachtung: Obzwar Besserverdienende etwas großzügiger sind, verdienen großzügigere Menschen deutlich mehr. Der Ökonom Arthur Brook hat beide Richtungen der Kausalität untersucht und herausgefunden, dass der Effekt der Großzügigkeit auf das Einkommen stärker ist, als der Effekt von Einkommen auf Großzügigkeit. Für eine Studie analysierte er die Daten von über 30 000 US-Amerikanern und erkannte, dass mit jedem zusätzlich verdienten Dollar die Wohltätigkeit um 14 Cent (oder 14 Prozent) stieg, während demgegenüber – halten Sie sich fest – mit jedem gespendeten Dollar, sich *das Einkommen um 3,75 Dollar erhöhte* – das sind sagenhafte 375 Prozent!

Es gibt noch weitere Quellen, die belegen, dass »Geber« mit höherer Wahrscheinlichkeit erfolgreicher werden als »Nehmer«. Für eine Studie der Harvard University teilten Wissenschaftler Menschen in zwei Kategorien ein: »altruistisch Arbeitende« (»work altruists«) oder »isoliert Arbeitende« (»work isolators«). Altruistisch Arbeitende sind Menschen, die für andere da sind – Kollegen, Familienmitglieder, Freunde, während isoliert Arbeitende sich stets von anderen helfen lassen. Altruistisch Arbeitende sind somit die Geber in Unternehmen und bieten anderen 20-mal so viel Unterstützung, als es die abgekapselt Arbeitenden tun, die somit die Nehmer sind. Wir wissen aus dieser Studie, dass die Wahrscheinlichkeit für eine Beförderung für altruistisch Arbeitende *sechsmal höher* ist. Zusammenfassend schreibt Shawn Achor, einer der Wissenschaftler dieser Studie und Verfasser von *The Happiness Advantage*: »Wie sich herausstellt, vermittelt uns Geben ein besseres Gefühl, und auf lange Sicht bekommen wir dadurch mehr zurück, als wir durch Nehmen je erhalten könnten.«

Die Grundregeln des Gebens

Wir haben bisher auf Basis wissenschaftlicher Belege festgestellt, dass Güte und Großzügigkeit zu den verlässlichsten Quellen von Glück wie auch Erfolg gehören. Heißt das, je mehr wir geben, desto glücklicher und erfolgreicher werden wir sein? Die Antwort lautet ganz klar: nein, und zwar deshalb, weil Güte und Großzügigkeit zwar glücklicher und erfolgreicher machen, aber wir verbrauchen dafür auch viel Energie und Ressourcen. Wenn Sie also über ein bestimmtes Maß hinaus geben, werden Sie wahrscheinlich irgendwann ausgebrannt sein. Es *gibt* also in der Tat so etwas wie eine »übertriebene Großzügigkeit«. Das ist auch der Grund, warum Menschen, die andere an sieben Tagen in der Woche rund um die Uhr versorgen müssen, selten rundum glücklich und zufrieden sind. Eine Studie hat gezeigt, dass Pflegende von Alzheimerpatienten dreimal häufiger an Depressionen erkranken als der Durchschnittsbürger. *Übermäßiges* Lieben und Geben kann sich überdies negativ auf den Erfolg auswirken. Obwohl Studien zeigen, dass Geber mit höherer Wahrscheinlichkeit beruflich erfolgreich sind, haben sie gleichzeitig die *geringsten* Aussichten auf Erfolg. Das ist kein Widerspruch. Es gibt, wie sich herausstellt, zwei Kategorien von Gebern, und nur eine der beiden schafft es an die Spitze; die andere strauchelt.

Adam Grant verwendet für all jene, die derart unüberlegt geben, bis sie schließlich ausbrennen, den Begriff der »selbstlosen

Geber«, während er Personen, deren Großzügigkeit wohlüberlegt ist und die es oft bis ganz nach oben schaffen, als »fremdbezogene Geber« bezeichnet. Diese beiden Gebertypen haben einen wesentlichen Charakterzug gemeinsam: Sie sind beide überaus wohlmeinend. Beiden liegt das Wohlergehen anderer am Herzen. Was sie voneinander unterscheidet, ist, dass »fremdbezogene Geber« nicht *unüberlegt* großzügig handeln. Sie erkennen besser, wann, wie viel und wem sie etwas geben sollten. Das ist keine Kritik, Adam Grant betont, die »fremdbezogenen Geber« haben auf lange Sicht einen stärker positiven Einfluss auf andere und sind resilienter.

Um zu vermeiden, dass sie innerlich ausbrennen, wenden »fremdbezogene Geber« zwei Strategien an. Die erste besteht darin, *die Kosten ihres Gebens einzudämmen.* Anders ausgedrückt, sie streben die Maximierung der positiven Effekte ihrer Generosität an. Wenn sie merken, dass vier oder fünf Personen dieselbe Art von Hilfe benötigen (z. B. Nachhilfe in Infinitesimalrechnung), so unterstützen sie die ganze Gruppe auf einmal, anstatt jeden einzeln. Sind sie der Ansicht, dass andere besser helfen könnten, so stellen sie den Kontakt zwischen dem Hilfesuchenden und den entsprechenden Personen her.

Zweitens wenden die »fremdbezogenen Geber« nutzenmehrende Strategien an. Sie verwalten die eigenen emotionalen Ressourcen dergestalt, dass es nicht zum Burn-out kommt. So sind diese Geber beispielsweise stolz (gemeint ist echter Stolz, nicht falscher) auf die vorteilhaften Auswirkungen ihres Tuns. Sie empfinden darüber hinaus Dankbarkeit dafür, überhaupt gütig und großzügig handeln zu können, was sie wiederum mit der nötigen Energie versorgt, auch weiterhin zu geben.

Diese beiden Taktiken, die Eindämmung der Kosten des Gebens sowie die Anwendung nutzenmehrender Strategien, sind so wichtig, dass wir sie als »Grundregeln des Gebens« bezeichnen können. Ich möchte diesen jedoch noch eine dritte Regel anfügen: *Werden Sie Zeuge der Auswirkungen Ihres Gebens.* Für eine Studie händigten Wissenschaftler zwei Gruppen von Teilnehmern Starbucksgutscheine im Wert von zehn Dollar aus. Die eine Gruppe wurde aufgefordert, diesen Gutschein für sich selbst einzulösen, während die andere sie für jemand anderen verwenden sollte. Die Teilnehmer der ersten Gruppe wurden wiederum in zwei Untergruppen aufgeteilt, wobei die einen gebeten wurden, die eingeladene Person zu begleiten, während die anderen nicht beim Cafébesuch dabei sein sollten. Folgendes haben die Forscher herausgefunden: Diejenigen, die ihre Gutscheine verschenken sollten, waren glücklicher als die anderen, die sich selbst etwas dafür genehmigen durften. (Das sollte Sie inzwischen nicht mehr überraschen.) Interessanter ist jedoch, dass diejenigen, die beim Einlösen des Gutscheins dabei waren, noch glücklicher waren. Warum? Weil es ganz einfach glücklich macht, die Auswirkungen eigener Generosität auf den Beschenkten zu sehen.

Warum ist Großzügigkeit nicht weiter verbreitet?

Wir sind inzwischen ziemlich weit in die Materie vorgedrungen, daher kann an dieser Stelle eine kurze Zusammenfassung nicht schaden:

- Wir alle verfügen über das tiefverwurzelte Verlangen, gütig und großzügig zu sein – etwas, das ich als das Bedürfnis zu lieben und zu geben bezeichne.
- Liebendes und gebendes Verhalten kommt nicht nur unserem Glück zugute, sondern auch unseren Erfolgschancen – allerdings nur, wenn wir es richtig machen (d. h. wenn wir die drei Grundregeln des Gebens befolgen).
- Diese drei Grundregeln des Gebens lauten: (1) die Kosten des Gebens eindämmen, (2) nutzenmehrende Strategien anwenden und (3) die Auswirkungen seines Gebens betrachten.

Auf der Basis dieser Kurzzusammenfassung scheint die Antwort auf meine Frage – welche Eigenschaft für uns Menschen typischer ist: Egoismus oder Selbstlosigkeit? – eindeutig »sowohl als auch« zu lauten. Es ist nichts Neues, dass wir mitunter zu selbstsüchtigem Verhalten neigen. Egozentrik und Gier lassen sich zu allen Zeiten beobachten. Dabei übersehen wir jedoch häufig, wie stark ausgeprägt das Bedürfnis nach Güte und

Großzügigkeit ist. Meist unterstellen wir anderen, insbesondere fremden Menschen, eher selbstsüchtiges als selbstloses Verhalten – obwohl es sich selbstverständlich genauso gut anders herum verhalten könnte. Denken Sie einmal darüber nach. Nicht selten fällt das Trinkgeld für Kellner und Bedienungen höher aus als erwartet. Menschen halten Unbekannten ständig Türen auf oder lächeln ihnen zu. An den Flughäfen rund um den Globus überschlagen sich die Menschen an den Gepäckbändern darin, sich gegenseitig den Koffer vom Band zu wuchten. Überall auf der Welt sind Menschen behinderten Passanten behilflich, die Straße zu überqueren. Älteren Menschen und Kindern begegnet man mit besonderer Freundlichkeit. Erst kürzlich hat ein Ladenbesitzer meinen Kindern Lutscher geschenkt. In U-Bahnen und Bussen ist es nicht ungewöhnlich, dass älteren Menschen ein Platz freigemacht wird. In Flugzeugen eilen Krankenschwestern und Ärzte mit unerwartetem Eifer notleidenden Patienten zu Hilfe. Mir fallen noch Tausende Beispiele ein, doch Sie haben es verstanden: Es gibt in unserer Welt sehr *viel* Güte und Großzügigkeit – viel mehr, als man erwarten könnte, wenn der Mensch im Grunde egoistisch wäre.

Wie kommt es dann, dass die meisten eher Egoismus und Gier für typisch menschliche Eigenschaften halten? Eine Teilschuld trifft sicherlich die Medien, die vorrangig von negativen Ereignissen berichten. Die konstante Berieselung mit negativen Geschichten hinterlässt bei uns den Eindruck, es gäbe mehr Schlechtes als Gutes in der Welt. Doch die Tatsache, dass die Medien negative Geschichten bevorzugen, wirft die nächste Frage auf: Warum favorisieren wir negative Storys? Die Medien richten sich schließlich danach, was die Zielgruppe hören will; wenn die Menschen positive Berichte mehr schätzen würden, würden die Medien diesem Wunsch nur zu gerne nachkommen. Der Grund, warum wir vorrangig an negativen Berichten interessiert sind, ist, weil sie zur Steigerung unserer Überlebenschancen beitragen. Denn: Diejenigen, die das negative Verhalten anderer bemerken, haben höhere Überlebenschancen als jene, die es nicht tun. Jonathan Haidt, Autor von *Die Glückshypothese,* erklärt das folgendermaßen: Angenommen Sie würden das Gehirn eines Fisches entwerfen. Würden Sie ihn dann auf günstige Gelegenheiten ebenso stark reagieren lassen wie auf Bedrohungen? Auf keinen Fall! Haidt sagt: »Wenn er einen Hinweis auf Futter verpasst, ist sein Preis dafür nicht hoch; die Chancen stehen gut, dass es im Meer noch andere Fische gibt, und bei einem Fehler verhungert der Fisch nicht gleich. Einen nahenden Beutejäger zu übersehen kann hingegen katastrophal sein.«

Anders ausgedrückt, dass wir negativen Geschichten mehr Beachtung schenken, ist Folge unserer evolutionären *Adaption.* Das könnte auch die Ursache dafür sein, warum negative Reize nachgewiesenermaßen einen stärkeren, psychologischen Einfluss auf uns ausüben als positive von gleicher Größenordnung – ein Phänomen, das von einigen Wissenschaftlern mit dem Satz »Negatives ist stärker als Positives« umschrieben wird. So braucht es – wie wir später noch ausführlicher sehen werden – fünf positive Bemerkungen einer nahestehenden Person, um eine einzige negative Äußerung derselben zu kompensieren! Gleichermaßen sind drei positive Erfahrungen nötig, um eine negative auszugleichen.

Das alles zeigt uns, dass wir unbedingt kritisch hinterfragen müssen, was viele für die Natur des Menschen halten – dass wir egoistische und gierige Wesen seien. Wenn wir das tun, werden uns, so glaube ich, sehr viel mehr Akte der Selbstlosigkeit und Generosität auffallen, als wir es je für möglich gehalten hätten. Wir könnten beispielsweise bemerken, dass deutlich mehr Ärzte ihre Dienste kostenlos anbieten als gedacht (siehe www.aerzte-ohne-grenzen.de). Möglicherweise entdecken wir auch, dass unzählige Topgelehrte ihre Seminare kostenlos anbieten (siehe www.coursera.org oder www.edx.org). Daher war die Frage, warum Ärzte Patienten nicht unentgeltlich behandeln und Pädagogen ihre Kurse nicht kostenlos anbieten eigentlich eine Finte. Wie sich bei näherer Betrachtung herausstellt, arbeiten Menschen aus einer riesigen Bandbreite von Professionen, darunter auch Rechtsanwälte oder Steuerberater, regelmäßig ohne Vergütung. Die meisten von uns sind schlicht zu sehr auf die negativen Verhaltensweisen anderer fokussiert, um die positiven zu bemerken.

Wenn Sie trotz des bisher Gesagten nicht davon überzeugt sind, dass es mehr Positives in unserer Welt gibt, als die meisten erkennen, ist das für mich in Ordnung. Mir ging es hauptsächlich um Folgendes: *Das Bedürfnis zu lieben (und zu geben) ist eine sehr viel verlässlichere Determinante von Glück und Erfolg, als es das Bedürfnis, geliebt zu werden ist.* Möglicherweise stimmen Sie auch in diesem Punkt nicht ganz mit mir überein. Doch ich hoffe, dass Sie, nachdem Sie all diese Argumente gehört haben, zumindest ausprobieren werden, ob sich Großzügigkeit positiv auswirkt.

Damit komme ich zu der dritten Glücksübung, die ich »kreativen Altruismus« nenne. Es geht dabei darum, sich in Großzügigkeit zu üben – allerdings unter strenger Einhaltung der drei Grundregeln des Gebens.

Sich in Großzügigkeit üben: Eine Übung in kreativem Altruismus

In dieser Übung geht es darum, kreativ zu sein und Spaß zu haben, während man sich gütig und großzügig verhält. Sie werden dabei aufgefordert, jemandem einen altruistischen Streich zu spielen. Ich verwende hier bewusst das Wort »Streich«. Wir alle haben uns als Kinder Streiche ausgedacht; während diese für uns meist einen Heidenspaß bedeuteten, kamen die »Opfer« weit weniger gut weg. Sie werden sich bei dieser Übung jedoch nicht auf Kosten anderer amüsieren; stattdessen werden sowohl Sie selbst wie auch das »Opfer« des Streichs Ihre Freude daran haben.

Für diese Übung gibt es zwei »kreative Auflagen«. Erstens, Sie werden ein wenig Aufwand (Mühe, Zeit, Geld) in die Durchführung des Streichs stecken müssen. So reicht es beispielsweise nicht aus, sich lediglich einen herzerwärmenden Akt der Güte auf YouTube anzusehen. Zweitens, das »Opfer« des Streichs sollte Ihnen völlig unbekannt sein. Das dient der härteren Überprüfung der Befunde über Großzügigkeit. Die Erkenntnis, dass uns großzügiges Verhalten gegenüber Bekannten glücklich macht, wäre wohl kaum einer Erwähnung wert. Macht es uns hingegen glücklich, wenn wir uns Fremden gegenüber großzügig zeigen – insbesondere, wenn wir nicht davon ausgehen, diese Person jemals wiederzutreffen, wäre das sehr wohl etwas Besonderes, da es darauf hindeuten würde, dass Großzügigkeit eine in uns angelegte Eigenschaft ist.

Falls Ihnen die Ideen fehlen, wie Sie altruistisch kreativ sein können, keine Sorge. Unter dem Stichwort »Happiness Exercises« finden Sie unter dem Link »Creativ Altruism Exercise« eine umfangreiche Liste von Vorschlägen. Dort finden Sie außerdem nützliche Tipps zur Durchführung des Streichs. Doch bevor Sie sich an die Vorbereitungen machen, denken Sie daran, dass die »drei goldenen Regeln des Gebens« eingehalten werden müssen. Stellen Sie zunächst sicher, die Kosten des Gebens einzudämmen. Wenn Sie beispielsweise Joggern entlang des Trails Wasser anbieten wollen, achten Sie darauf, sich dort aufzustellen, wo Ihnen voraussichtlich viele Jogger begegnen werden. Denken Sie zweitens daran, nutzensteigernde Strategien anzuwenden. Im Zusammenhang mit dieser Übung heißt das: *Sie sollen bei der Sache Spaß haben.* Wie ich in der Arbeit mit meinen Studenten herausgefunden habe, ist diese Regel von essenzieller Bedeutung, denn, wenn Ihnen die Übung keinen Spaß macht, besteht die Gefahr, dass diese nicht glücksmehrend auf Sie wirkt. Vergessen Sie drittens und letztens nicht, sich die Auswirkungen Ihrer Großzügigkeit anzusehen. Wenn Sie z. B. vorhaben, Obdachlose mit Nahrung zu versorgen, sollten Sie in der Nähe bleiben, um Feedback von ihnen zu erhalten. Es ist nichts Verkehrtes daran, sich in dem Positiven, das Sie herbeigeführt haben, zu sonnen. Es ist in der Tat sogar in mehrfacher Hinsicht ein Akt der Großzügigkeit, den Dank anderer würdig anzunehmen.

Abschließende Gedanken

Bevor ich dieses Kapitel abschließe, darf ich nicht versäumen, eine Frage zu beantworten, die Ihnen sicherlich durch den Kopf geht: Wenn ich ein derart starker Befürworter von Großzügigkeit und Güte bin, warum biete ich dieses Buch nicht kostenlos an?

Das ist eine lange Geschichte, und es gab eine Zeit, in der ich mir genau das wünschte. Doch wie all jene wissen, die schon ein Buch veröffentlicht haben (oder in der Verlagsbranche arbeiten), ein Buch kostenlos anzubieten, nachdem man einen Autorenvertrag unterzeichnet hat, ist ein Ding der Unmöglichkeit. Ich habe daher das Nächstbeste getan und biete den Inhalt des Buches in englischer Sprache kostenlos auf Coursera an. Der Titel des Seminars lautet: »A Life of Happinesse and Fulfillment« und findet sich unter www.coursera.org/course/happiness.

Die zweite Glücksbewertung mit dem »Lebenszufriedenheits-FRAGEBOGEN«

Bewerten Sie bitte jede der fünf unten stehenden Aussagen auf einer Skala von 1 bis 7, wobei 1 für »starke Ablehnung« und 7 für »starke Zustimmung« steht. Zählen Sie anschließend die Punkte zusammen, und Sie erhalten die Gesamtpunktezahl für den Lebenszufriedenheits-Fragebogen.

Lebenszufriedenheits-Fragebogen							
	Starke Ablehnung						Starke Zustimmung
Im Großen und Ganzen entspricht mein Leben in etwa meinen Idealvorstellungen.	1	2	3	4	5	6	7
Ich bin mit meinem Leben zufrieden.	1	2	3	4	5	6	7
Meine Lebensumstände sind ausgezeichnet.	1	2	3	4	5	6	7
Bislang habe ich alles, was mir wichtig war, im Leben erreicht.	1	2	3	4	5	6	7
Wenn ich mein Leben noch einmal leben könnte, würde ich fast nichts ändern.	1	2	3	4	5	6	7

GLÜCKSÜBUNG:
Kreativer Altruismus

Hintergrund

Erinnern Sie sich an die Streiche, die wir in unserer Kindheit gespielt haben – etwa jemandem die Luft aus dem Fahrradreifen herauslassen oder Toilettenpapier in den Nachbargarten werfen? In dieser Übung werden Sie ebenfalls dazu aufgefordert, einen Streich zu spielen – nur werden diesmal nicht allein Sie Ihren Spaß daran haben, sondern auch das »Opfer«.

Ziel

Sie sollen bei dieser Übung für sich herausfinden, ob Güte und Großzügigkeit verlässliche Quellen für Glück sind, wie es verschiedenste Studien zeigen.

Schritte

Diese Übung besteht aus den folgenden vier Schritten:

1. Zunächst müssen Sie eine Idee für Ihren »altruistischen Streich« finden. Beispielsweise könnten Sie einem lieben Nachbarn eine Tafel Schokolade vor die Tür legen. Oder sich in einem Mickeymaus-

Kostüm an einer belebten Straßenecke positionieren und jedem, der vorübergeht, eine dicke Umarmung verpassen.

Sobald Sie eine konkrete Idee haben, notieren Sie sie. Beim Durchlesen werden Sie mehr Klarheit darüber gewinnen, wie Sie sie umsetzen können.

2. Beim zweiten Schritt geht es darum, einen Plan zur Umsetzung der Idee zu entwickeln. Wann und wie wollen Sie den Plan realisieren? Falls Sie vorhaben, einem Nachbarn Schokolade vor die Tür zu legen, müssen Sie sich Folgendes überlegen: Wann möchten Sie die Schokolade kaufen und wo? Wie groß soll sie sein? Wann (um welche Uhrzeit) werden Sie sie vor die Tür legen? Möchten Sie sie zuvor in Geschenkpapier einwickeln? Beim Aufschreiben Ihres Vorhabens werden Sie größere Klarheit über etwaige Hindernisse gewinnen, die sich bei der Umsetzung möglicherweise ergeben.
3. Der dritte Schritt ist der wichtigste, im Zentrum steht nun die Realisierung des Plans. Denken Sie daran, die »drei goldenen Regeln des Gebens« einzuhalten:
   - **Grenzen** Sie die Kosten des Gebens ein. Achten Sie darauf, sich selbst – beziehungsweise Ihre finanziellen Möglichkeiten – nicht über Gebühr zu beanspruchen.
   - Sorgen Sie dafür, dass die Aktion **beiden Seiten Spaß macht,** also nicht nur dem »Opfer«, sondern auch Ihnen.
   - Beobachten Sie den Effekt. Stellen Sie sicher, selbst Zeuge (eventuell auch heimlich) der Auswirkungen Ihres Streichs

werden zu können. Wenn Sie also einem Nachbarn Schokolade vor die Tür legen, sollten Sie seine oder ihre Reaktion sehen, wenn er oder sie die Tafel findet.

Hinweis: Wenn Sie den Eindruck haben, der Plan widerspricht den »goldenen Regeln des Gebens« oder wenn Sie nicht damit zufrieden sind, jetzt können Sie ihn noch revidieren.

4. Im Rahmen des letzten Schritts beantworten Sie bitte die nachfolgenden vier Fragen zu Ihren Erfahrungen mit der Übung:
   - Worin bestand Ihre Idee, und wie haben Sie die Durchführung geplant?
   - Wie haben Sie die Idee umgesetzt? Haben Sie die »drei goldenen Regeln des Gebens« beherzigt? Falls nein, warum nicht?
   - Wie hat der Adressat reagiert? Was hat er oder sie gesagt oder getan?

Wie haben Sie sich während der verschiedenen Phasen der Übung (bei der Planung, Ausführung etc.) gefühlt? Obwohl diese Übung zu den aufwändigeren und zeitintensiveren gehört, werden Sie eine Menge Spaß dabei haben.

GLÜCKSFEHLTRITT NR. 4

Übermäßiges Kontrollbedürfnis

An einem frühen Februarmorgen befand sich Jack, ein guter Freund, im Auto auf dem Weg ins Büro. Es war ungewöhnlich kalt und frostig, und weil die Straßen spiegelglatt waren, fuhr Jack besonders vorsichtig. Von einer Autobrücke aus konnte er erkennen, dass es an der Ausfahrt, die er normalerweise nahm, wegen eines Auffahrunfalls vor Polizeiwagen nur so wimmelte. Um etwaige Wartezeiten zu vermeiden, beschloss er, die nächstgelegene Abfahrt zu nehmen. Er war mit 30 Stundenkilometern nicht allzu schnell und zuversichtlich, den Spurwechsel zu bewerkstelligen, um es noch zur Ausfahrt zu schaffen. Doch noch während er das Lenkrad betätigte, geriet das Fahrzeug ins Schleudern, bis es schließlich irgendwann *entgegen der Fahrtrichtung* auf der Ausfahrt stehen blieb.

Zum Glück befanden sich keine Autos hinter Jack, sodass es nicht zu Auffahrunfällen kam, doch ihm war klar, dass er sein Auto schnellstens aus der Gefahrenzone bringen musste. Nachdem er es langsam auf den Seitenstreifen bewegt hatte, schaltete er das Warnblinklicht an. Anschließend tat er, was jeder vernünftige Mensch tun würde, er rief einen Abschleppdienst an, der sein Auto (und auch ihn) zu seinem Büro bringen sollte. Um die Zeit bis zum Eintreffen der Abschleppfirma zu überbrücken, rief er bei seiner Mutter an, um ihr alles zu berichten. Die Uhr am Armaturenbrett zeigte, wie sich Jack erinnert, genau 7.14, als die Dinge vollkommen aus dem Ruder liefen.

Er sah noch, wie ein anderes Auto, augenscheinlich viel zu schnell, auf dem Highway ins Schleudern geriet und aufgrund dieser überhöhten Geschwindigkeit nicht, wie sein Fahrzeug, zum Stehen kam; stattdessen rammte es frontal Jacks Auto. Bei dem Fahrer dieses Wagens handelte es sich um einen Teenager, der, wie er später zu Protokoll gab, die Kontrolle verlor, als er versuchte, dieselbe Ausfahrt wie Jack zu nehmen. Ironischerweise bestand das einzige Ziel des Jungen in dieser Situation darin, nicht mit Jacks Wagen zu kollidieren, weshalb er das Lenkrad in die entgegengesetzte Richtung eingeschlagen hatte. In den zwei bis drei Sekunden zwischen dem Auftauchen des Wagens und dem Aufprall, blitzte in Jack der Gedanke auf, dass dies womöglich sein letzter Moment auf dieser Erde sein könnte; gleichzeitig verspürte er ein Gefühl der Dankbarkeit, in diesem Augenblick mit dem Menschen zu sprechen, der ihm am meisten bedeutete: seine Mutter.

Jacks Auto, das einen Totalschaden erlitt, wurde gute zwölf Meter entfernt von seinem ursprünglichen Parkplatz auf dem Seitenstreifen gefunden. Es dauerte mehrere Monate, bis die

Versicherungsgesellschaft Jack einen Teil des Kaufpreises für ein neues Auto erstattete, und die Arztrechnung sowie durch den Unfall verursachte Kosten rissen ein arges Loch in seinen Geldbeutel. Dennoch, es hätte deutlich schlimmer ausgehen können. Obwohl Jack zahlreiche Verletzungen erlitt, war keine gravierend, und er musste nicht lange Zeit in der Klinik verbringen. Jack empfindet es als ein Wunder, dass er so glimpflich davongekommen ist. Dass er *Glück* hatte, möchte er so freilich nicht bestätigen – angesichts all dessen, was er unternommen hatte, um einen Unfall zu verhindern. Seine Einschätzung lautete vielmehr: »*Wenn es das Schicksal auf dich abgesehen hat, dann findet es Mittel und Wege, dich zu treffen!*«

Wie gehen wir mit Ungewissheiten um?

Was Jack zugestoßen ist, wiewohl entsetzlich, lässt sich dennoch nicht mit Dingen wie einem Todesfall in der Familie, dem Verlust des Arbeitsplatzes oder der Diagnose einer tödlichen Krankheit vergleichen. Doch seine Geschichte enthält eine Grundwahrheit des Lebens: *Nichts in diesem Leben ist selbstverständlich.* Es läuft vielleicht gerade alles wie geschmiert, und im nächsten Moment passiert eine 180-Grad-Wendung. Und weil wir wissen, dass Zufall und Unberechenbarkeit zentrale Bestandteile des Lebens sind, lernen wir, mit Ungewissheit umzugehen.

Doch wie sieht dieser Umgang genau aus?

Um dieser Frage nachzugehen, sollten wir uns mit der Mutter aller Ungewissheiten beschäftigen: dem Tod. Wie schon Benjamin Franklin wusste: »Nur zwei Dinge auf dieser Welt sind uns sicher: der Tod und die Steuern.« Während wir jedoch über Steuern einigermaßen Bescheid wissen (oder zumindest einen Experten dafür kennen), haben wir vom Tod sehr viel weniger Ahnung. Weder wissen wir wann, noch wie wir sterben werden. Überdies haben wir keinerlei Anhaltspunkte, wie ein Leben nach dem Tod, sofern es dieses überhaupt gibt, aussieht. Und als wäre das nicht schon genug, sind die Tage, Monate und in manchen Fällen sogar Jahre bis zum Tod mit Schmerzen, Leiden und Entwürdigung verbunden. Es überrascht daher nicht, dass die Angst vor dem Tod zu den stärksten und am weitesten verbreiteten Ängsten gehört. Sie wird nur von der Angst, in der Öffentlichkeit zu sprechen (!) übertroffen. Unser Umgang mit der Angst vor dem Sterben kann uns wertvolle Hinweise geben, wie wir anderen Ungewissheiten im Leben begegnen. Und wie es das Glück will, wissen wir zu diesem Thema eine ganze Menge, dank der wissenschaftlichen Forschungen auf dem sogenannten Gebiet der Terror-Management-Theorie (TMT).

Abneigung gegen Ungewissheit

Zusammengefasst zeigen Erkenntnisse der TMT, dass Menschen, die aufgefordert wurden, sich mit ihrem eigenen Tod auseinanderzusetzen, stärker an ihrer ursprünglichen Weltanschauung, ihren Werten und Idealen festhalten. Betrachten wir eine der ersten Studien auf diesem Gebiet. Bei den Teilnehmern handelte es sich um Amtsrichter aus Tucson, Arizona. Das herausragendste Ideal von Richtern sollte in der Wahrung von Recht und Gesetz bestehen. Folglich nahmen die Forscher an, dass die Richter noch stärker an diesem Ideal festhalten würden, wenn sie über den eigenen Tod nachdachten, und somit Gesetzesverstöße strenger ahnden würden. Zur Überprüfung dieser Hypothese wurde die Hälfte der Richter zunächst mit Fragen über den eigenen Tod konfrontiert. Anschließend sollten sämtliche Richter ein Urteil zu einem imaginären Fall fällen; es ging darin um Prostitution, ein Tatbestand, der in diesem US-Bundesstaat verboten ist und als moralisch verwerflich gilt. Die Richter sollten insbesondere die Höhe der Kaution festlegen, die die Prostituierte für ihr Fehlverhalten bezahlen sollte. Wie sich zeigte, urteilten jene Richter, die sich mit dem Tod beschäftigten, besonders rigide: Sie erhoben eine Kaution von 455 Dollar – gegenüber von nur 50 Dollar der anderen Richter!

In einer weiteren Studie wurden christliche Studenten dazu aufgefordert, einen Fragebogen auszufüllen. Dabei enthielt ein

Teil auch Fragen zum eigenen Tod, der andere jedoch nicht. Im Anschluss daran sollten die Studenten zwei fiktive Personen bewerten, die sich lediglich hinsichtlich ihrer Religionszugehörigkeit unterschieden: der eine war Christ, der andere Jude. Es stellte sich heraus, dass die Studenten, die nicht an den eigenen Tod erinnert worden waren, beide Personen gleichermaßen positiv einschätzten. Die anderen Teilnehmer hingegen empfanden den Christen als deutlich positiver.

Könnte die Angst vor dem Tod nun nicht nur zu negativer Voreingenommenheit gegenüber anderen führen, sondern darüber hinaus dazu, dass Menschen andere sogar *verletzen*? Um dieser Frage nachzugehen, wurden die Teilnehmer einer anderen Studie entweder an ihre Sterblichkeit erinnert oder nicht und dann aufgefordert, im Rahmen einer »unabhängigen Ernährungsstudie« eine andere Testperson von einer (unerträglich) scharfen Chilisoße kosten zu lassen. Diese »andere Testperson« war entweder ein politischer Gleichgesinnter oder Andersdenkender. Chilisoße ist, wie sich herausstellt, eine recht beliebte Waffe. Sie fand bereits mehrfach bei Rebellionen gegen die Polizei Anwendung. Chilisoße wurde auch von Eltern zur Bestrafung ihrer Kinder eingesetzt. (Man mag sich das gar nicht so genau ausmalen!) Eben weil Chilisoße auch früher schon zur Verletzung anderer verwendet wurde, hatten die Wissenschaftler beschlossen, diese im Rahmen ihrer Studie einzusetzen. Wie sich herausstellte, verabreichten dic Probanden der »anderen Testperson« die doppelte Menge Chilisoße, wenn diese nicht dieselbe politische Auffassung vertrat.

All diese Studien zeigen also: Das Erinnern an die eigene Sterblichkeit führt nicht nur dazu, dass Menschen eine negative Einstellung gegenüber jenen, die anders sind, entwickeln; es kann sie vielmehr sogar zu negativen Handlungen provozieren.

Das Bedürfnis nach Kontrolle

Doch wie kommt es, dass eine derartige Feindseligkeit gegenüber anders »Gestrickten« ausgelöst wird? Dafür gibt es einige miteinander verkettete Gründe, die allesamt eines gemeinsam haben: Die Angst vor dem Tod ruft Gefühle der Unsicherheit und des Kontrollverlusts wach, die Menschen als Bedrohung empfinden. In der Folge werden wir von allem angezogen, was uns ein Gefühl vermehrter Kontrolle vermittelt (Werte, Ideale, Persönlichkeiten etc.). Wir begegnen also der Unbestimmtheit des Todes, indem wir versuchen, die Kontrolle wieder an uns zu reißen. Und genau so begegnen wir auch anderen Formen der Ungewissheit. Man könnte sich das Leben als eine lange Verkettung verschiedener Versuche, die Dinge unter Kontrolle zu halten, vorstellen. Und das ist es auch, worauf die Forschungslage hinweist. Denn es gibt, wie wir als Nächstes sehen werden, mindestens ein halbes Dutzend Wege, um Kontrolle zu erlangen beziehungsweise aufrechtzuerhalten.

Die mannigfaltigen Erscheinungsformen unseres Kontrollbedürfnisses

Als unsere Tochter sechs Monate alt war, wollten meine Frau und ich sie in dieselbe Kindertagesstätte geben wie schon unseren Sohn. Weil es dort jedoch zu diesem Zeitpunkt keinen freien Platz gab, ließen wir sie auf die Warteliste setzen und gaben sie unterdessen in eine andere Kindertagesstätte. Wir wussten wenig über diese Kita, daher waren wir natürlich ziemlich nervös – völlig ohne Grund, wie sich herausstellte. Unsere Tochter gewöhnte sich schnell ein und fühlte sich dort pudelwohl. Man müsste annehmen, dass meine Frau und ich nun sehr froh über diese Entwicklung waren, doch weit gefehlt. Warum? Weil wir wussten, dass wir irgendwann in naher Zukunft entscheiden müssten, ob unsere Tochter in dieser Kita bleiben oder in die ursprünglich vorgesehene wechseln sollte. Die Ungewissheit über das, was wir tun sollten, brachte uns dermaßen durcheinander, dass wir in den nächsten Wochen täglich die Pros und Kontras beider Optionen abwogen. Wir entschieden uns schließlich für den Wechsel, der dann völlig unproblematisch vonstattenging. (Wir hatten uns also umsonst so lange den Kopf zerbrochen.)

Eine Manifestationsform unseres Kontrollbedürfnisses besteht demnach in dem Verlangen, Klarheit hinsichtlich ausstehender Entscheidungen zu erlangen. Wir wollen uns sicher sein, die richtigen Entscheidungen zu treffen – wollen ein Maximum an Vorteilen und Gewinnen damit erreichen.

Eine andere ganz ähnliche Erscheinungsform ist unser Drang, uns über die *Beweggründe* für eine Entscheidung im Klaren zu sein. Angenommen Sie haben gerade eine wichtige Prüfung hinter sich gebracht, für die Sie Tag und Nacht gebüffelt haben. In etwa einem Monat werden Sie erfahren, ob Sie bestanden haben oder nicht. Unterdessen schlägt eine Freundin vor, gleich nach Bekanntgabe der Ergebnisse gemeinsam in Urlaub zu fahren. Sie möchte die Reise organisieren und erwartet deshalb, dass Sie sofort zusagen. Was würden Sie tun?

Die meisten Menschen wüssten auf Anhieb mehrere Gründe, warum sie nach einem bestandenen Examen in den Urlaub fahren wollten. Doch was ist, wenn man durchfällt? Auch da sind die wenigsten um einen Reisegrund verlegen – um auf andere Gedanken zu kommen, um den Glauben an sich selbst wiederherzustellen, um für die Wiederholung der Prüfung neue Kraft zu tanken. Und dennoch fällt es kaum jemandem leicht, verbindlich zuzusagen, solange man die genauen Gründe für die Reise noch nicht benennen kann – um zu feiern oder um den Schock zu verdauen.

Unser Kontrollbedürfnis äußert sich jedoch auch auf andere Weise, indem wir etwa übertriebene Selbstsicherheit an den Tag legen. Wie die Erkenntnisse zahlreicher Studien belegen, sind sich die meisten Menschen sehr viel sicherer über die Gültigkeit ihrer Ansichten, Einstellungen und Bewertungen, als sie es eigentlich sein sollten, insbesondere, wenn es um schwierige und komplexe Themen geht. Nehmen wir eine Frage, mit der wir uns vorhin bereits beschäftigt haben: Was passiert mit uns nach dem Tod? Werden wir wiedergeboren, wie es in einigen Glaubensrichtungen aus Fernost heißt? Oder haben die Anhänger jüdisch-christlicher Religionen recht mit ihrer Überzeugung, dass wir in den Himmel oder die Hölle kommen? Oder aber hören wir ganz einfach auf zu existieren, wie die Atheisten glauben? Niemand kennt die genaue Antwort. Folglich wäre es auch für Anhänger einer bestimmten Religion, die etwa den Glauben an die Wiedergeburt beinhaltet, angebracht, diese Überzeugung mit mehr Zweifel als Sicherheit zu vertreten. Wir sollten zugeben, dass wir nicht mit Absolutheit sagen können, was nach dem Tod mit uns passiert. Doch obwohl wir uns dessen unterschwellig wahrscheinlich durchaus im Klaren sind (weshalb es bedrohlich wirkt, an die eigene Sterblichkeit erinnert werden), zeigen wir uns auf einer bewussteren Ebene nicht gewillt, dieses einzugestehen. Die allermeisten geben sich im Gegenteil sogar den Anschein, besser Bescheid zu wissen über das, was nach dem Tod passiert, als über deutlich unkompliziertere Fragen wie »Funktioniert Werbung wirklich?« oder »Wie wird das Wetter morgen?«.

Schließlich gibt es noch eine weitere Erscheinungsform unseres Kontrollbedürfnisses: die sogenannte *Kontrollillusion.* Wir gehen davon aus, Ergebnisse stärker kontrollieren zu können, als es tatsächlich möglich ist. Für eine Studie bekamen Teilnehmer Lottoscheine entweder nach dem Zufallsprinzip, oder sie durften sie sich selbst aussuchen. Probanden der zweiten Gruppe sträubten sich anschließend mehr dagegen, ihren Lottoschein zu tauschen. Warum? Weil sie das Gefühl hatten, durch die persönliche Auswahl ihres Tickets auf magische Weise den Wahrscheinlichkeiten trotzen zu können. Kontrollillusion ist sicher auch ein Grund dafür, dass die meisten Menschen weniger Angst vorm Autofahren als vorm Fliegen haben. Wir meinen, wenn wir selbst hinter dem Steuer sitzen, das Schicksal stärker mitbestimmen zu können, als wenn wir uns einem fremden Piloten überlassen – und das, obwohl es sehr viel wahrscheinlicher ist, beim Autofahren zu verunglücken als beim Fliegen.

Warum es uns glücklich macht, die Dinge unter Kontrolle zu haben

Doch was steckt hinter diesem ausgeprägten Kontrollbedürfnis? Wie Studien zeigen, dient es mindestens zwei wichtigen Aufgaben. Das wäre zum einen die wahrgenommene Selbstwirksamkeit und Kompetenz; je stärker wir davon ausgehen, alles unter Kontrolle zu haben, desto zuversichtlicher sind wir, das gewünschte Ergebnis zu erreichen, und dieses Gefühl der Selbstwirksamkeit oder Kompetenz fördert das Wohlbefinden. Wenn wir uns kompetenter fühlen, haben wir den Eindruck, uns in Richtung eines unserer Kernziele zu bewegen, nämlich eine Sache meisterhaft zu beherrschen.

Der zweite Grund, warum Kontrolle so wichtig für uns ist, liegt in unserem Bedürfnis nach Autonomie. Wenn wir die Dinge im Griff haben, schließen wir daraus, nicht unter der Kontrolle anderer zu stehen. Dieser Eindruck persönlicher Autonomie ist von essenzieller Bedeutung. In einer Studie, durchgeführt in einem Seniorenheim, wurden die Bewohner in zwei Gruppen eingeteilt. Dabei durften die Teilnehmer der ersten Gruppe sowohl ihre Zimmerpflanzen wie auch die Filme, die sie sich am Wochenende ansehen wollten, frei wählen. Der zweiten Teilnehmergruppe wurden diese Entscheidungen abgenommen; ihnen wurde eine Zimmerpflanze in die Hand gedrückt und mitgeteilt, welche Filme am Wochenende zu sehen sein würden. Innerhalb der darauffolgenden 18 Monate verstarben lediglich 15 Prozent der Senioren aus der ersten Gruppe, während es bei der anderen Gruppe ein *doppelt* so hoher Anteil war (30 Prozent).

In einer weiteren Studie über diesen Zusammenhang untersuchten Forscher Ratten, denen sie Kokain gaben. Während die Nagetiere einer Gruppe selbst den Zeitpunkt bestimmten, wann sie die Droge erhielten – durch Betätigung eines Hebels –, bekam eine zweite Gruppe von Tieren das Pulver immer nur dann, wenn die erste Gruppe sich etwas davon genehmigte. Die Ergebnisse zeigten, dass die Gesundheit beider Rattengruppen unter dem Drogenkonsum litt; sie verstarben im Schnitt früher als die

Ratten einer dritten Gruppe, die kein Kokain erhielten. Doch das war nicht der springende Punkt. Interessant war vielmehr die Erkenntnis, dass in der ersten Gruppe von Ratten, in der die Tiere es selbst in der Hand hatten, wann sie Kokain konsumieren wollten, eine geringere Mortalitätsrate zu verzeichnen war als in der zweiten.

Übermäßiges Kontrollbedürfnis

Es überrascht daher kaum, dass wir alle nach Kontrolle streben. Doch welche Auswirkung hat dieser Drang auf unser Glück? Ist dieses Verlangen von Vorteil oder von Nachteil?

Die Antwort lautet: Es kommt darauf an. An sich ist Kontrolle eine gute Sache – doch nur bis zu einem bestimmten Punkt. Menschen mit einem höheren Kontrollbedürfnis setzen sich höhere Ziele und erreichen in der Regel mehr. Da Erfolg dem Glück zugutekommt, ist dieses Bedürfnis durchaus positiv zu werten. Doch man hat ebenfalls herausgefunden, dass ein *allzu* starkes Kontrollbedürfnis – etwa ständig danach zu trachten, alles noch besser zu machen und wie besessen Ergebnisse anzustreben – für das Glück nicht von Vorteil ist. Es gibt da also einen Punkt, den das Kontrollbedürfnis nicht überschreiten sollte, da es sich ansonsten negativ auf das Glück auswirkt.

Dafür gibt es mehrere Gründe. Doch bevor wir uns diesen zuwenden, wollen Sie sicherlich erfahren, wie es um Ihr Kontrollbedürfnis bestellt ist. Um das zu ermitteln, finden Sie am Ende des Kapitels zwei Fragebögen. Falls Sie sich nicht sicher sind, wie ausgeprägt Ihr persönliches Kontrollbedürfnis ist, füllen Sie am besten zunächst die beiden Bögen aus, bevor Sie mit der Lektüre dieses Kapitels fortfahren.

Warum das übermäßige Bedürfnis, andere zu kontrollieren, unser Glück beeinträchtigt

Um zu verstehen, warum der übermäßige Drang, andere zu kontrollieren, dem Glück schadet, überlegen Sie, wie Sie sich unter der Kontrolle eines anderen fühlen würden? Stellen Sie sich vor, Ihr Ehepartner/Ihre Chefin wäre übermäßig kontrollbedürftig. Der Kontrolle einer anderen Person zu unterstehen ist kein Spaß. Das liegt zum Teil an unserem Autonomiebedürfnis, dem Verlangen, unsere Entscheidungen selbst treffen zu können. Wenn uns jemand kontrolliert, greift er in unsere Autonomie ein. Besonders stark ausgeprägt ist dieses Autonomiebedürfnis unter Zweijährigen und Teenagern. Das bedeutet jedoch nicht, dass alle anderen es damit nicht so genau nehmen – jedem Menschen, unabhängig von seinem Alter, widerstrebt es, von anderen kontrolliert zu werden. Dies vermag auch den Reiz des Verbotenen auf uns zu erklären. Psychologen bezeichnen das Verlangen, verbotene Dinge zu tun, als psychologische Reaktanz; dieser Begriff erklärt, warum übermäßige

Kontrolle anderer keine gute Idee ist. Versucht man, andere zu kontrollieren, reagieren sie mit Reaktanz. Ihre Bemühungen, die Ernährung des Partners oder der Partnerin zu kontrollieren, könnte einen vermehrten Konsum ungesunder Speisen zur Folge haben – einfach nur, um Sie zu ärgern. Gleiches gilt für Kinder: Ihr Versuch, die Kinder übermäßig zu kontrollieren, kann von diesen mit schlechter Laune oder anderen Formen der Auflehnung beantwortet werden. So lässt sich auch erklären, warum man in Beziehungen den Partner entweder unter Kontrolle haben kann oder von diesem/dieser rückhaltlos geliebt wird. (Einzige Ausnahme ist natürlich Christian Grey, die Hauptfigur aus dem Bestseller *Fifty Shades of Grey.*) Und weil Liebe eines unserer elementaren Bedürfnisse ist, schadet übermäßiges Kontrollverlangen dem Glück.

Übermäßige Kontrollsucht ruft auch »Machtstress« hervor, wie der angesehene Verhaltenspsychologe David McClelland es nennt; er versteht darunter die Tendenz, mit Ärger und Frustration zu reagieren, wenn andere sich nicht so verhalten, wie man es von ihnen erwartet. Für eine Studie wurden Menschen mit starkem und weniger stark ausgeprägtem Kontrollbedürfnis aufgefordert, aus dem Stegreif eine Rede zu halten. Das »Publikum« bestand aus zwei Schauspielern, die dazu angehalten waren, sich bei einer Teilnehmergruppe unterstützend und freundlich zu benehmen, während sie bei den anderen Probanden negatives Verhalten an den Tag legen sollten. Folgendes kam dabei heraus: Wenn sich das »Publikum« positiv und unterstützend verhielt, waren sowohl die Teilnehmer mit starkem als auch die mit schwach ausgeprägtem Kontrollbedürfnis glücklich. Das ist an sich keine große Überraschung. Als sich die Zuhörerer jedoch ungüngstig verhielten, ergab sich ein sehr viel interessanteres Bild: Teilnehmer mit einem stark ausgeprägten Kontrollbedürfnis fühlten sich stärker gestört und beendeten den Vortrag mit einem wesentlich schlechteren Gefühl. Versuchen wir also, andere zu kontrollieren, setzen wir uns unweigerlich selbst negativen Gefühlen wie Ärger, Frustration und Enttäuschung aus.

Übermäßige Kontrollsucht schadet dem Glück auch aufgrund der Qualität unserer Entscheidungen. Erwiesenermaßen treffen wir dann die besten Entscheidungen, wenn wir mit verschiedensten Meinungen und Informationen konfrontiert sind. Deshalb ist es so wichtig, sich mit Menschen unterschiedlichster Hintergründe zu umgeben. Wenn wir nun andere zu stark kontrollieren, vertreiben wir genau die Menschen, die nicht mit uns übereinstimmen, und umgeben uns nur noch mit Personen, denen diese Kontrolle nichts ausmacht, den »Ja-Sagern«, mit der Folge, dass unser Entscheidungsfindungsprozess leidet.

Warum übertriebene Ergebnisorientiertheit unserem Glück schadet

Eine weitere Form der Kontrollsucht ist, seine äußere Umgebung, die Ergebnisse und Ereignisse im eigenen Leben kontrollieren zu wollen. Der übermäßige Drang, Situationen zu kontrollieren, ist keinesfalls gleichzusetzen mit dem Interesse, persönlich gesteckte Ziele zu erreichen. Letzteres ist eine gute Sache, Ziele zu haben hebt das Glücksniveau. Sie überschreiten jedoch die Grenze zu übermäßiger Kontrollsucht, wenn Sie die gewünschten Ergebnisse mit einer gewissen *Besessenheit* erreichen wollen. Wenn also der Drang, ein bestimmtes Ergebnis zu erzielen, Sie kontrolliert und nicht mehr umgekehrt.

Professor Robert Vallerand von der Université du Québec beschreibt mit dem Terminus »obsessive Leidenschaft« Menschen, die allzu eifrig danach trachten, gewünschte Ergebnisse herbeizuführen. Ein Grund, warum derartiges Verhalten das Glück mindert, liegt an der bereits besprochenen Tatsache, dass das Leben unsicher ist. Folglich ist bei übermäßiger Ergebnisorientiertheit die Enttäuschung vorprogrammiert. Mehrere Studien belegen das. So hat eine dieser Forschungsarbeiten ergeben, dass Menschen mit höherem Kontrollbedürfnis stärker darunter litten, sich in überfüllten Räumen aufzuhalten, weil die Räumlichkeiten nicht ihren Wünschen und Vorstellungen entsprachen. Eine andere Studie offenbarte, dass Verkäufer, die in der Interaktion mit dem Kunden weniger als gewünscht die Oberhand behielten, unzufriedener waren und mäßigere Leistungen erbrachten. Für eine weitere Studie wurden Probanden Situationen ausgesetzt, in denen ihnen die Kontrolle entglitt, mit der Folge, dass der Blutdruck erheblich stieg. Das lässt darauf schließen, dass Personen mit höherem Kontrollbedürfnis stärker leiden, wenn das Leben nicht nach Plan verläuft, was zwangsläufig häufiger vorkommt.

Menschen mit einem höheren Kontrollbedürfnis neigen eher dazu, Risiken einzugehen, und reagieren auf Belastungssituationen häufiger mit Aberglauben. So tendieren Kontrollfreaks zu einem riskanteren Fahrstil. Sie fallen häufiger der Kontrollillusion zum Opfer (sie denken, dass sie eine Situation vermeintlich stärker unter Kontrolle haben) und verlieren daher mit höherer Wahrscheinlichkeit größere Summen bei Glücksspielen. Wieder eine andere Studie zeigte, dass Menschen mit hohem Kontrollbedürfnis häufiger abergläubisch sind (etwa auf Holz klopfen, um Unglück zu verhindern), wenn sie unter Stress stehen.

Zuletzt noch ein besonders wichtiger Grund, warum übermäßige Kontrolle dem Glück im Wege steht: Wenn jemand ein Ziel unbedingt erreichen will (z. B. einen bestimmten Job ergattern) und er das obsessiv verfolgt, opfert er andere Dinge, die ihn glücklich machen würden. Dies haben die Erkenntnisse Vallerands und seiner Mitarbeiter bestätigt; sie haben herausgefunden, dass ungezügelte Zielstrebigkeit nicht nur die körperliche und emotionale Gesundheit negativ beeinträchtigt, sondern überdies die Qualität der zwischenmenschlichen Beziehungen.

Hat mangelnde Kontrolle auch positive Seiten?

Weil ein übermäßiges Kontrollbedürfnis unserem Glück schadet, sollten wir danach streben, unser Kontrollbedürfnis im Zaum zu halten. Indem wir beispielsweise Ungewissheit schätzen lernen, anstatt sie als Bedrohung zu empfinden.

Dafür sollten Sie sich zunächst vor Augen führen, dass Ungewissheit dem Leben Pep verleiht. Wir alle sind uns auf einer gewissen Ebene bewusst, dass Ungewissheit wichtig ist, weshalb wir etwa in einem Roman nicht vorab die letzte Seite lesen. Und dennoch, obwohl wir instinktiv die positive Rolle erkennen, die Ungewissheit in unserem Leben spielt, fühlen wir uns von ihr zugleich bedroht und glauben, dass sie unser Glück dämpft. Betrachten wir dazu die Ergebnisse einer Studie. Den Testpersonen wurde mitgeteilt, sie würden in Kürze einen Dollar geschenkt bekommen, lediglich einer der beiden Teilnehmergruppen wurde angekündigt, die Gründe dafür später noch zu erfahren. Anschließend sollten sämtliche Probanden einschätzen, wie glücklich sie über den geschenkten Dollar sein würden. Auf der Basis des bisherigen Forschungsstands wurde vermutet, dass die erste Gruppe – also diejenigen, die glaubten, die Gründe für die Gabe noch zu erfahren – sich glücklicher schätzen würde als die zweite. In Wahrheit verhielt es sich jedoch genau umgekehrt: Diejenigen, die nie erfuhren, warum sie den Dollar erhielten, erwiesen sich als glücklicher. Zusammenfassend stellt Todd Kashdan, der Autor des großartigen Buches *Curious?* fest: »Wenn wir davon ausgehen, dass uns etwas Bestimmtes Freude bereitet« – in diesem Fall Gewissheit und Kontrolle –, »bewirkt es häufig *das genaue Gegenteil.*«

Wenn nun aber Ungewissheit wesentlich für unser Glück ist, wieso ist sie uns dann im Allgemeinen derart zuwider? Eine Erklärung lautet, dass Ungewissheit zwar bei positiven Ereignissen eine wunderbare Sache ist, keineswegs jedoch bei negativen. Ebenso wie Ungewissheit, gesetzt alles läuft gut, positive Empfindungen zu verstärken vermag, so verstärkt sie die negativen Emotionen, wenn es denn schlecht läuft. Ein weiterer entscheidender Faktor ist der Grad der Kontrolle, den man über das eigene Leben hat. Wie Sie sicherlich aus eigener Erfahrung wissen, lässt sich Ungewissheit nur dann etwas abgewinnen, wenn wir das Leben größtenteils im Griff haben. Nur dann, wenn wir zumindest die wichtigsten Dinge wie Gesundheit, Beziehungen und finanzielle Sicherheit unter Kontrolle haben, sind wir fähig, Ungewissheit zu begrüßen. Folglich besteht der erste Schritt darin, das Leben in den Griff zu bekommen. Das bedeutet vor allem, sich nicht mehr zu übernehmen, und es kommt darauf an, ausreichend Zeit zur Verfügung zu haben. Die meisten von uns führen ein derart temporeiches, hektisches Leben, dass sie unter konstantem Zeitdruck stehen. Wissenschaftliche Untersuchungen zeigen, dass Zeitknappheit (gegenüber einem Überfluss an Zeit) einer der Hauptglückskiller ist. Doch ironischerweise empfinden wir uns umso stärker unter Zeitdruck, je erfolgreicher wir werden. Erkenntnisse einer neueren Studie erhellen die Hintergründe. Die Probanden sollten dabei in die Rolle von Beratern schlüpfen. Während eine Teilnehmergruppe eine Entschädigung von 15 Cent pro Minute bekam, erhielt die andere Hälfte 1,50 Dollar. Nach Ende des Projekts sollten die Teilnehmer angeben, wie sehr sie unter Zeitdruck gestanden hätten; dabei stellte sich heraus, dass es just die besser bezahlten Testpersonen waren, die von stärkerem Druck berichteten. Der höhere Verdienst setzte die Studenten also stärker unter Stress und Zeitdruck.

Wir können daraus lernen, der Höhe unseres Gehalts eine geringere Bedeutung beizumessen, um so den Eindruck der Zeitknappheit etwas zu lindern. Oder zumindest darauf verzichten, den Stundensatz auszurechnen. Paradoxerweise trägt auch ehrenamtliches Engagement dazu bei, subjektiver Zeitnot zu entrinnen; Studien belegen, dass ehrenamtlich Tätige häufig den Eindruck haben, über sehr viel Zeit zu verfügen – etwas, das Sie hoffentlich in der dritten Glücksübung (kreativer Altruismus) am eigenen Leib erfahren haben. Ein weiterer Weg, das Gefühl der Zeitknappheit zu lindern, hängt mit Ehrfurcht zusammen. Wissenschaftler haben gezeigt, dass allein das Betrachten ehrfuchteinflößender Bilder – Wale, Wasserfälle und dergleichen – ausreicht, um die Zeitwahrnehmung zu verlangsamem, was wiederum zu einem Mehr an Zeit führt.

Indem wir durch die genannten Strategien einen gewissen Überfluss an Zeit verinnerlichen, sollten sie zumindest theoretisch dazu beitragen, dass wir Ungewissheit schätzen lernen und somit unser Kontrollbedürfnis lindern. Das stärkste Potenzial zur Eindämmung dieses Bedürfnisses hat jedoch eine andere Methode, das Übernehmen sogenannter »interner Kontrolle«. Man versteht darunter, die Schlüssel für das persönliche Glück selbst in der Hand zu halten. Das bedeutet, niemals einen anderen für das persönliche Unglück verantwortlich zu machen.

Wie entwickelt man interne Kontrolle, und warum lässt sich auf diese Weise das Bedürfnis nach externer Kontrolle entschärfen? Das erfahren Sie im nächsten Kapitel.

FRAGEBOGEN 1:

Wie steht es um Ihr Kontrollbedürfnis?

(»Desirability of Control«-Skala nach Professor Jerry Burger)

Bewerten Sie jede der 20 Aussagen auf einer Skala zwischen 1 und 7, wobei 1 für »trifft überhaupt nicht zu« und 7 für »trifft immer zu« steht.

1. Ich ziehe Jobs vor, in de nen ich selbst darüber bestimme, was ich wann tue.
2. Ich engagiere mich gerne auf politischer Ebene, weil ich gesellschaftliche Entscheidungen in einem möglichst hohen Maße mitbestimmen möchte.
3. Ich versuche, Situationen zu vermeiden, in denen mir von anderen vorgegeben wird, was ich zu tun habe.
4. Ich bin lieber Leader als Follower.
5. Mir gefällt es, wenn ich die Handlungen anderer beeinflussen kann.

6. Vor längeren Fahrten versäume ich es nie, das Auto gründlich durchchecken zu lassen.
7. Andere wissen meist, was das Beste für mich ist.
8. Ich treffe gerne meine eigenen Entscheidungen.
9. Ich habe mein Schicksal vorzugsweise selbst in der Hand.
10. In Gruppenprojekten ist es mir lieber, wenn ein anderer die Führungsrolle übernimmt.
11. Im Allgemeinen finde ich, dass ich Situationen besser meistere als andere.
12. Ich bin lieber mein eigener Chef und mache meine eigenen Fehler, als mir von anderen etwas vorschreiben zu lassen.
13. Wenn ich einen neuen Job anfange, mache ich mir zunächst ein genaues Bild davon, was mich dort erwartet.
14. Wenn ich ein Problem sehe, werde ich lieber aktiv, anstatt abzuwarten.
15. Ich erteile lieber Anordnungen, als sie zu empfangen.
16. Ich wünschte, ich könnte einen großen Teil der täglichen Entscheidungen anderen überlassen.
17. Beim Autofahren versuche ich, Situationen zu vermeiden, in denen ich durch Fehler anderer zu Schaden kommen könnte.
18. Ich gehe Situationen aus dem Weg, in denen ein anderer mir sagt, was ich zu tun habe.
19. Mir ist es meist lieber, nur eine Auswahlmöglichkeit zu haben, als eine Entscheidung fällen zu müssen.
20. Ich warte gerne ab, ob ein anderer möglicherweise ein Problem löst, damit ich mich damit nicht auseinandersetzen muss.

Auswertung

Geben sie sich für jeden Wert die entsprechende Punkte (Wert 1 = 1 Punkt, Wert 2 = 2 Punkte etc.). Bei den Aussagen Nr. 7, 10, 16, 19 und 20 gilt: Wert = umgekehrte Punkte (Wert 1 = 7 Punkte, Wert 7 = 1 Punkt etc.) Addieren Sie anschließend die Punkte sämtlicher Bewertungen.

Punkte	Auswertung
80 Punkte oder weniger	Sie haben ein geringeres Kontrollbedürfnis als 95 Prozent aller Menschen.
90 Punkte oder weniger	Sie haben ein geringeres Kontrollbedürfnis als 70 Prozent aller Menschen.
90 bis 110 Punkte	Ihr Kontrollbedürfnis entspricht dem durchschnittlichen Niveau.
110 Punkte oder mehr	Ihr Kontrollbedürfnis ist stärker ausgeprägt als bei 70 Prozent aller Menschen.
120 Punkte oder mehr	Ihr Kontrollbedürfnis ist stärker ausgeprägt als bei 95 Prozent aller Menschen.

FRAGEBOGEN 2:

Sind Sie ein Maximierungstyp?

(»Maximizer-Satisficer«-Test nach Professor Barry Schwartz)

Dieser Fragebogen setzt sich aus zehn Aussagen zusammen. Bewerten Sie, inwieweit sie Ihnen entsprechen, wobei 1 für »ich stimme überhaupt nicht zu« und 7 für »ich stimme vollkommen zu« steht.

1. Ich stelle mir häufig vor, wie es wäre, ein vollkommen anderes Leben zu führen.
2. Unabhängig davon, ob ich mit meiner derzeitigen Position zufrieden bin, halte ich es für das Beste, beständig Ausschau nach vielversprechenderen Möglichkeiten zu halten.
3. Um bloß nichts zu verpassen, wechsle ich beim Autofahren häufig den Radiosender – selbst dann, wenn ich relativ zufrieden mit dem aktuellen Programm bin.
4. Ich zappe beim Fernsehen selbst dann durch die Kanäle, wenn ich gerade eine bestimmte Sendung verfolge.
5. Mir fällt es eher schwer, ein Geschenk für einen Freund auszuwählen.

6. Beim Shoppen fällt es mir schwer, Kleidungsstücke zu finden, die wirklich meinem Geschmack entsprechen.
7. Einen Film auszuleihen stellt mich vor ein großes Problem, da ich unbedingt den besten haben will.
8. Beziehungen behandle ich wie Kleidung: Man muss erst einiges anprobieren, um die perfekte Passform zu finden.
9. Ganz egal, um was es geht, ich stelle an mich selbst stets die höchsten Ansprüche.
10. Ich gebe mich nie mit dem Zweitbesten zufrieden.

Auswertung

Zählen Sie einfach sämtliche Punkte zusammen.

Liegt der Punktestand **unter 35,** reicht es Ihnen im Allgemeinen aus, mit dem Strom mitzuschwimmen. Studien zufolge sind solche Menschen tendenziell zufriedener als Maximierungstypen.

Eine Gesamtpunktezahl **über 35** weist auf deutliche Maximierungstendenzen hin. Das bedeutet, Sie suchen beständig nach Möglichkeiten, eine Situation zu optimieren beziehungsweise wollen bessere Entscheidungen treffen. Das führt zwangsläufig dazu, dass Ihr Kontrollbedürfnis ein wenig stärker ausgeprägt ist, als es das vielleicht sein sollte.

Ein Punktestand **über 50** zeigt, dass Sie ein *extremer* Maximierungstyp sind. Bei dieser Ausprägung ist es sehr wahrscheinlich, dass Ihr Umfeld bereits Notiz von Ihren Kontrollbestrebungen genommen hat.

Kombinierte Auswertung beider Fragebögen

Aus unten stehender Tabelle erfahren Sie, wie Sie die Endergebnisse der beiden Fragebögen kombiniert interpretieren können.

Gesamtpunktestand des Fragebogens: »Wie steht es um Ihr Kontrollbedürfnis?«	Gesamtpunktestand des Fragebogens »Sind Sie ein Maximierungstyp?«	Ihre persönlichen Tendenzen
über 120	über 50	eindeutig übermäßiges Kontrollbedürfnis
über 120	über 35	höchstwahrscheinlich übermäßiges Kontrollbedürfnis
über 110	über 50	höchstwahrscheinlich übermäßiges Kontrollbedürfnis
über 110	über 35	wahrscheinlich übermäßiges Kontrollbedürfnis
weniger als 80	weniger als 25	eher geringes Kontrollbedürfnis

Sollten Sie in die Kategorie der Menschen mit eher gering ausgeprägtem Kontrollbedürfnis fallen (mit weniger als 80 Punkten im Fragebogen »Wie steht es um Ihr Kontrollbedürfnis?« und weniger als 25 Punkten bei »Sind Sie ein Maximierungstyp?«, könnte sich das vor allem in solchen Situationen als problematisch erweisen, in denen Sie die Kontrolle übernehmen müssen oder über ein hohes Maß an Kontrolle verfügen. Falls keine der aufgeführten Kategorien zutrifft, haben Sie weder ein übermäßiges Kontrollbedürfnis noch ein zu geringes Interesse an Kontrolle – was an sich gut ist.

Interne Kontrolle entwickeln

In meiner Kindheit verbrachte ich die Sommerferien regelmäßig mit meiner Familie in Trichy, Indien. Wir fingen immer etwa zwei Monate vor der Abreise mit den Vorbereitungen an, und manchmal war ich derart aufgeregt vor Vorfreude, dass ich erst kurz vor Morgengrauen einschlafen konnte. Das soll jedoch nicht heißen, dass meine Sommer in Trichy stets die pure Idylle gewesen wären; das waren sie nicht. Zum einen geriet ich jedes Mal mit mindestens einem meiner Cousins aneinander. (Es war natürlich nie meine Schuld!) Außerdem wurde uns Kindern vieles verboten, etwa Bollywood-Filme ansehen oder Karten spielen, weil irgendwelche weisen, älteren Familienmitglieder es als »Erwachsenentätigkeiten« erachteten. Und dann war da noch die unerträglich brütende Hitze.

Es lässt sich also sagen, dass mir der Urlaub in meiner Vorstellung viel mehr Spaß machte, als der *tatsächliche* Urlaub. Merkwürdigerweise habe ich im Laufe der insgesamt etwa 15 Sommer, die ich in Trichy verbracht habe, den Spaß im Voraus *jedes Mal* aufs Neue überschätzt. Und das gilt nicht nur für mich; meine Mutter, meine Schwester, meine Cousins und Cousinen, meine Onkel und Tanten, allesamt begingen sie den Fehler, die Sommerurlaube in Trichy zu überschätzen.

Bevor Sie nun folgern, dass meine Familie völlig durchgeknallt ist, möchte ich darauf hinweisen, dass die Neigung, zu hohe Erwartungen an Urlaube zu hegen, nahezu universell ist. Doch wie kommt es dazu? Eine Erklärung lautet, dass wir uns vorangegangener Reisen sehr viel positiver erinnern, als es tatsächlich der Wahrheit entspricht. Folglich gehen wir davon aus, dass uns zukünftige Reisen viel mehr Freude bereiten werden, als es dann der Fall sein wird. Wir behalten vergangene Urlaube deshalb übertrieben positiv im Gedächtnis, weil wir uns im Rückblick vor allem der schönen Ereignisse erinnern.

Das alles gilt natürlich nicht nur für Urlaube, sondern für fast jedes andere Ereignis auch. Wir gehen z. B. davon aus, dass Wochenenden sehr viel angenehmer werden, als sie es dann sind. Allerdings überschätzen wir auch negative Ereignisse. Deshalb treten Herzinfarkte deutlich häufiger montagmorgens auf, als zu jeder anderen Zeit der Woche.

Wie Gedanken unsere Gefühle beeinflussen

Doch wie lässt sich der starke Einfluss unserer Vorstellungen auf die Gefühle erklären? Ein Grund ist, dass wir uns Ereignisse stets idealisiert vorstellen. Wenn wir vom Urlaub in Cancún träumen, stellen wir uns vor, wie wir an einem wunderschönen Strand mit einem eiskalten Bier in der Hand den atemberaubenden Sonnenuntergang genießen. Dass es möglicherweise regnet und wir gelangweilt im Hotelzimmer hocken, kommt in diesen Fantastereien nicht vor. Des Weiteren vermag unser Gehirn nicht sauber zwischen Vorstellung und Realität zu unterscheiden. Wäre dem nicht so, würden uns Filme und Romane nicht emotional bewegen, und somit gäbe es einen großen Teil der Unterhaltungsindustrie überhaupt nicht.

In der Forschung ist seit Langem bekannt, dass unsere Gefühle stark von Gedanken und Vorstellungen beeinflusst werden. Bestimmte Gedanken rufen häufig bestimmte Emotionen hervor. In einer Studie wurden die Teilnehmer aufgefordert, die Erinnerungen an ein zurückliegendes Ereignis aufzuschreiben, das ein spezielles Gefühl (Traurigkeit, Ärger, Stolz) in ihnen wachgerufen hatte. Danach analysierten die Wissenschaftler den Inhalt dieser Notizen, um zu sehen, ob sich daraus irgendwelche Muster ergaben. Sie erkannten, dass die Gedankengänge, die einer bestimmten Emotion (etwa Angst) vorangingen, eine bemerkenswerte Konsistenz aufwiesen. Das gedankliche

Muster, das einer Emotion (etwa Angst) voranging, unterschied sich in vorhersehbarer Weise von dem, was anderen Emotionen (etwa Traurigkeit) voranging. Dem Gefühl der Angst gingen fast ausnahmslos Gedanken über Ungewissheit oder Kontrollverlust voran. Dem gegenüber wurde Traurigkeit fast immer durch Gedanken an den Verlust von etwas sehr Wertvollem eingeleitet, während es bei Ärger Gedanken an eine Person waren, die sich dem Fortschritt auf ein anvisiertes Ziel in den Weg stellte. Auch die Gedanken vor bestimmten positiven Emotionen unterschieden sich auf vorhersehbare Weise. Stolz stellte sich z. B. ein, wenn eigenes Handeln zu einem positiven Ergebnis geführt hatte. Dankbarkeit ergab sich, wenn das Handeln eines anderen zu positiven Ergebnissen geführt hatte.

Wann interne Kontrolle besonders nützlich ist

Wie wir gehört haben, reicht es also aus, *lediglich den Inhalt unserer Gedanken zu verändern, um die Gefühle unter Kontrolle zu bekommen.* Anstatt etwa traurig zu sein, weil Ihre Freundin nach einer gemeinsam verbrachten Woche wieder nach Hause fährt, könnten Sie sich über all die wunderbaren Momente freuen, die Sie miteinander erlebt haben. Folglich brauchen Sie, um glücklich zu sein, nichts anderes zu tun, als Ereignisse positiv zu interpretieren.

Ich will damit natürlich nicht sagen, dass man immer nur glücklich sein muss. Unter gewissen Umständen möchte man auch mal traurig sein – wenn etwa ein Freund vom Schicksal gebeutelt wird und Sie ihm teilnahmsvoll zur Seite stehen. Vielleicht geht es Ihnen aber auch wie mir, und Sie wünschen sich des Öfteren, glücklicher zu sein. Angenommen Sie haben am nächsten Tag eine wichtige Besprechung mit Kunden. Wenn alles glattgeht, wird Ihr Unternehmen große Gewinne machen, läuft es schlecht, kommen große Verluste auf die Firma zu. Sie wissen, dass man ausgeschlafen die besten Geschäfte macht und gehen daher extra rechtzeitig zu Bett. Doch vor lauter Nervosität können Sie nicht einschlafen, weil Sie ständig daran denken müssen, was in der Besprechung alles schieflaufen könnte. Oder nehmen wir ein anderes Szenario. Stellen Sie sich vor, Sie befinden sich in einer fremden Stadt, Ihr Rückflug geht in zwei Stunden. Seit über einer halben Stunde warten Sie auf den Bus, und es scheint in der Nähe keine Taxis zu geben. In solchen Situationen – wenn Sie also völlig mit den Nerven am Ende sind – wäre es eindeutig hilfreich, die Gedanken und Emotionen unter Kontrolle zu behalten, um ruhig und gelassen sinnvolle Entscheidungen treffen zu können.

In diesem Kapitel geht es vor allem darum, wie wir lernen können, unsere Gedanken und Emotionen zu kontrollieren – eine Fähigkeit, die ich als »interne Kontrolle« bezeichne. Interne Kontrolle ist, wie wir bald sehen werden, ein besonders wichtiges Hilfsmittel, um glücklich zu werden, ein Hilfsmittel, über das ausnahmslos jeder Mensch verfügen sollte.

Übernehmen Sie die Verantwortung für Ihr persönliches Glück

Jeder praktiziert auf die eine oder andere Weise interne Kontrolle, selbst Zweijährige. Dennoch entscheiden sich nur sehr wenige bewusst dafür, diese Fähigkeit auszubilden. In diesem Kapitel möchte ich die Idee, interne Kontrolle zu übernehmen, auf eine weitere Ebene ausdehnen. Ich möchte Sie mit dem Konzept vertraut machen, *selbst die Verantwortung für das eigene Glück zu übernehmen.* Das bedeutet konkret, niemals andere oder die Umstände dafür zu beschuldigen, wie man sich fühlt. Es bedeutet, Wege zu finden, um ungeachtet des Handelns anderer oder der äußeren Umstände glücklich zu sein.

Und weil unsere Gedanken und Vorstellungen, wie vorhin beschrieben, unsere Gefühle erheblich beeinflussen, ist es *theoretisch* möglich, seine Gefühle zu kontrollieren. Das heißt, ein Mensch, der seine Gedanken absolut im Griff hat, hätte die totale Kontrolle über seine Gefühle.

Wie verlockend hört sich das für Sie an? Die meisten Menschen finden diese Idee durchaus reizvoll, haben allerdings auch ihre Vorbehalte. Sie fürchten, dass sich daraus eine gewisse Realitätsferne ergeben könnte. Wenn Sie ungeachtet des Verhaltens anderer glücklich sein können, würden Sie dann nicht den Bezug zur Wirklichkeit verlieren?

Diese Sorge mag auf den ersten Blick berechtigt erscheinen,

allerdings basiert sie auf einer falschen Annahme, nämlich dass ein Mensch, der seine Gedanken und Gefühle unter Kontrolle hat, gezwungen ist, diese Fähigkeit beständig anzuwenden. Das ist natürlich nicht der Fall, ebenso wenig, wie körperlich kräftige Menschen ihre Stärke ständig einsetzen müssen. Wenn Sie also glauben, dass Sie an Bodenhaftung verlieren würden, wenn Sie in einer bestimmten Situation Ihre Gedanken und Gefühle kontrollieren, dann müssen Sie die interne Kontrolle nicht unbedingt ausüben.

Eine andere Sorge lautet, dass Sie möglicherweise ausgenutzt werden könnten. Ein Student hat es folgendermaßen ausgedrückt: »Wenn ich unabhängig vom Verhalten anderer glücklich sein kann, würden meine Kollegen mir dann nicht alle unangenehmen Aufgaben zuschieben, weil sie wüssten, dass ich ihnen nicht böse wäre? Würde meine Freundin mich nicht, ohne mit der Wimper zu zucken, betrügen, weil sie genau wüsste, dass nichts meinen Gleichmut stören könnte?« Auch diese Sorge fußt auf einer irrigen Annahme – dass man andere nicht für die Auswirkungen ihres Handelns zur Rechenschaft zieht, wenn man die Verantwortung für sein Glück übernimmt. Es ist jedoch durchaus möglich, seinen Mitmenschen nicht die Schuld für die persönlichen Gefühle in die Schuhe zu schieben *und* sie gleichzeitig für die Folgen ihres Handelns verantwortlich zu machen. Ein Beispiel: Angenommen Sie haben aufgrund der Nachlässigkeit eines Kollegen einen wichtigen Termin verpasst und sind daher verärgert. Hätten Sie Ihre Gedanken und Gefühle nun vollkommen unter Kontrolle, könnten Sie den Ärger ganz leicht umwandeln. Lassen Sie uns jedoch davon ausgehen, dass Sie das nicht tun wollen. Mit dieser Entscheidung hätten Sie die Gefühle allerdings angenommen und damit den Kollegen von seiner Verantwortung dafür entlastet. Das wird Sie jedoch keineswegs davon abhalten, den Kollegen für die *Konsequenzen* (der verpasste Termin) seiner Nachlässigkeit verantwortlich zu machen. Selbst wenn Sie davon absehen, ihn für Ihre Gefühle zu beschuldigen, könnten Sie sicherstellen, dass er das Problem, das sein Verhalten ausgelöst hat, beseitigt – ganz ähnlich, wie wenn Sie ihn für Ihren Ärger verantwortlich gemacht hätten. Mit dem Unterschied, dass nun, da Sie die Gefühle unter Kontrolle haben – anstatt die äußeren Umstände über sie bestimmen zu lassen –, die *Qualität* der Interaktion mit dem Kollegen einen positiveren Beigeschmack hat. Überdies würde diese Interaktion wohl deutlich positivere Ergebnisse hervorbringen, weil Sie mit dem Kollegen in einer reiferen und produktiveren Weise umgehen.

Hier ein weiteres Beispiel, das den Unterschied zwischen einer Person, die die Verantwortung für ihr persönliches Glück in die Hand nimmt und jemandem, der das nicht tut, veranschaulicht. In dem gerade skizzierten Szenario ließe sich der innere Monolog der betreffenden Person wie folgt zusammenfassen: »Obwohl dein Verhalten mich verärgert hat, mache ich dich nicht für meine Gefühle verantwortlich – weil ich meine Gefühle verändern kann, wenn ich das möchte. Das bedeutet jedoch nicht, dass ich dir die Folgen nachsehen werde, die dein Handeln ausgelöst hat.« Demgegenüber läse sich der innere Dialog einer Person, die nicht die persönliche Verantwortung für ihre Gefühle übernommen hat, wie folgt: »Deine Nachlässigkeit hat mir negative Folgen eingebracht und mich überdies verärgert. Ich werde dich dafür zur Verantwortung ziehen und erwarte, dass du *beides wieder in Ordnung bringst*!«

Dieser scheinbar feine Unterschied der beiden Sichtweisen ist in Wahrheit äußerst tiefgründig. So beinhaltet die erste die Erkenntnis, dass äußere Umstände einen zwar oberflächlich zu treffen vermögen (die Ziele, die man erreichen wollte), nicht jedoch innerlich (die Gefühle). Diese Sichtweise macht es möglich, den Schlüssel zum persönlichen Glück selbst in den Händen zu halten. Demgegenüber lässt man bei der zweiten Perspektive zu, dass äußere Umstände einen sowohl äußerlich wie innerlich beeinflussen. Bei dieser Sichtweise gibt man das persönliche Glück in die Hände äußerer Umstände.

Der Unterschied zwischen interner und externer Kontrolle

Durch die Entwicklung interner Kontrolle schaffen wir also eine wesentliche Voraussetzung für ein glücklicheres Leben. Interne und externe Kontrolle sind *grundverschieden.* Wir streben vor allem dann externe Kontrolle an, wenn es uns an innerer Kontrolle mangelt, wir also unsere Gedanken und Gefühle nicht zu regulieren vermögen. Oder, anders ausgedrückt, mittels externer Kontrolle versuchen wir, einen Mangel an interner Kontrolle zu kompensieren.

In einer von mir durchgeführten Studie forderte ich die Teilnehmer auf zu notieren, was sie am liebsten tun würden, wenn sie »ängstlich, nervös oder gestresst« sind. Es ergab sich folgendes Bild: Je mehr es den Menschen an interner Kontrolle mangelte, desto stärker war ihr Bedürfnis nach externer Kontrolle – indem sie beispielsweise ihr Büro aufräumen wollten, das Problem, das ihnen Angst einflößte, beheben oder sich eine ruhige Umgebung suchen, in der sie besser nachdenken könnten. Andere Forscher kamen zu ähnlichen Ergebnissen. Eine Marketingstudie hat gezeigt, dass Menschen besonders dann gerne einkaufen, wenn sie sich schlecht fühlen, weil es ihnen hilft, die mangelnde Kontrolle über ihre Emotionen zu kompensieren.

Doch auch das Gegenteil wurde nachgewiesen: Menschen streben vor allem dann nach innerer Kontrolle, wenn sie glauben, nicht in ausreichendem Maße über externe Kontrolle zu verfügen. Deshalb werden Spiritualität oder Religiosität häufig als hilfreich empfunden. Melvin Poller hat etwa herausgefunden, dass religiöse Menschen glücklicher sind als nichtreligiöse, weil der Glaube an Gott ihnen stellvertretende Kontrolle über äußere Umstände beschert. Darüber hinaus wissen wir, dass Menschen insbesondere dann zu Aberglauben neigen, wenn ihnen die externe Kontrolle entgleitet. Der Aberglaube dient also als Mittel, interne Kontrolle zu erlangen, wenn es an externer Kontrolle fehlt.

Die These, dass interne Kontrolle externe Kontrolle zu kompensieren vermag, erklärt, welchen Beitrag interne Kontrolle zur Vermeidung des vierten Glücksfehltritts (übermäßiges Kontrollbedürfnis) leisten kann. Sobald jemand in ausreichendem Maße über innere Kontrolle verfügt, verspürt er im Grunde kaum noch das Bedürfnis, über andere oder die äußeren Umstände zu bestimmen.

Zwei Dinge, die Sie beim Übernehmen interner Kontrolle keinesfalls tun sollten

Wenn Sie interne Kontrolle entwickeln wollen, gibt es zwei wichtige Tabus, die Sie im Hinterkopf behalten sollten. Erstens, tun Sie nichts, was Ihre Zuversicht, interne Kontrolle ausbilden zu können, untergräbt. Dieser Umstand tritt vor allem dann ein, wenn wir uns fragen, ob wir unsere Gedanken und Gefühle auch dann noch unter Kontrolle behalten können, wenn etwas wirklich Furchtbares geschieht – wenn wir uns z. B. etwas brechen oder den Arbeitsplatz verlieren. Viele gelangen dann zu dem Schluss, in solchen Situationen die interne Kontrolle gar nicht mehr bewahren zu können und sie daher auch gar nicht anstreben zu müssen. Wie die Forschungslage zum Thema Zielverfolgung zeigt, kommt es vor allem in der Frühphase auf Selbstbewusstsein an, um die gesteckten Ziele wirklich zu erreichen. Es anzuzweifeln, auch unter widrigen Umständen noch interne Kontrolle ausüben zu können, ist daher kontraproduktiv, weil das Selbstbewusstsein auf diese Weise unterminiert wird. Stattdessen sollten Sie sich besser fragen, ob Sie *angesichts gewöhnlicher Situationen, die Sie regelmäßig erleben*, die interne Kontrolle wahren können. Bleiben Sie beispielsweise auch dann gut gelaunt, wenn es im Urlaub regnet? Können Sie glücklich sein, obwohl der Chef Sie ungerecht behandelt hat?

In dieser Hinsicht lässt sich die Entwicklung interner Kontrolle sehr gut mit dem Aufbau von Muskelmasse vergleichen. So wie Sie mehr Muskeln aufbauen, wenn Sie mit den geeigneten Gewichten trainieren –, Gewichte, die weder zu schwer noch zu leicht für Sie sind – entwickeln Sie vor allem dann interne Kontrolle, wenn Sie sich den Herausforderungen stellen, die Ihren derzeitigen Fähigkeiten angemessen sind.[10] Wenn es für Sie eine Herausforderung darstellt, alltäglichen Vorkommnissen gelassen zu begegnen, sollten Sie dort ansetzen. Sobald Sie darin geübt sind, Ihre Gedanken und Gefühle in solchen Situationen zu regulieren, können Sie sich größeren Herausforderungen zuwenden.

Das zweite »Tabu« hat mit der *Art der Gedanken* zu tun, die Sie hegen, um sich besser zu fühlen. Die meisten ergehen sich zu diesem Zweck in »selbstwertdienlichen Verzerrungen«, wie es im Fachjargon heißt. Das bedeutet, sie betrachten positive Ergebnisse als ihren persönlichen Verdienst, nicht so jedoch negative Ergebnisse, für die sie eher andere oder das Schicksal verantwortlich machen. Stellen Sie sich vor, Sie beteiligen sich mit einem willkürlich zugewiesenen Partner an einem Quiz und erhalten ein *fingiertes* Feedback zu Ihrer Leistung – man sagt Ihnen entweder, Ihr Team hätte sehr gut oder sehr schlecht abgeschnitten. Auf was würden Sie den Erfolg oder das Versagen zurückführen? Falls Sie dazu tendieren, sich selbst den Erfolg zuzuschreiben (etwa: »Wir waren deshalb so gut, weil *ich* die meisten Fragen beantwortet habe.«) und den Misserfolg dem Partner in die Schuhe zu schieben (»Wir waren deshalb so miserabel, weil mein Partner es versemmelt hat.«), sind Sie anfällig für selbstwertdienliche Verzerrungen.

Wie sich zeigt, ist diese Neigung ziemlich weitverbreitet – vor allem unter Menschen mit erhöhtem Kontrollbedürfnis.

Das Gute an selbstwertdienlicher Verzerrung ist, dass sie einem ein angenehmes Gefühl verpasst, allerdings nur auf kurze Sicht; langfristig geht sie häufig nach hinten los. Menschen, die sich dieses Hilfsmittels bedienen, neigen dazu, ihre Fähigkeiten zu überschätzen und sich somit mehr zuzumuten, als sie verkraften können. Im Rahmen von Verhandlungen gehen etwa Personen, die stärker zu selbstwertdienlicher Verzerrung neigen, leichter davon aus, gute Geschäfte zu machen, obwohl sie in Wahrheit keine gute Leistung erbringen. Ebenso in der Projektplanung: Jene mit ausgeprägterer selbstwertdienlicher Verzerrung sind häufig übermäßig optimistisch, was nicht selten zu Misserfolgen führt. Ein weiterer Nachteil der selbstwertdienlichen Verzerrung ist, dass sie dem Aufbau gesunder Beziehungen im Wege steht. Menschen, die sich selbst in den Himmel loben, andere aber abwerten, sind, wie Sie sich vorstellen können, keine angenehmen

Zeitgenossen und haben es daher schwer, mit anderen zurechtzukommen, was wiederum auf lange Sicht das Glück trübt.

Mittels einfacher, gefühlsregulierender Taktiken interne Kontrolle erlangen

Zusätzlich zu den beiden Tabus gibt es jedoch auch zwei Dinge, die Sie unbedingt beherzigen sollten. Dabei geht es zum einen darum, einfache, gefühlsregulierende Taktiken zu erlernen und einzuüben. Eine solche Taktik ist die »Situationsselektion«, das heißt, Situationen zu vermeiden, von denen man (aus früheren Erfahrungen) weiß, dass sie unerwünschte Emotionen wachrufen. Es handelt sich dabei, wie Sie sich denken können, eher um eine präventive als um eine Behelfsmaßnahme; ihr liegt die einfache Logik zugrunde, dass es unnötig ist, unerwünschte Gefühle zu regulieren, wenn erst gar keine aufkommen. Wenn Sie also wissen, dass Sie auf Horrorfilme mit Schlaflosigkeit und Unruhe reagieren, sollten Sie sich am Abend vor einer Prüfung keinen ansehen. Und wenn Sie bereits wissen, dass Ihnen der Umgang mit einer bestimmten Person jedes Mal die Stimmung verschlägt, sollten Sie vor wichtigen Verhandlungen vermeiden, dieser Person über den Weg zu laufen. So einfach ist das.

Eine weitere Taktik besteht in der Verbalisierung von Emotionen. Sie nennen Ihre Gefühle also buchstäblich beim Namen, sagen Sie sich z. B. »Ich bin verärgert«, wenn Sie ärgerlich sind.

Die bloße Benennung der Gefühle mindert bereits ihre Intensität. Das mag auf den ersten Blick widersinnig klingen, die meisten Menschen gehen schließlich davon aus, dass Gefühle durch ihre Benennung noch intensiver werden. Das liegt daran, dass wir häufig die Benennung von Emotionen damit verwechseln, diese *»wiederzukäuen«*. Benennen bedeutet eigentlich zu registrieren, was Sie fühlen, um dann mit dem Alltag fortzufahren. Wenn Sie z. B. im Stau stecken und darauf zunehmend frustriert reagieren, sagen Sie sich einfach, »das ist frustrierend«. Sie brauchen nicht darüber nachzudenken, wie viel schlimmer der Verkehr im Laufe der Jahre geworden ist oder sich alle möglichen anderen Dinge ins Gedächtnis zu rufen, die ebenfalls frustrierend sind. Negative Emotionen zu benennen bedeutet also zu erkennen, was Sie fühlen, ohne das Ganze überzuanalysieren; und das trägt, wie die Forschung zeigt, dazu bei, die Intensität dieser Gefühle zu verringern.

Eine weitere Taktik besteht in der sogenannten »Aufmerksamkeitssteuerung«, bei der man die Aufmerksamkeit von dem Auslöser negativer Emotionen weglenkt, hin zu mit positiven Empfindungen verbundenen Dingen. Diese Strategie ähnelt der Situationsselektion, allerdings wird sie angewendet, *nachdem* ein unerwünschtes Gefühl entstanden ist und nicht bereits davor. Diese Strategie dürfte den meisten Menschen hinlänglich bekannt sein; was ihnen aber vielleicht nicht bewusst ist, dass der übliche Weg, über den wir unsere Aufmerksamkeit steuern, die selbstwertdienliche Verzerrung, ebenfalls Nachteile mit sich bringt. Der Trick liegt darin, eine Methode zu finden, wie wir unsere Aufmerksamkeit steuern können, ohne uns der selbstwertdienlichen Verzerrung zu bedienen. Das funktioniert zuweilen, indem man Glück in einer weniger egozentrischen (und eher transzendentalen) Weise begreift. Wenn Sie Glück im Sinne von falschem Stolz interpretieren, neigen Sie eher dazu, sich über andere zu stellen und Mitmenschen abzuwerten, damit Sie sich gut fühlen. Wenn Sie Glück dagegen im Sinne von echtem Stolz oder von Liebe und Verbundenheit verstehen, werden Sie sich andere Wege suchen (etwa sich an einen zurückliegenden, von Erfolg gekrönten Versuch erinnern oder dankbar dafür sein, Teil einer liebenden Familie zu sein), um sich gut zu fühlen.

Bei der letzten Taktik handelt es sich um die sogenannte kognitive Umbewertung. Im Rahmen dieser Strategie wird die negative Situation uminterpretiert, um damit besser umgehen zu können. Angenommen Sie sind nervös wegen eines anstehenden Meetings. Sie könnten sich nun sagen, dass Sie sich *glücklich schätzen,* dass Ihre Arbeit keine unbedeutende, sinnentleerte Tätigkeiten umfasst, dass das »Problem«, mit dem Sie es gerade zu tun haben, in Wahrheit ein »Luxusproblem« ist und zeigt, welch *privilegierten* Stand Sie in dieser Welt haben. Bei der kognitiven Umbewertung geht es also darum, die Dinge aus einer gewissen Distanz heraus zu betrachten.

Achten Sie bei der Anwendung der gerade beschriebenen vier emotionsregulierenden Taktiken unbedingt darauf, sich keinesfalls der selbstwertdienlichen Verzerrung zu bedienen. Unterlassen Sie es außerdem, negative Gefühle zu unterdrücken, da sie dadurch nicht, wie die meisten glauben, an Intensität verlieren. Grund ist, dass die Areale des Gehirns, die an negativen Emotionen beteiligt sind, selbst dann noch aktiv bleiben, wenn wir diese Emotion unterdrücken. Überdies beansprucht das Unterdrücken von Emotionen eine gewisse Kapazität des Gehirns, sodass weniger bleibt, um sich auf die eigentliche Aufgabe zu konzentrieren. Überdies nehmen andere intuitiv wahr, wenn wir Gefühle unterdrücken, mit der Folge, dass sich *ihr* Stressniveau erhöht und sie uns weniger Sympathie entgegenbringen. Aus all diesen Gründen sollte man seine Gefühle nicht unterdrücken. Dennoch müssen Sie Ihr Herz natürlich nicht ständig auf der Zunge tragen. Die Unterdrückung von Gefühlen eignet sich schlichtweg nicht zur Emotionsregulierung. Stattdessen sollten Sie aktiv an der Entwicklung der genannten Strategien arbeiten – an der Situationsselektion, der Verbalisierung von Emotionen, der Aufmerksamkeitssteuerung und der kognitiven Umbewertung –, um interne Kontrolle zu gewinnen.

Wie Sie mit einem gesünderen Lebensstil interne Kontrolle gewinnen

Emotionsregulierende Strategien sind ein wirkungsvolles Mittel, um interne Kontrolle zu erlangen. Noch wirkungsvoller ist es jedoch, einen gesünderen Lebensstil zu führen. Dieser beinhaltet drei Komponenten: gesunde Ernährung, mehr Bewegung und besserer Schlaf.[11] Es ist hinlänglich belegt, dass jede dieser Komponenten einen überaus positiven Effekt auf die körperliche wie psychische Gesundheit hat. Mit einem gesunden Lebensstil sorgen Sie daher innerlich für ein gutes Gefühl. Sie sind überdies besser in der Lage, mit dem täglichen Stress umzugehen. Die meisten von uns, insbesondere die Klugen und Erfolgreichen, führen ein äußerst hektisches Leben. Mit der Folge, dass wir regelmäßig das erleben, was Dr. Edward Hallowell in Anlehnung an ADS »Aufmerksamkeits-Defizit-Charakter« nennt (»Attention Deficit Trait«, ADT). Dieser äußert sich durch Zerstreutheit, ausgelöst durch Reizüberflutung und ständiges Multitasking bei der Arbeit. Man hat dabei das Gefühl, sein Leben nicht mehr im Griff zu haben – es wird einem alles zu viel und man hat den Eindruck, die angenommenen Herausforderungen und Verpflichtungen nicht mehr bewältigen zu können. Wie Dr. Hallowell es ausdrückt: »Schlaf, gesunde Ernährung und sportliche Betätigung sind wesentlich, um der Entstehung von ADT vorzubeugen.« Folglich erhalten wir durch einen gesunden Lebensstil das Gefühl, mehr Kontrolle über unser Leben zu haben. Was wiederum unser Bedürfnis nach externer Kontrolle eindämmt, da wir ja vor allem dann nach externer Kontrolle streben, wenn wir glauben, unser Leben zu wenig im Griff zu haben. Somit sind wir mit einem gesunden Lebensstil in der Lage, dem vierten Glücksfehltritt – einem übermäßigen Kontrollbedürfnis – etwas entgegenzusetzen.

Was gesunde Ernährung, mehr Bewegung und besserer Schlaf konkret bedeuten

Sich gesund zu ernähren, das mag auf den ersten Blick nicht weiter kompliziert klingen, doch wie wir wissen, gibt es darüber in etwa so viele Auffassungen, wie es auch Ernährungswissenschaftler gibt. Es besteht also wenig Einigkeit darüber, wie eine gesunde Kost nun wirklich aussieht. Allerdings sind sich alle einig, was eine *schlechte* Ernährung ausmacht:

- regelmäßiger Konsum verarbeiteter Speisen (Konserven, Fertiggerichte),
- Lebensmittel, die der Körper sehr leicht verarbeiten kann wie Zucker und einfache Kohlehydrate,
- zu wenig Obst und Gemüse,
- große Mengen schlechter Fette (Transfette, gesättigte Fette).

Studien belegen, dass der Verzehr großer Mengen verarbeiteter Nahrungsmittel zu Gewichtszunahme, Diabetes und Entzündungen führt, die alle auch der psychischen Gesundheit schaden. Sie zeigen außerdem, dass ein hoher Anteil an Transfetten und gesättigten Fettsäuren in der Ernährung die Entstehung von Depressionen begünstigt. Transfette lösen überdies Aggressionen aus; laut einer Studie streiten Menschen, die große Mengen schlechter Fette verzehren, häufiger mit ihrem Partner. Sich gesund zu ernähren bedeutet also, verarbeitete Speisen (insbesondere Zucker) zu meiden, ebenso wie Nahrungsmittel mit einem hohen Gehalt an gesättigten Fetten und Transfetten.

Sich mehr zu bewegen heißt konkret, einen aktiven Lebensstil zu führen. Forscher haben gezeigt, dass sechs Stunden und länger am Tag zu sitzen mit zu dem Schlimmsten gehört, was Sie sich antun können, da Sie auf diese Weise das Risiko, frühzeitig zu sterben, drastisch erhöhen. Hinsichtlich der Wahrscheinlichkeit, ein Herzleiden zu entwickeln, ist langes Sitzen einer ganzen Reihe von Studien zufolge ebenso schädlich wie rauchen. Eine weitere wissenschaftliche Arbeit weist darauf hin, dass selbst regelmäßige Bewegung, also eine Stunde intensiven Trainings pro Tag beziehungsweise sieben Stunden pro Woche, unter Umständen nicht ausreichen, um die ungünstige Wirkung langen Sitzens auszugleichen. Selbst jene, die sehr viel Sport treiben, allerdings einen Großteil ihrer Zeit sitzend verbringen, wiesen nach den Ergebnissen einer weiteren Studie ein um 50 Prozent erhöhtes Mortalitätsrisiko auf. Kurz gesagt: Sie können nicht den ganzen Tag herumsitzen, dann eine Stunde trainieren, um so auf der vermeintlich sicheren Seite zu sein – Sie müssen sich im Laufe des Tages regelmäßig immer wieder und mehr bewegen.

In Bezug auf den Schlaf geht man davon aus, dass der Mensch mindestens sieben Stunden Schlaf hoher Qualität benötigt. Wenn Sie glauben, mit deutlich weniger Schlaf auszukommen, sollten Sie sich die Ergebnisse einer Studie ansehen, in der sich die Teilnehmer in geschlossenen Räumen aufhielten, ohne Zugang zu Uhren, Sonnenlicht, Menschen oder anderen externen Faktoren, die die Schlafmenge beeinflussen. Damit wollten die Forscher herausfinden, wie hoch das natürliche Schlafbedürfnis des Menschen ist, wenn sie nicht unter dem Druck äußerer Faktoren stehen. Es stellte sich heraus, dass 95 Prozent der Menschen zwischen sieben und neun Stunden Schlaf pro Nacht benötigen, um sich gut erholt zu fühlen. Lediglich 2,5 Prozent waren bereits nach weniger als sieben Stunden ausgeruht. Wenn Sie also glauben, auch mit sechs Stunden oder weniger zurechtzukommen, wissen Sie vielleicht gar nicht, wie leistungsfähig Sie erst sind, wenn Sie mehr schlafen.

Mehrere Studien legen nahe, dass wir unter Schlafmangel ungünstigere Entscheidungen treffen. Schlafen wir nur 90 Minuten zu wenig, verringert sich die Vigilanz (Wachheit) am darauffolgenden Tag um ein Drittel! Sie entscheiden sich automatisch für gesündere Lebensmittel, wenn Sie gut geschlafen haben. Der Schlaf beeinflusst auch das Gemüt, wie Ihnen sicherlich bereits aufgefallen ist. Das liegt zum Teil daran, dass Schlaf ungünstigen Erinnerungen die Schärfe nimmt, indem er ihnen eine Bedeutung zuweist; wenn sie nicht genügend schlafen, neigen Sie eher zu Ängstlichkeit und Reizbarkeit.

GLÜCKSÜBUNG:
Gesünderer Lebensstil

Hintergrund

Neben einem erfüllenden Sozialleben ist ein gesunder Lebensstil vielleicht das Wichtigste, um das Glücksniveau zu verstärken. Über einen gesunden Lebensstil gewinnt man größere interne Kontrolle, was Ihnen die Flexibität verleiht, externe Kontrolle in einem optimaleren Ausmaß auszuüben.

Ziel

Die Übung soll Ihnen helfen, einen gesünderen Lebensstil zu entwickeln und dabei insbesondere »das Richtige zu essen«, »sich mehr zu bewegen« und »besser zu schlafen«, wie Tom Rath es ausdrückt.

Schritte

Diese Übung umfasst drei Schritte:

1. Beim ersten Schritt geht es um die Ausbildung eines gesünderen Lebensstils. Lesen Sie die folgenden Vorschläge für gesundheitsfördernde Veränderungen durch und wählen Sie aus jeder der drei Kategorien mindestens drei Punkte aus.

Das Richtige essen

- Stellen Sie Ungesundes (z. B. Kartoffelchips) an schwer erreichbare Stellen.
- Ersetzen Sie große Teller oder Schüsseln durch kleinere (falls Sie übergewichtig sind).
- Verwenden Sie keine weißen Teller/Schüsseln.
- Nehmen Sie für unterwegs immer einen gesunden Snack mit (Nüsse oder Obst), der Ihnen, falls Sie hungrig werden, fürs Erste über die Runden hilft.
- Beginnen Sie eine Mahlzeit stets mit gesunden Speisen (z. B. frische Rohkost anstatt Reis, Bratkartoffeln oder Pommes).
- Nehmen Sie ein gesundes Frühstück zu sich (z. B. gekochte Eier, Haferbrei oder gedämpftes Gemüse anstatt gebratener Speisen oder einfacher Kohlehydraten wie stark zuckerhaltige Cerealien oder Weißbrot mit Marmelade).
- Reduzieren Sie den Zuckerkonsum (allem voran in Getränken).
- Reduzieren Sie den Verzehr von Produkten, die mehr als zehn Gramm Zucker enthalten (wie z. B. Müsliriegel).
- Nehmen Sie sich mehr Zeit für die Mahlzeiten (idealerweise mindestens 20 Minuten).
- Nehmen Sie mindestens eine Mahlzeit im Kreis von Freunden oder Familie ein.
- Vermeiden Sie es, nach dem Abendessen zu naschen.

Hinweis: Falls Sie die oben genannten Punkte bereits erfüllen – oder nicht an ihrer Umsetzung interessiert sind –, könnten Sie sich auch drei andere Veränderungen auswählen (z.B. nach 20 Uhr nichts mehr essen oder an drei Tagen der Woche keinen Alkohol trinken), die ebenfalls einen Beitrag zu einer gesünderen Ernährung leisten.

Sich mehr bewegen

- Besorgen Sie sich ein Pedometer, um festzuhalten, wie viele Schritte Sie täglich zurücklegen.
- Setzen Sie technische Hilfsmittel ein – z.B. Outlook oder ein anderes Computerprogramm bzw. das Handy –, die Sie daran erinnern, alle 20 bis 30 Minuten eine Pause einzulegen.
- Kaufen Sie sich ein Laufband oder einen Ellipsentrainer für zu Hause (um mindestens ein paar Minuten täglich darauf zu trainieren)!
- Starten Sie mit 20 Minuten moderater Gymnastik in den Tag.
- Gründen Sie mit Nachbarn eine Trainingsgruppe und gehen morgens oder abends zum Walken/Joggen/Fahrradfahren etc.
- Absolvieren Sie kurze, intensive Trainingsintervalle (bis zu dem Punkt, da Ihnen das Sprechen schwerfällt).
- Reduzieren Sie die Zeit, die Sie sitzend verbringen. (Bleiben Sie z.B. während Fahrten mit öffentlichen Verkehrsmitteln stehen.)
- Verringern Sie die Zeit, die Sie vor dem Fernseher sitzen (indem Sie das Programm z.B. vom Laufband aus verfolgen).
- Machen Sie es sich zur Regel, stets zu Fuß zu gehen, wenn Sie eine Distanz unter X Kilometern zurückzulegen haben. (Sie müssen für »X« eine Zahl einsetzen.)

Hinweis: Falls Sie die oben genannten Punkte bereits erfüllen – oder nicht an ihrer Umsetzung interessiert sind –, könnten Sie sich auch drei andere Veränderungen auswählen (z. B. einen Yogakurs belegen oder mit dem Hund des Nachbarn spazieren gehen), die ebenfalls dazu beitragen, »sich mehr zu bewegen«.

Besser schlafen

- Minimieren Sie künstliche Lichtquellen im Schlafzimmer.
- Kaufen Sie sich einen White Noise Generator für das Schlafzimmer.
- Halten Sie sich an regelmäßige Schlaf-wach-Zeiten. (Gehen Sie z. B. jeden Abend um 22 Uhr zu Bett und stehen Sie nicht vor sechs Uhr morgens auf.)
- Vermeiden Sie, dass Stress den Schlaf beeinträchtigen könnte. (Überprüfen Sie z. B. nicht nach 19 Uhr die E-Mails; streiten Sie nicht mit dem Partner/der Partnerin über die Wahl des Fernsehprogramms.)
- Nehmen Sie 30 Minuten vor dem Zubettgehen eine warme Dusche.
- Essen Sie früh zu Abend. (Eineinhalb Stunden vor dem Zubettgehen sollte nichts mehr gegessen werden.)
- Das Schlafzimmer sollte zwei bis drei Grad kühler sein als die restliche Wohnung, und verwenden Sie, falls nötig, dickere Decken.
- Treiben Sie tagsüber Sport. (Bewegung fördert die Schlafqualität.)

Hinweis: Falls Sie diese Punkte bereits erfüllen – oder nicht an ihrer Umsetzung interessiert sind – können Sie sich auch drei andere Veränderungen auswählen (z. B. die E-Mails nicht nach 21 Uhr checken, nach 20 Uhr nicht mehr mit dem Partner/der Partnerin diskutieren!), die ebenfalls dazu beitragen, »besser zu schlafen«.

2. Beim zweiten Schritt sollen Sie sich selbst Erinnerungen setzen, sodass Sie sich in den kommenden zwei Wochen – täglich – an Ihre Vorsätze halten. Greifen Sie dazu auf technische Hilfsmittel – z. B. Outlook oder ein anderes Computerprogramm bzw. das Handy – zurück, oder vermerken Sie im Voraus eine Erinnerung in Ihrem Tagebuch.
3. Im Rahmen des dritten Schritts beantworten Sie schriftlich folgende Fragen:
   - Für welche drei, den Lebensstil verbessernden, Veränderungen haben Sie sich im Rahmen der drei Kategorien entschieden (Essen, Bewegung, Schlaf)?
   - Haben Sie es geschafft, sich an Ihren Plan zu halten? Warum oder warum nicht?
   - War die Übung für Sie nützlich? Warum oder warum nicht?

GLÜCKSFEHLTRITT NR. 5

Anderen misstrauen

Warum sind die Einwohner mancher Länder glücklich, die anderer Nationen wiederum eher unglücklich? Warum gehören die Menschen in Island und der Schweiz zu den glücklichsten der Welt, während jene aus Moldawien oder Qatar zu den unglücklichsten gehören? Die Vermutung liegt nahe, dass der ökonomische Wohlstand und das politische Klima dahinterstecken. Und selbstverständlich sind diese Faktoren wichtig. Allgemein gilt, je wohlhabender eine Nation, desto glücklicher die Bevölkerung. Gleichermaßen sind Bürger stabiler Demokratien zufriedener als jene gewalttätiger Autokratien. Dennoch gibt es etwas, das noch mehr zählt, als ökonomischer Wohlstand oder politische Ideologie: Vertrauen.

John Helliwell, Ökonom an der University of British Columbia, forscht seit einigen Jahren über den Zusammenhang zwischen Vertrauen und Glück. Seine Erkenntnisse weisen darauf hin, dass Vertrauen in den verschiedenen Ländern eine *der* wichtigsten Determinanten von Glück ist. Für eine seiner Studien wurden die Bewohner verschiedener Nationen gefragt, ob sie glaubten, ihren Mitmenschen im Allgemeinen vertrauen zu können. Dabei stellte sich heraus: Je höher der Anteil derer, die sich vertrauensvoll zeigten, desto glücklicher die Bevölkerung. In Dänemark und Norwegen, zwei der glücklichsten Nationen der Welt, lag dieser Anteil bei etwa 65 Prozent, während er sich in Griechenland und Russland, zwei relativ unzufriedene Nationen, auf nur etwa 10 Prozent der Einwohner belief.

Im Rahmen einer weiteren Studie, die den Einfluss von Vertrauen auf Glück untersuchte, ließen Wissenschaftler »aus Versehen« zwölf Geldbeutel, die den äquivalenten Betrag von 50 Dollar enthielten, in 16 Ländern irgendwo liegen. Diese Geldbeutel enthielten auch die Adresse des angeblichen Besitzers. Nachdem sie die Brieftaschen »verloren« hatten, lehnten sich die Forscher zurück und zählten mit, wie viele Portemonnaies dem »Besitzer« zurückgegeben wurden. Sie verwendeteten den Anteil der zurückgegebenen Geldbeutel als Maßstab für die Vertrauenswürdigkeit des betreffenden Landes. Wieder einmal stellte sich ein deutlicher Zusammenhang von Vertrauen und Glück heraus: Je höher der Anteil der zurückgegebenen Portemonnaies, desto zufriedener die Nation.

Es ist leicht zu durchblicken, warum Vertrauen so wichtig für das Glück ist. Wenn Sie ihren Landsleuten nicht vertrauen würden, insbesondere jenen, mit denen Sie ständig zu tun haben, wäre das Leben ziemlich kompliziert. Stellen Sie sich nur vor, Sie könnten keinem Ihrer Kollegen mehr ein Geheimnis anvertrauen. Wenn Sie anderen nicht vertrauen können, können Sie sich nicht entspannen, und wenn Sie sich nicht entspannen können, können Sie nicht glücklich sein. Gleichzeitig leuchtet völlig ein, warum gelegentliches Misstrauen angebracht sein kann. Eine gewisse Skepsis anderen gegenüber kann verhindern, dass man übers Ohr gehauen wird. Auch im Umgang mit skrupellosen Konkurrenten ist dies durchaus zweckmäßig. Es fragt sich also, wie wir es bewerkstelligen können, die Chancen für vertrauenswürdige Beziehungen zu verbessern und gleichzeitig die Gefahr zu minimieren, hereingelegt zu werden.

Doch bevor wir uns möglichen Lösungen zuwenden, möchte ich Ihnen zunächst die Ergebnisse einer äußerst interessanten Studienreihe vorstellen, der sogenannten »Trust Game«-Studien.

Vertrauen erzeugt Vertrauenswürdigkeit

Angenommen Sie beteiligten sich an einer Studie und bekommen einen Partner zugewiesen. Diesen lernen Sie jedoch nie persönlich kennen, da Sie sich stets in verschiedenen Räumen aufhalten müssen. Der Forschungsleiter gibt Ihnen beiden jeweils zehn Dollar. Sie müssen nun entscheiden, ob Sie das Geld dem Partner zukommen lassen oder nicht. Wenn nicht, ist das Spiel vorbei, und Sie und Ihr Partner verlassen den Raum mit dem Geld. Beschließen Sie jedoch, dem Partner das Geld zu schicken, vervierfacht der Forschungsleiter den Betrag, sodass Ihr Partner nun über 50 Dollar (die ursprünglichen zehn Dollar plus vier mal zehn Dollar) verfügt. Dieser kann das Geld entweder behalten, also mit 50 Dollar nach Hause gehen, während Sie nichts mehr haben, oder Ihnen die Hälfte abgeben, sodass Sie beide am Ende jeweils 25 Dollar haben.

Wie würden Sie sich unter diesen Voraussetzungen entscheiden? Das hängt vor allem davon ab, wie sehr Sie Ihrem Partner vertrauen. Wenn Sie ihm das Geld zukommen lassen und er sich nicht dafür revanchiert, würden Sie mit leeren Händen nach Hause gehen. Aber Sie könnten auch um 25 Dollar reicher werden, wenn er mit Ihnen teilt.

In dieser Situation mag es am naheliegensten erscheinen, mit Misstrauen zu reagieren – Sie sollten ihm das Geld *nicht* überbringen lassen. Diese Sichtweise basiert auf der Logik, dass der Partner, sobald er einmal 50 Dollar in den Händen hält, wenig Anreiz hätte, den Betrag mit Ihnen zu teilen. Doch ist das wirklich eine gültige Logik? Lassen Menschen ihre Partner, die ihnen zu mehr Geld verholfen haben, wirklich einfach stehen, ohne mit ihnen zu teilen?

Wie sich herausstellt, lässt eine breite Mehrheit – über 95 Prozent – der Teilnehmer den Partner *nicht* stehen. Vielmehr reagieren Menschen, denen Sie Vertrauen entgegenbringen, ihrerseits mit vertrauenswürdigem Verhalten, wie Forscher aus der Schweiz herausgefunden haben. Menschen, denen wir vertrauen, erwidern also dieses Vertrauen. Das liegt unter anderem daran, dass Vertrauen bei vielen die vermehrte Bildung des Hormons Oxytocin anregt. Das deutet auf Folgendes hin: Wenn wir in der Lage wären, anderen proaktiv Vertrauen entgegenzubringen – ihnen also zu vertrauen, bevor wir tatsächlich wissen, dass sie vertrauenswürdig sind –, könnten wir gegenseitiges Vertrauen aufbauen.

Ein Kindheitserlebnis unterstreicht diese These. Ich war etwa zehn Jahre alt und wie so viele indische Jungs ein eifriger Briefmarkensammler. Ich achtete sehr auf meine Sammlung und ließ sie nicht aus den Augen, insbesondere wenn andere Briefmarkensammler in der Nähe waren. Eines Tages lud mich ein Kind ein, das gerade in unsere Gegend gezogen war, mir seine Briefmarkensammlung anzusehen. Es besaß Exemplare von verschiedenen exotischen Orten wie Malta oder Sansibar, und auf einigen (wie auf jenen aus Bhutan) prangten sogar 3D-Bilder. Obwohl es an sich bereits außergewöhnlich war, dass jemand über eine hochwertigere Briefmarkensammlung verfügte als ich, war das, was als Nächstes passierte, erst wirklich außergewöhnlich: Ich durfte mir, so der Junge, irgendeine seiner Marken aussuchen – *kostenlos* –, ohne dass er eine Gegenleistung dafür erwartete! Und, was meinen Sie, passierte dann? Ebenso wie die Teilnehmer der schweizerischen Studie revanchierte ich mich für sein Vertrauen. So schnell ich konnte, fuhr ich mit dem Fahrrad nach Hause und holte meine Briefmarkensammlung, um auch ihm eine Marke zu schenken.

Überflüssig zu sagen, dass der Nimbus dieses Ereignisses noch tagelang anhielt und wir schließlich die allerbesten Freunde wurden. Wir hatten auf kindliche Weise erfahren, wie erhebend gegenseitiges Vertrauen sein kann.

Doch nicht nur auf individueller Ebene gilt der Grundsatz, dass Vertrauen Vertrauenswürdigkeit erzeugt, das gilt ebenso auf Unternehmensebene. Karma Kitchen, ein in Berkeley, Kalifornien, gegründetes Restaurant, arbeitet auf der Basis von Vertrauen. Am Ende jeder Mahlzeit stellen die Gäste fest, dass die Rechnung genau null Dollar beträgt! Warum? Weil vorherige Kunden bereits für sie bezahlt haben. Die Gäste könnten das Restaurant also verlassen, ohne je ihre Brieftaschen zu zücken. Und dennoch tun das die allerwenigsten; die meisten sind von dieser Erfahrung derart gerührt, dass sie schließlich ihrerseits für die Mahlzeit eines zukünftigen Gastes aufkommen. Über diese ungebrochene »Zahlungskette« wurden inzwischen mehr als 30 000 Mahlzeiten bezahlt, und sie funktioniert seit über acht Jahren. Das »Geschäftsmodell« Karma Kitchen – wenn man es überhaupt so bezeichnen kann – ist derart erfolgreich, dass weltweit mehrere Zweigstellen eröffnet wurden, darunter in Ahmedabad, Chicago, Washington D.C. und Tokio.

Als Paradebeispiel dafür, dass Vertrauen im Allgemeinen mit Vertrauenswürdigkeit beantwortet wird, dient die Grameen Bank. Diese wurde von dem Friedensnobelpreisträger Muhammand Yunus gegründet und erteilt stark verarmten Menschen Mikrokredite auf der Basis von Vertrauen. Obwohl die skeptischen Stimmen hinsichtlich der Rentabilität dieses Konzepts überwogen, lag die Rückzahlungsrate an der Grameen Bank schließlich bei unglaublichen 98 Prozent – erheblich höher als die 88 Prozent, die im Durchschnitt von Mikrokreditnehmern zurückbezahlt werden. Ein weiteres Unternehmen, das nach dem Prinzip »Vertrauen erzeugt Vertrauenswürdigkeit« arbeitet, ist das amerikanische Internetversandhaus für Schuhe, Zappos. Der Geschäftsführer Tony Hsieh beschreibt das in seinem Buch *Delivering Happiness* wie folgt: »Wir haben für unsere Kundendienstmitarbeiter keine Vorgaben, da wir ihnen vertrauen, dass sie jeden einzelnen Kunden nach bestem Wissen und Gewissen behandeln.« Und aufgrund dieses Vertrauens kommt es, wie Hsieh weiter schildert, kaum jemals vor, dass verärgerte Kunden den Vorgesetzten zu sprechen wünschen. Das Vertrauen in die Kunden ist ein weiteres Kernelement des Geschäftsmodells von Zappos. Die Kunden können die Schuhe, nachdem sie sie bestellt haben, anprobieren und kostenlos zurückschicken. Wobei ihnen Zappos eine – jetzt kommt's – Rückgabefrist von *einem ganzen Jahr* gewährt. Doch was hat dieses Vertrauen in Mitarbeiter und Kunden dem Unternehmen Zappos eigentlich gebracht? Zum einen finanziellen Erfolg. Zappos war einer der wenigen hellen Sterne in der ansonsten trostlosen Landschaft nach der Finanzkrise von 2007. Das Unternehmen wurde 2009 letztlich von Amazon aufgekauft, für den unfassbaren Betrag von 1,2 Milliarden Dollar. Zum anderen gehört Zappos bis zum heutigen Tag zu den weltweit beliebtesten Arbeitgebern und rangierte 2014 auf Platz 86 der Liste der 500 umsatzstärksten Unternehmen der Welt. Laut Hsieh hat Zappos diese bemerkenswerten Erfolge nicht trotz des Vertrauens in Mitarbeiter und Kunden erreicht, sondern gerade deswegen.

Vertrauen oder nicht – der Risiko-Nutzen-Ausgleich

Den meisten Menschen leuchtet ein, dass anderen zu vertrauen gegenseitiges Vertrauen aufbaut. Dennoch fällt es uns schwer, den ersten Schritt zu tun. In einer Umfrage, die ich am ersten Seminartag mit meinen Studenten durchführte, zeigten sich lediglich 25 Prozent gewillt, einem Kommilitonen so weit zu vertrauen, dass sie ihm eine ihrer »Ängste« offenbaren würden. Im beruflichen Kontext dürfte diese Bereitschaft sogar noch geringer ausgeprägt sein, weshalb Firmen wie Karma Kitchen oder Zappos derart bemerkenswert und erfrischend sind.

Dass wir uns dagegen sträuben, anderen proaktiv zu vertrauen, hängt mit einem Phänomen zusammen, das wir in einem früheren Kapitel bereits besprochen haben – der tiefverwurzelten Neigung, uns auf negative Dinge zu konzentrieren, weil diese relevanter für unser Überleben sind. Wir misstrauen anderen also deshalb von Anfang an, weil wir auf diese Weise, aus Sicht der Evolution, unsere Überlebenschancen verbessern. Obwohl Menschen also im Allgemeinen durchaus vertrauenswürdig sind – insbesondere, wenn ihnen bereits Vertrauen geschenkt wurde –, bringen es viele von uns nicht über sich, anderen zu vertrauen, was an dem tief in uns verwurzelten Misstrauen liegt. Und dennoch, wenn jeder (oder zumindest ein sehr großer Teil der Bevölkerung) es schaffen würde, diese Veranlagung zu überwinden, käme das allen zugute. Denn, indem wir proaktiv vertrauen, tragen wir insbesondere dazu bei, gegenseitiges Vertrauen aufzubauen, was im Gegenzug alle glücklicher macht.

Die alles entscheidende Frage lautet daher: Wie können wir die Menschen dazu bringen, anderen häufiger proaktiv zu vertrauen?

Diese Frage ging mir durch den Kopf, als ich eines Winters im Liegestuhl am Strand von Goa lag. Es war warm, ich hatte gut geschlafen und fühlte mich sehr wohl. Das Einzige, was mir noch zu meinem Glück fehlte, war ein eiskaltes Bier. Während ich so dalag, zu träge, um mir eines zu holen, aber zu durstig, um nicht mehr daran zu denken, kam ein fliegender Händler, scheinbar aus dem Nichts, vorbei und äußerte die süßesten Worte, die ich seit Langem gehört hatte: »Möchten Sie ein Bier, Sahib?«

Ich fiel beinahe aus meinem Stuhl vor Freude und murmelte dankbar: »Ja, gerne!«

»Sehr gut, Sahib«, erwiderte der Verkäufer. »Das macht dann 120 Rupies.«

Ich kramte in meinem Portemonnaie und merkte, dass ich nur zwei 100-Rupie-Scheine dabeihatte. Ich händigte sie dem Verkäufer aus und erwartete, 80 Rupies zurückzuerhalten. Doch der Verkäufer meinte: »Sorry, Sahib, ich habe kein Wechselgeld. Geben Sie mir das Geld, und ich bringe Ihnen in zehn Minuten das Wechselgeld.«

Versetzen Sie sich in meine Lage. Wie hätten Sie sich verhalten? Ihm das Geld geben und riskieren, dass er auf Nimmerwiedersehen damit verschwindet? Oder aber ihn bitten, zuerst das Wechselgeld zu holen, bevor Sie das Bier bei ihm kaufen?

Wahrscheinlich würden Sie dasselbe tun wie ich: Ihm das Geld geben und es darauf ankommen lassen, 80 Rupies zu verlieren. Doch natürlich gibt es auch Situationen, in denen es einem nicht so leichtfällt, anderen zu vertrauen. Angenommen, ein Kollege möchte einige Ihrer Präsentationsfolien benutzen, die Sie in mühevoller Kleinarbeit zusammengestellt haben. Oder stellen Sie sich vor, Sie würden Ihrem Date gleich beim allerersten Treffen eine Ihrer tiefsitzendsten Ängste offenbaren. Unter solchen Umständen ist es deutlich schwieriger, proaktiv zu vertrauen.

Laut David DeSteno, dem Verfasser des Buches *The Truth About Trust,* gibt es ein wesentliches Merkmal, das allen Situationen, die mit Vertrauen zu tun haben, gemeinsam ist: der Risiko-Nutzen-Ausgleich. Im Bierverkäuferszenario würde es einen großen Nutzen herbeiführen, wenn ich dem Verkäufer die 200 Rupies aushändigte: ein schönes, kühles Bier. Es könnte sich noch ein weiterer Vorteil ergeben, nämlich, dass das Vertrauen vergolten wird.

Andererseits birgt es zwei Risiken, sich auf den Verkäufer zu verlassen: das Risiko, dass er nicht wieder mit dem Wechselgeld auftaucht, und das Risiko, dass Sie sich wie ein Idiot vorkommen, weil Sie sich übers Ohr haben hauen lassen. Dieses Risiko ließe sich natürlich ganz leicht minimieren, indem Sie dem Verkäufer nicht vertrauen. Allerdings würden Sie sich dabei um die Chance bringen, in den Genuss der Vorteile zu gelangen.

Wie geht man nun mit dieser Art von Nutzen-Risiko-Abwägung um?

Eine Möglichkeit besteht darin, sämtliche Vorteile zu betrachten, nicht nur die offensichtlichen, die ich eben beschrieben habe. Damit Sie verstehen, was ich damit meine, widmen wir uns noch einmal dem Bierverkäufer in Goa.

Die ungeahnten Vorteile von Vertrauen

Angenommen Sie entscheiden sich, dem Bierverkäufer zu vertrauen, und zu Ihrer Freude kommt er tatsächlich mit dem Wechselgeld zurück. In diesem Fall würden Sie nicht nur den offensichtlichen Vorteil erlangen, den Durst löschen zu können, Sie würden überdies etwas sehr viel Wertvolleres gewinnen: *die Entdeckung eines vertrauenswürdigen Bierverkäufers!* Jemanden zu kennen, dem man vertrauen kann, ist etwas sehr Kostbares. Stellen Sie sich vor, Sie wären eingebettet in eine Gemeinschaft aus vertrauenswürdigen Beziehungen. Nehmen Sie z. B. an, dass alle, die irgendwelche Aufgaben für Sie übernehmen, angefangen von dem Gärtner, der Ihren Rasen mäht, über die Mitarbeiter in der Textilreinigung bis hin zu den Mechanikern in der Autowerkstatt überaus vertrauenswürdig wären. Wäre es nicht wunderbar, in solch einer Welt zu leben? Ganz bestimmt! Und indem Sie anderen proaktiv vertrauen, schaffen Sie für sich die besten Voraussetzungen für solch ein Leben. Dieser ein wenig verborgene Vorteil proaktiven Vertrauens wird von den meisten für gewöhnlich übersehen.

Doch es gibt noch einen weiteren verborgenen Vorteil proaktiven Vertrauens. Wie wir vorhin bereits am Beispiel der »Trust Game«-Studien sehen konnten, wird proaktives Vertrauen meist durch vertrauenswürdiges Verhalten erwidert. Diese Wechselseitigkeit des Vertrauens setzt mit hoher Wahrscheinlichkeit einen Prozess in Gang, in dem gegenseitiges Vertrauen in der Gesellschaft gebildet wird. Indem wir also anderen proaktiv vertrauen, tragen wir unseren Teil dazu bei, eine Kultur des Vertrauens zu schaffen – ebenso wie wir durch die Zahlung von Steuern zu einer besseren Gesellschaft beitragen.

Diese verborgenen Vorteile proaktiven Vertrauens gehen natürlich mit gewissen Risiken einher. Hätten Sie sich auf den Bierverkäufer verlassen und wären übers Ohr gehauen worden, wären Sie nicht nur um 80 Rupien ärmer, Sie kämen sich überdies vor wie ein Idiot. Und obendrein hätte das auch noch Ihre Gefühle verletzt. Wie zahlreiche Studien belegen, ist betrogen zu werden eine sehr schmerzhafte Erfahrung. Zur Veranschaulichung ein Beispiel: Angenommen Sie wollen ein Auto kaufen. Sie verhandeln mit dem Verkäufer und schaffen es schließlich, den Wagen um 500 Euro günstiger zu erstehen als der Kunde davor. Wie glücklich würden Sie sich fühlen? Gehen wir nun von dem entgegengesetzten Szenario aus. Nachdem Sie mit dem Verkäufer verhandelt haben, kaufen Sie das Auto für einen Preis, von dem der Händler Ihnen versichert: »Das ist der niedrigste Betrag, für den ich jemals einen Wagen verkauft habe!« Sie glauben ihm, nur um kurz darauf zu entdecken, dass der Kunde vor Ihnen 500 Euro weniger bezahlt hat. Wie verärgert wären Sie? Für die meisten Menschen gilt – und das kann ich aus eigener Erfahrung bestätigen –, dass sie das negative Erlebnis des Betrugs als viel schwerwiegender empfinden würden als das positive Erlebnis, Geld gespart zu haben. Doch wir hassen es nicht nur, wenn wir im Geldkontext betrogen werden; wir hassen es in *jedem* Kontext, betrogen zu werden, was auch der Grund ist, warum Vertrauen wesentlich ist für eine gesunde Beziehung. Laut John Gottman, einem der bekanntsten Forscher auf dem Gebiet von Beziehungen, sind mindestens *fünf* vertrauenswürdige Handlungen nötig, um ein negatives Erlebnis im Zusammenhang mit nichtvertrauenswürdigem Verhalten zu relativieren!

Der Vertrauensfragebogen

Aus diesem Grund ist ein gewisses Fingerspitzengefühl wichtig, wenn es darum geht, wann, wem und in welchem Ausmaß man vertrauen sollte. Einerseits wollen wir unseren Mitmenschen nicht ständig misstrauen. Damit würden wir uns selbst im Wege stehen, unter anderem unserem Glück. Andererseits können wir auch nicht allen jederzeit vertrauen. Irgendwo zwischen extremem Misstrauen und extremem Vertrauen liegt also der

»goldene Bereich« des Vertrauens: das Level, das am meisten zu unserem Glück beiträgt. Doch wo liegt nun dieser Bereich?

Diese Frage lässt sich nicht so einfach beantworten, da der Toleranzbereich von Person zu Person unterschiedlich sein kann – abhängig etwa davon, wie sehr es einen verletzt, betrogen zu werden. Auch von Situation zu Situation kann es Unterschiede geben. Während Sie in manchen Ländern beispielsweise Taxifahrern in der Regel trauen können, ist in anderen ein gesundes Misstrauen durchaus angebracht. Es ist also nicht immer einfach, diesen Bereich zu ermitteln. Was jedoch nicht bedeutet, dass sich ein Versuch nicht lohnen würde. Einen Teil der Antwort erhalten wir, wenn wir das Niveau des angelegten Vertrauens ermitteln. Wenn ein Mensch dazu neigt, anderen stärker als erforderlich zu misstrauen, folgt daraus, dass sich der goldene Bereich in Richtung stärkeren Vertrauens verschiebt und umgekehrt.

Am Ende des Kapitels finden Sie einen Fragebogen zum Thema Vertrauen, mit dem Sie das Niveau Ihres inhärenten Vertrauens ermitteln können. Meine studentische Mitarbeiterin Eunjoo (EJ) Han und ich haben diesen Fragebogen für eine Reihe von Studien verwendet und waren immer wieder überrascht, dass die Probanden anderen im Allgemeinen stärker misstrauten als nötig. Möglicherweise werden Sie eine ähnliche Erfahrung beim Ausfüllen des Bogens machen.

Soziales Misstrauen

Angenommen Sie werden von einem anderen Fahrer auf der Autobahn derart geschnitten, dass Sie bremsen müssen. Was ist Ihrer Meinung nach die plausibelste Erklärung für sein Verhalten?

1. Der Fahrer ist ein rücksichtsloser Kerl.
2. Der Fahrer hat Sie wahrscheinlich nicht gesehen.
3. Der Fahrer hat es wahrscheinlich eilig (er ist z. B. gerade wegen eines Notfalls unterwegs zum Krankenhaus).

Nehmen wir jetzt ein anderes Szenario: Sie befinden sich auf der Autobahn und würden gerne die Spur wechseln, ein Fahrer neben Ihnen bremst, um Sie auf seine Spur wechseln zu lassen. Was steckt wohl hinter seinem Verhalten:

1. Der Fahrer ist ein netter Mensch.
2. Der Fahrer lässt Sie deshalb auf seine Spur, damit er auf Ihre Spur wechseln kann.
3. Dem Fahrer ist wohl aufgefallen, dass Sie es eilig haben.

Im Rahmen einer Studienreihe haben EJ und ich die Teilnehmer aufgefordert, sich selbst in diese und andere Situationen zu versetzen. Bei allen Szenarien gab es eine »positive« Version, in der sich eine Person vorbildlich verhielt, sowie eine »negative«, in der sich dieselbe Person entsprechend ungünstig benahm. Ein Beispiel: Der Mitarbeiter eines Unternehmens kehrt von einer Geschäftsreise zurück. Die Probanden, die nun mit der negativen Version konfrontiert wurden, erfuhren, dass dieser Mitarbeiter 60 Dollar mehr an Spesen geltend machte, als er in Wahrheit ausgegeben hatte. In der positiven Fassung forderte der Mitarbeiter 60 Dollar zu wenig ein. Die Teilnehmer sollten sich dann für eine der drei nachfolgenden Optionen entscheiden, die mit der höchsten Wahrscheinlichkeit die Begründung für das Verhalten des Mitarbeiters liefert:

Negative Fassung:

1. Der Mitarbeiter muss ein unehrlicher Mensch sein.
2. Der Mitarbeiter hat sich wahrscheinlich vertan.
3. Der Mitarbeiter hat versucht, zusätzliche Kosten, die ihm im Zusammenhang mit einer zurückliegenden Geschäftsreise entstanden sind, zu kompensieren.

Positive Fassung:

1. Der Mitarbeiter muss ein ehrlicher Mensch sein.
2. Der Mitarbeiter hat sich vertan.
3. Der Mitarbeiter hat versucht, dem Unternehmen zusätzliche Spesen, die er im Rahmen einer früheren Geschäftsreise eingefordert hatte, zurückzuerstatten.

Haben Sie es bemerkt? Die jeweils erste Erklärung »Der Mitarbeiter muss ein unehrlicher Mensch sein« und »Der Mitarbeiter muss ein ehrlicher Mensch sein« legt dem Verhalten eine *interne* Ursache zugrunde. Dem gegenüber führt die jeweils dritte Erklärung das Verhalten auf eine *externe* Ursache zurück. (Die mittlere Erklärung argumentiert weder mit einer internen noch einer externen Ursache.) Indem wir den Teilnehmern sowohl eine interne als auch eine externe Ursache anboten, haben EJ und ich versucht herauszufinden, in welchem Maße Menschen anderen mit Misstrauen begegnen.

Gehen wir für einen Moment davon aus, dass ein höherer Anteil der Teilnehmer das negative Verhalten eher internen Ursachen zuschrieb und das positive Verhalten externen Ursachen. Das würde darauf hindeuten, dass Menschen anderen eher mit Argwohn als mit Vertrauen begegnen, weil sie annehmen, das negative Verhalten wurzelte in internen Ursachen, während ihr positives Verhalten mit externen Ursachen begründet wird. Das gegenteilige Ergebnismuster – wenn die Teilnehmer negatives Verhalten mit externen Gründen erklären und positives mit internen – würde bedeuten, dass sie anderen eher vertrauen.

Neben dem Vertrauen gibt es allerdings noch einen weiteren, davon unabhängigen Faktor, der beeinflusst, wie wir das Verhalten unserer Mitmenschen begründen: die Häufigkeit einer bestimmten Verhaltensweise. Je weiter verbreitet eine Verhaltensweise ist – etwa je alltäglicher es ist, dass Autofahrer andere schneiden –, desto wahrscheinlicher wird von einer externen Ursache ausgegangen (z. B. die Fahrkultur) und weniger von einer internen (z. B. Rücksichtslosigkeit). Und je weniger verbreitet ein bestimmtes Verhalten ist – z. B. je seltener es vorkommt, dass Mitarbeiter zu wenig Spesen berechnen –, desto wahrscheinlicher wird von einer internen Ursache ausgegangen (z. B. Ehrlichkeit) und weniger von einer externen (z. B. Unternehmenskultur). Das macht natürlich Sinn. Wenn ein Verhalten weit verbreitet ist, muss das logischerweise bedeuten, dass es im Großen und Ganzen toleriert wird; sonst würde es nur von sehr wenigen Menschen an den Tag gelegt werden. Daher überprüften wir auch diesen Faktor in unserer Analyse. Wir fanden schließlich heraus, dass Menschen anderen Menschen insgesamt häufiger misstrauen. Konkret sind wir nach Überprüfung des Faktors Verbreitung einer Verhaltensweise zu dem Ergebnis gelangt, dass negatives Gebaren häufiger internen Ursachen zugeschrieben wird, während hinter positivem eher externe Gründe vermutet werden.

Wenn sich also jemand schlecht benimmt, denken wir, das läge daran, dass dieser Mensch »gemein«, »rücksichtslos« oder »unmoralisch« sei. Verhält sich eine Person dagegen positiv, führen wir das auf äußere Umstände zurück. Die Krux an der Sache ist: Wir Menschen bringen anderen von vornherein mehr Argwohn als Vertrauen entgegen – eine Erkenntnis, die mit der These übereinstimmt, dass Misstrauen tief in uns verwurzelt ist.

Was bedeutet das alles nun? Wir fassen kurz zusammen:

- Vertrauen ist wesentlich für unser Glück; wenn wir das Gefühl haben, anderen vertrauen zu können, sind wir glücklicher,
- Menschen vergelten das in sie gesetzte Vertrauen mit vertrauenswürdigem Verhalten,
- dennoch neigen wir dazu, anderen eher zu misstrauen.

Fazit: Wenn wir alle unsere Neigung, anderen zu misstrauen, überwinden könnten, würden wir nicht nur unser Glück erheblich steigern, sondern auch das unserer Mitmenschen. Was wir daher brauchen, ist eine Strategie, um anderen häufiger proaktives Vertrauen entgegenbringen zu können, als wir es derzeit tun – natürlich ohne dabei allzu naiv und leichtgläubig zu agieren.

Im nächsten Kapitel werde ich Ihnen eine solche Strategie präsentieren.

FRAGEBOGEN:

Wie sehr misstrauen Sie Ihren Mitmenschen?

Anleitung

Lesen Sie die unten stehenden fünf Aussagen durch und geben Sie an, inwieweit Sie mit ihnen übereinstimmen. Verwenden Sie dafür folgende Skala:

1 = starker Widerspruch
2 = geringer Widerspruch
3 = neutral
4 = geringe Zustimmung
5 = starke Zustimmung

1. Im Umgang mit Fremden sollte man am besten so lange vorsichtig sein, bis sich die Person als vertrauenswürdig erwiesen hat.
2. Man sollte davon ausgehen, dass die meisten Menschen vornehmlich an ihrem eigenen Wohlergehen interessiert sind.
3. In diesen von Wettbewerb geprägten Zeiten muss man wachsam sein, da man ansonsten sehr leicht ausgenutzt werden kann.

4. Bei den meisten Menschen kann man sich nicht darauf verlassen, dass sie sich an ihr Wort halten.
5. Die meisten Idealisten sind nicht aufrichtig und halten sich nicht an das, was sie predigen.

Auswertung

Zählen Sie sämtliche Punkte zusammen.

Bei **15 Punkten oder mehr** misstrauen Sie anderen stärker, als Sie ihnen vertrauen. Haben Sie dagegen **weniger als 15 Punkte,** so vertrauen Sie anderen häufiger, als ihnen zu misstrauen.

GLÜCKSREZEPT

Intelligent vertrauen

Während meines letzten Besuchs in Accra, Ghana, fuhr ich mit dem Taxi zu einem Radiosender, wo ich ein Interview geben sollte. Zuvor erkundigte ich mich beim Concierge, wie viel die Fahrt in etwa kosten würde. Ich meinte, »15 Cedis« (die ghanaische Währung) gehört zu haben, während es in Wahrheit »50 Cedis« waren. Die Taxifahrt schien mir ziemlich lange zu dauern für nur 15 Cedis (etwa 3,50 Euro), doch ich machte mir darüber keine großen Gedanken, da Taxifahren in einigen Entwicklungsländern sehr billig ist. Als ich schließlich ausstieg, forderte der Fahrer 40 Cedis von mir. Ich gab ihm das Geld, nicht jedoch ohne ihm zuvor einen Vortrag darüber zu halten, wie sehr er mit seinem Verhalten das Vertrauen unter den Menschen zerstöre. Meine Schelte schien ihn kaum zu beeindrucken – er nahm sie einfach lächelnd zur Kenntnis –, was ich als Beleg für seine Unverfrorenheit nahm.

Zurück im Hotel, wo ich dem Concierge von meinem Erlebnis berichtete, erkannte ich meinen Fehler. Der Fahrer hatte mich keineswegs betrogen, vielmehr war er sehr großzügig gewesen. Ich war zerknirscht und machte mich auf, den Taxifahrer zu suchen, um mich bei ihm zu entschuldigen; leider hatte er bereits Feierabend. Als ich die Stadt am nächsten Morgen verließ, übergab ich dem Concierge einen Entschuldigungsbrief für den Taxifahrer, von dem ich hoffe, dass er ihn bekommen hat.

Dieses Erlebnis erinnerte mich an das, was John Helliwell als eine der zentralen Erkenntnisse aus der Vertrauensforschung betrachtet – ich habe es im letzten Kapitel bereits angesprochen: *Menschen sind sehr viel vertrauenswürdiger, als wir es ihnen zugutehalten.* Oder, anders ausgedrückt, wir Menschen sind im Allgmeinen viel misstrauischer, als wir es eigentlich sein müssten. Das liegt zum Teil sicherlich daran, dass Misstrauen eine in uns angelegte Eigenschaft ist. Und auch daran, dass wir von negativen Nachrichten umgeben sind, die dieses Misstrauen noch verstärken.

Dennoch überrascht es mich, dass wir es nicht lernen, anderen mehr zu vertrauen. Warum sind wir, als rationale Entscheidungsträger, nicht in der Lage zu erkennen, dass es unserem eigenen Interesse dient, anderen stärker zu trauen? Nicht nur würden wir damit für einen reibungsloseren zwischenmenschlichen Umgang sorgen, sondern überdies uns und andere glücklicher machen.

Was wir brauchen, um anderen mehr Vertrauen entgegenzubringen

Während ich auf dem Rückflug über diese Frage nachdachte, erkannte ich, dass es hauptsächlich zwei Gründe sind, warum *ich* mein Vertrauensniveau in all den Jahren nicht erhöht hatte. Zum einen waren mir bis vor Kurzem die wissenschaftlichen Fakten zum Thema Vertrauen noch nicht bekannt. Ich wusste nicht, dass die Menschen vertrauenswürdiger sind, als wir vermuten würden. Ich hatte auch noch nie etwas von der »Verlorene Geldbeutel«-Studie der kanadischen Tageszeitung *Toronto Star* gehört, bis Professor Helliwell mich im Rahmen unseres Interviews für das Coursera-Seminar darauf aufmerksam gemacht hat. Nach dem Vorbild einer Studie des Magazins *Reader's Digest* waren im Auftrag der Zeitung 20 Geldbörsen, die jeweils 200 Dollar enthielten, an verschieden Stellen Torontos »verloren« worden; anschließend wurden Bewohner der Stadt befragt, wie viele Geldbeutel zurückgegeben werden würden. Die Befragten gingen im Schitt von 2,3 der Geldbörsen (etwa 10 Prozent) aus, während es in Wahrheit, wie sich später herausstellte, *16* Börsen (80 Prozent) waren. In diesem Fall klaffte zwischen der angenommenen Vertrauenswürdigkeit und der tatsächlichen also ein Unterschied von 70 Prozent!

Sobald ich von Studien dieser Art erfahren hatte, unternahm ich eine Reihe eigener kleiner Untersuchungen zur Bewertung des Unterschieds zwischen tatsächlicher und vermuteter Vertrauenswürdigkeit. Ich stellte beispielsweise den Studenten meines Glücksseminars die Versuchsanordnung der »Trust Game«-Studien vor und forderte sie auf, einzuschätzen, wie viele der Teilnehmer, die zehn Dollar erhalten hatten, das Geld weitergeben würden. Es stellte sich heraus, dass die Studenten im Schnitt von 63 Prozent ausgingen, während ein Anteil von 95 Prozent der Teilnehmer das Geld geteilt hatte.

Zum anderen gab es noch einen zweiten Grund für mein im Laufe der Jahre unverändertes Misstrauen. Wie bei den meisten Menschen bleiben mir wohl eher solche Vorfälle im Gedächtnis, in denen ich übers Ohr gehauen wurde. So wurmten mich die 500 Dollar noch, um die mich der Autohändler damals geprellt hatte, während ich nicht mehr an den selbstlosen Mann zurückdachte, der mir in Thailand meinen verloren gegangenen Rucksack samt Ausweispapieren und 2000 Dollar Bargeld darin zurückbrachte! Ich begriff, dass mein selektives Gedächtnis mir den Irrglauben beschert hatte, Menschen wären generell eher unehrlich.

Und ich verstand, dass ich zunächst ein paar Vorbereitungen treffen musste, bevor ich anderen mehr proaktives Vertrauen entgegenbringen konnte. Erstens galt es, mich aktiv daran zu erinnern, dass Personen, wie etwa der Taxifahrer in Accra, generell vertrauenswürdiger sind, als ich es ihnen zugestehe. Um proaktives Vertrauen nicht mehr als Risiko, sondern vielmehr als eine Art Investition betrachten zu können, musste ich mir zweitens, sämtliche damit verbundenen Vorteile vor Augen führen, einschließlich der verborgenen. Ich musste drittens lernen, den psychologischen Schmerz, der sich aus Täuschung und Betrug ergibt, zu minimieren und zugleich die positiven Effekte von gerechtfertigtem Vertrauen zu maximieren. Auf diese Weise würde ich verhindern, mit der Zeit wieder in das alte Misstrauensmuster zurückzufallen oder gar noch misstrauischer zu werden.

Schließlich musste ich dafür sorgen, dass andere sich mir gegenüber vertrauenswürdig verhalten. Zu dieser letzten Erkenntnis bin ich auf Basis der in der Sozialpsychologie bekannten Tatsache gekommen, dass unsere menschlichen Neigungen (Meinungen, Verhalten etc.) nicht in Stein gemeißelt sind. So sind etwa nur sehr wenige Personen uneingeschränkt gut oder böse; je nach Situation können sich die meisten von uns entweder tendenziell als das eine oder das andere erweisen. Der Faktor, der am stärksten darüber bestimmt, welche Neigung wir in irgendeinem Moment zeigen (unsere gute oder unsere dunkle Seite), ist der *Kontext,* in dem wir uns gerade befinden. Handelt es sich um einen Kontext (etwa in der Kirche), in dem vor allem Tugendhaftigkeit erwartet wird und alle um uns herum dieser Erwartung entsprechen, werden wir wahrscheinlich dasselbe tun. Bewegen wir uns jedoch in einem Kontext, in dem unsere dunkle Seite nicht nur toleriert, sondern vielmehr begrüßt wird (spontan fallen mir hierzu diverse Orte in Las Vegas ein), werden wir uns mit hoher Wahrscheinlichkeit von dieser Seite zeigen.

In Studien erwiesen sich nur etwa 5 Prozent der Testpersonen als durch und durch vertrauensunwürdig. (Paul Zak, ein Wissenschaftler, der auf diesem Gebiet forscht, bezeichnet solche Menschen als »Bastarde«.) Der Rest bewegt sich irgendwo zwischen beiden Polen und offenbart, je nach Kontext, eher die eine oder andere Seite.

Wenn ich also dafür sorgen will, dass andere sich mir gegenüber vertrauenswürdig verhalten, muss ich Wege finden, sie zu solchem Verhalten anzustiften.

Die vier Komponenten »intelligenten Vertrauens«

Im Laufe der letzten Jahre habe ich eine Reihe von Strategien erarbeitet, die mir dabei helfen, mich an die vier Komponenten »intelligenten Vertrauens« zu halten:

- daran denken, dass die Menschen vertrauenswürdiger sind, als ich es ihnen zugestehen würde,
- die Vorteile – einschließlich der verborgenen – proaktiven Verhaltens ins Gedächtnis zu rufen,
- den Schmerz, ausgelöst durch Betrug, minimieren und die positive Wirkung maximieren, wenn das Vertrauen gerechtfertigt war,
- andere zu mehr vertrauenswürdigen Handlungen bewegen.

Ich verwende für diese vier Komponenten den Überbegriff »intelligentes Vertrauen«, weil ich mit ihrer Hilfe anderen häufiger vertraue, während ich damit gleichzeitig verhindere, allzu vertrauensselig zu werden. Sie tragen also dazu bei, dass ich mich dem »goldenen Bereich« des Vertrauens annähere, den ich im letzten Kapitel bereits erwähnt habe.

Die ersten beiden Komponenten bedürfen an dieser Stelle keiner Erklärung mehr, da wir sie bereits ausführlich besprochen haben. Ich möchte Ihnen dazu nur noch aus eigener Erfahrung den Rat mitgeben, sich unbedingt zu notieren, in wie vielen Fällen sich Ihr Vertrauen als gerechtfertigt beziehungsweise als nicht gerechtfertigt herausstellt. Bis heute überrascht es mich immer wieder zu sehen, dass es kaum je ein Fehler ist zu vertrauen (das Verhältnis beträgt in etwa 10:1). Hier ein Beispiel. Erst kürzlich habe ich eine Speditionsfirma damit beauftragt, meine Habseligkeiten in Indien von einer Stadt in eine andere zu transportieren. Ich sollte den vollen Preis im Voraus bezahlen. Weil das Unternehmen obendrein über meine Sachen verfügen würde, hätte ich ernsthafte Probleme, wenn irgendetwas bei der Lieferung schiefginge. Meine Sachen kamen jedoch rechtzeitig an, genau wie es die Speditionsfirma versprochen hatte. Einst, also bevor ich mir vorgenommen hatte, mich in »intelligentem Vertrauen« zu üben – hätte ich dies nicht als Beleg für die Vertrauenswürdigkeit der Menschen wahrgenommen, doch heute tue ich das sehr wohl. Und das hilft mir dabei, anderen stärker zu vertrauen.

Sich zu notieren, wie oft Vertrauen gerechtfertigt war, hat noch einen weiteren Vorteil: Man rückt auf diese Weise die damit verbundenen positiven Aspekte stärker in das Bewusstsein, was ja auch Teil der dritten Komponente »intelligenten Vertrauens« ist. Doch wie können wir den zweiten Teil dieser Komponente in die Tat umsetzen, also den durch die Täuschung entstandenen Schmerz minimieren?

Wie Sie die emotionalen Folgen durch Vertrauensverletzungen eindämmen

Das vielleicht Wichtigste, was Sie in diesem Zusammenhang tun können, ist zu vergeben. Doch bevor wir uns damit auseinandersetzen, möchte ich Ihnen drei sehr einfache Strategien vorstellen, die mir persönlich immer geholfen haben. Die erste erfordert es, eine gewisse Distanz zu den Geschehnissen einzunehmen. Meist sind die Konsequenzen, die sich ergeben, wenn man übers Ohr gehauen wird, nicht unbedingt gravierend. Und da Sie vermutlich finanziell sehr viel besser gestellt sind als die meisten anderen auf dieser Welt, ist eine Schwindelei für Sie selten mit erheblichen materiellen Schäden verbunden. Was soll's also, wenn ein ghanaischer Taxifahrer Sie verschaukelt? Oder wenn ein Bierverkäufer in Goa mit 80 Rupien Restgeld verschwindet? Um 200 Rupien hier oder 50 Dollar dort betrogen zu werden, wird kein großes Loch in Ihren Geldbeutel reißen. Man könnte es auch so betrachten: Wenn Menschen wie Sie und ich – die so viel wohlhabender sind als der Großteil der Weltbevölkerung – es nicht schaffen, das Unsere zu tun, um das gesellschaftliche Vertrauensniveau zu verbessern, wie sollten wir es dann von jenen erwarten, denen es deutlich schlechter geht? Sich das vor Augen zu führen trägt dazu bei, den Schmerz zu lindern. Die Annahme, ärmere Menschen seien vertrauenswürdiger als reichere, ist übrigens laut neueren Erkenntnissen, durchaus gerechtfertigt; Reichtum scheint aus irgendeinem Grund unsere moralische Integrität zu verderben.

Bei der zweiten Strategie geht es um den festen Entschluss, jeden, der unser Vertrauen verletzt, für sein Handeln zur Verantwortung zu ziehen. Dabei gehen Sie folgendermaßen vor: Bevor Sie jemandem vertrauen, nehmen Sie sich vor, diese Person nicht ungeschoren davonkommen zu lassen, wenn sie Sie betrügt; Sie werden sie sich vorknöpfen und ihr gründlich die Meinung sagen. Dabei geht es selbstverständlich nicht um *Rache,* sondern vielmehr darum zu verstehen, warum der- oder diejenige Ihr Vertrauen verletzt hat. Ob Sie sich nun an diesen Vorsatz halten oder nicht – mir hilft er jedenfalls dabei, anderen mehr zu vertrauen. Das mag daran liegen, dass ich mir auf diese Weise selbst darüber klar werde, wie ich auf Betrug konkret reagieren würde. Diese Klarheit hilft mir außerdem einzuschätzen, wann, wem und inwieweit ich vertrauen sollte. In Situationen etwa, in denen ich die betreffenden Personen wahrscheinlich nicht mehr werde ausfindig machen können, neige ich weniger zu proaktivem Vertrauen. Gleiches gilt, wenn derart viel auf dem Spiel steht, dass ich im Falle eines Betrugs nicht umhin käme, mit Rachsucht zu reagieren.

Die dritte Strategie – Vergebung – liegt mir aufgrund einer persönlichen Erfahrung besonders am Herzen. Kurz nach Abschluss meines Studiums habe ich eine Stelle als Management-Trainee bei der in Indien sehr bekannten Werbeagentur Lintas angetreten. In einem meiner ersten Projekte hatte ich die Aufgabe, ein kurzes Video für eine bestimmte Firma zu drehen. Weil dieses Video in bereits zwei Tagen fertiggestellt sein musste, machte ich mich sogleich an die Arbeit. Nach eineinhalb Tagen hatte ich das nötige Bildmaterial zusammen und begab mich anschließend damit in ein privates Studio, um den Film zu schneiden. Wenn Sie jemals einen Film geschnitten haben, wissen Sie, dass dies viel mehr Zeit beansprucht, als man vorher annimmt. So benötigte ich für diese Aufgabe, für die ich ursprünglich sechs Stunden veranschlagt hatte, schließlich dreimal so lange und schaffte es gerade noch rechtzeitig. Es war inzwischen acht Uhr morgens – ich hatte also die ganze Nacht durchgearbeitet –, und das Meeting sollte um zehn Uhr beginnen. Ich musste den Film noch auf eine Videokassette überspielen und wollte vor dem Treffen noch kurz nach Hause, um mich frisch zu machen und einen Happen zu essen. Doch gerade, als ich das Studio verlassen wollte, erklärte mir der Inhaber, dass ich zunächst noch die ausstehenden Rechnungen von Lintas begleichen müsste.

Versetzen Sie sich in meine Notlage! Ich war ausgehungert, verschwitzt und gereizt. Außerdem hatte ich als Firmenneuling keine Ahnung von Lintas' ausstehenden Rechnungen – und fühlte mich daher nicht zuständig. Obendrein war ich zu erschöpft von der durchschufteten Nacht, um noch klar denken zu können. Daher tat ich etwas völlig Idiotisches: Mit der VHS-Kassette unterm Arm, versuchte ich, mich möglichst unauffällig aus dem Studio zu schleichen. Ohne Erfolg. Der Besitzer des Studios schickte mir die Wachmänner hinterher, die mir das Band aus der Hand rissen. Ich war dermaßen aufgebracht, dass ich mich umwandte und den Studiochef wüst beschimpfte. Die Reaktion des Studiobesitzers machte mich fassungslos: Er schmiss die Videokassette auf den Boden und stampfte so lange darauf herum, bis nur noch Splitter übrig waren. Mir kamen die Tränen, weil nun all die Mühe umsonst gewesen war. (Ich hatte in der Aufregung vergessen, dass das Originalmastertape noch intakt war, und man daher ganz einfach ein Duplikat anfertigen konnte.)

Um es kurz zu machen: Die Geschichte nahm ein gutes Ende. Ein Mitarbeiter der Buchhaltung beglich die offenen Rechnungen, und die neue Kopie des Videos kam gerade noch rechtzeitig vor dem Meeting an. Doch obgleich das Meeting gut lief (der Geschäftsführer gratulierte mir eigens handschriftlich für den Erfolg), reichte das nicht aus, um meine Rachegelüste zu stillen. Um Einfälle, wie ich es dem Studioinhaber so richtig heimzahlen könnte, war ich nicht verlegen, doch zum Glück habe ich diese dann doch nicht in die Tat umgesetzt. Ich sage »zum Glück«, denn hätte ich meinem Rachebedürfnis nachgegeben, hätte ich damit unweigerlich zur Eskalation der an sich bereits unerfreulichen Angelegenheit beigetragen. »Rache ist süß«, sagt bekanntlich das Sprichwort – nicht umsonst ist sie Gegenstand zahlreicher Filme und Romane –, allerdings ist sie zweifellos auch Ursache von sehr viel Leid auf dieser Welt. Ich war heilfroh, zumindest in diesem Fall nicht weiteres Elend verursacht zu haben.

Ich war noch aus einem anderen Grund dankbar. Ich hatte nämlich etwas sehr Wichtiges aus der Sache gelernt: *Einem anderen zu vergeben, hilft in erster Linie einem selbst.* Damit Sie verstehen, wie ich zu dieser Erkenntnis gelangt bin, setze ich Ihnen zunächst die Hintergründe auseinander, die mich von meinen Racheplänen haben absehen lassen. Ein älterer Mitarbeiter bei Lintas hatte den Vorfall im Studio und meinen Ärger darüber bemerkt und nahm mich deshalb beiseite. Er kannte den Studiobesitzer persönlich und wusste daher, dass sein noch minderjähriger Sohn vor Kurzem bei einem Verkehrsunfall ums Leben gekommen war und dass sich obendrein ein von ihm produzierter Kinofilm als Flopp erwiesen hatte. Ferner war es bei Lintas tatsächlich versäumt worden, einige Rechnungen zu begleichen. »Es war einfach Pech, dass es gerade dich getroffen hat«, fuhr er fort, »und er hat sich wirklich lächerlich benommen. Doch ich glaube, du verstehst nun besser, warum er sich so aufgeführt hat.«

Diese Unterhaltung besänftigte nicht nur meinen rasenden Zorn. Ich erkannte außerdem die tiefe Wahrheit der Redewendung: *Wissen heißt verstehen, und verstehen heißt vergeben.* Indem ich verstand, was der Studioinhaber durchmachte, fiel es mir leichter, ihm zu vergeben. Und indem ich ihm vergab, wurde mir klar, dass Vergebung etwas ist, das man vor allem für sich selbst tut. Die Wut und der Ärger, die mich ursprünglich innerlich zerfressen hatten, hatten sich in Luft aufgelöst, und es fühlte sich gut an, diese losgeworden zu sein.

Die fünfte Glücksübung: Verzeihen lernen

Denken Sie an jemanden, den Sie nicht mögen – nicht an jemanden, den Sie aus tiefster Seele hassen, eher an jemanden, der Ihnen lediglich unsympathisch ist. Nennen wir diese Person X. Nehmen wir jetzt an, Sie wären mit dem Erbgut von X geboren worden. Sie würden also aussehen wie X, hätten denselben Körper, Geruch, Vorlieben, Intelligenz, Fähigkeiten etc. Nehmen wir weiterhin an, Sie wären unter denselben Umständen aufgewachsen wie X und hätten auch dieselben Erfahrungen gemacht: So wären Sie also in die Familie von X hineingeboren worden, hätten seine Eltern, wären in demselben Viertel aufgewachsen, in dieselbe Schule gegangen, dieselben Freunde gehabt.

Glauben Sie, Sie würden sich anders benehmen, als X es tut?

Die meisten kommen schnell dahinter, dass die Antwort nein lauten muss. Dieses Gedankenexperiment hilft uns also zu erkennen, dass sich die Menschen meist in der ihnen einzig möglichen Art und Weise benehmen. Und sobald man das einmal begriffen hat, neigt man weniger dazu, das Verhalten anderer spontan als »gut« oder »schlecht« zu beurteilen, und ist bereit für den nächsten Schritt: ergründen zu wollen, *warum* Menschen sich so benehmen und nicht anders. Man überlegt dann, wie dieser Jemand wohl aufgewachsen ist, ob er oder sie von den Eltern unterstützt wurde, oder mit welchen Problemen er/sie gerade zu kämpfen hat. Dieses Verständnis löst einen Prozess aus, den Sonja Lyubomirsky in *Glücklich sein* als eine Art des Umdenkens beschreibt, dass also das Verlangen, dem anderen zu schaden, sukzessive ersetzt wird durch den Wunsch, dem anderen Gutes zu tun.

Und dieses Umdenken birgt bei näherer Betrachtung mehr Vorteile für *einen selbst* als für die anderen. Es ist erwiesen, dass Rachegedanken sowohl die mentale wie auch die körperliche Gesundheit deutlich negativ beeinflussen. Wenn wir sie überdies in die Tat umsetzen, werden wir damit womöglich auch andere Menschen verletzen und setzen so einen Teufelskreis in Gang, dem wir irgendwann selbst nicht entkommen. Wie Sie es auch betrachten – ob Sie lediglich Groll hegen oder zugleich dementsprechend handeln – Sie werden in jedem Fall leiden. Oder aber Sie profitieren (mental wie körperlich), wenn Sie die Rachegefühle beilegen.

Eine Reihe wissenschaftlicher Experimente belegen das. In einer dieser Studien, an der sich Frauen im Alter von über 65 Jahren beteiligten, die durch negative zwischenmenschliche Erfahrungen verletzt worden waren, wurden die Teilnehmerinnen entweder einer »Vergebungs-« oder einer Kontrollgruppe zugeteilt. Die Teilnehmer beider Gruppen trafen sich über einen Zeitraum von acht Wochen einmal täglich. Probandinnen der Vergebungsgruppe wurden im Vergeben geschult, die anderen Damen nicht. Nach acht Wochen stellte sich heraus, dass sich die Teilnehmerinnen der Vergebungsgruppe weniger ängstlich und deutlich selbstbewusster fühlten. Im Rahmen einer weiteren Studie an Personen, die von ihren Partnern betrogen worden waren, wurde eine Teilnehmergruppe in Vergebung unterwiesen, die andere nicht. Wie die Ergebnisse zeigten, trugen jene, die im Vergeben geschult worden waren, eine deulich geringere emotionale Last, als die Probanden der anderen Gruppe.

Falls Sie zwar genau wissen, wie wohl es tut, anderen zu vergeben, es in einer bestimmten Situation jedoch nicht über sich bringen, weil es Ihnen nicht fair erscheint, möchte ich Sie auf zwei Dinge hinweisen. Erstens, es ist nicht nötig, jedem jederzeit zu vergeben. Sie können sich aussuchen, wann, wem und für was Sie vergeben wollen. In manchen Fällen kann es richtig sein, jemandem nicht zu vergeben – das sagt auch Dan Ariely, der Autor von *Wer denken will, muss fühlen*. Zweitens, Vergeben darf nicht mit Versöhnen verwechselt werden – oder gar Billigung der Handlung. Es handelt sich lediglich um einen Versuch,

Ihre Rachegefühle zu lindern, damit Sie anschließend Ihr Leben unbeschwert weiterführen können.

Nun, da Sie verstehen, was Vergebung ist und was nicht, wird es Ihnen leichterfallen, sie häufiger zu praktizieren.

Wie man andere dazu bringt, sich vertrauenswürdig zu verhalten

Lernt man zu vergeben, so schnellt man ein ganzes Stück auf der Glücksskala nach oben, wie diverse Studien beweisen. Allerdings weiß ich aus meiner Erfahrung mit Studenten, dass sich die tatsächliche Umsetzung nicht immer einfach gestaltet. Das liegt hauptsächlich daran, dass Vergebung stets den Beigeschmack hat, einen Menschen, der uns unrecht getan hat, ungeschoren davonkommen zu lassen. Dieses Hindernis lässt sich überwinden, indem Sie sich daran erinnern, dass es vor allem *Ihnen selbst* zugutekommt, wenn Sie jemandem verzeihen. Eine weitere Möglichkeit besteht darin, dafür zu sorgen, dass Sie nicht mehr so leicht übers Ohr gehauen werden können. Meiner Erfahrung nach fällt es leichter zu verzeihen, wenn es nur gelegentlich vonnöten ist und nicht andauernd.

Das bringt uns zu der vierten und letzten Komponente »intelligenten Vertrauens«: herausfinden, wie man andere zu vertrauenswürdigem Verhalten bewegt. Wie bereits erwähnt, sind wir sowohl zu vertrauenswürdigem Verhalten wie auch zum Gegenteil in der Lage, und es kommt hier vor allem auf den Kontext an, in dem Sie sich bewegen. Sprich das Ausmaß, in dem Sie anderen vertrauen, sollte sich nach dem Kontext richten. Befinden Sie sich gerade in einem Kontext, in dem Vertrauenswürdigkeit nicht sehr weitverbreitet ist (etwa auf einer Taxifahrt durch Istanbul oder einer Rikscha-Tour durch Cennai, meine Heimatstadt), ist es angebracht, weniger zu vertrauen.

Doch quer über alle Kontexte hinweg gibt es eine Reihe von Strategien, an die Sie sich halten können, um Ihre Mitmenschen häufiger zu vertrauenswürdigem Benehmen zu bewegen. Der vielleicht wichtigste Punkt besteht darin, beliebter zu werden. Je sympathischer einen die Menschen finden, desto seltener wird man von ihnen betrogen. Indem man die Gemeinsamkeiten zwischen sich selbst und einer anderen Person stärker hervorhebt, wirkt man sympathischer. Erinnern Sie sich an die Studie, in der ich gemeinsam mit Kim Corfman die Teilnehmer dazu aufforderte, sich kurze Videos anzusehen, die entweder langweilig oder amüsant waren? Es machte den Teilnehmern mehr Spaß, die Filmchen anzusehen, wenn sie auch dem Partner gefielen. Das liegt hauptsächlich daran, dass die Teilnehmer sich in der Gesellschaft eines Menschen mit derselben Meinung wohler fühlen. Zahlreiche weitere Studien belegen es: Ähnlichkeit erzeugt Sympathie. Wenn Sie also gerade in Istanbul in einem Taxi sitzen und entdecken, dass Sie und der Fahrer beide Fans derselben Fußballmannschaft sind, sollten Sie diese Tatsache unbedingt betonen. Damit sorgen Sie nicht nur für eine angeregte Unterhaltung, Sie reduzieren außerdem die Gefahr, vom Taxifahrer hinters Licht geführt zu werden.

Doch es gibt natürlich noch andere Dinge, die Sie tun können, um sympathischer zu wirken, etwa sich warmherzig und freundlich zu zeigen – anstatt kompetent und professionell. Die Sozialpsychologin Amy Cuddy, die sich mit der Rolle von Führungspersonen auseinandergesetzt hat, hat herausgefunden, dass die meisten Vorgesetzten den Fehler machen, eher kompetent als herzlich aufzutreten. Kompetente Führungspersonen werden laut Amy Cuddys Erkenntnissen stärker gefürchtet, herzliche dagegen als sympathischer wahrgenommen. Eine weitere Möglichkeit, für größere Beliebtheit zu sorgen, besteht darin, sich selbst als vertrauenswürdig zu erweisen. Sicher, wenn Sie jemandem zum ersten Mal begegnen, haben Sie vielleicht keine Möglichkeit dazu, doch sobald sich eine Gelegenheit ergibt, sollten Sie diese unbedingt ergreifen. Sie können auch Vertrauenswürdigkeit signalisieren, indem Sie von bestimmten Situationen erzählen, die diese Eigenschaft hervorhebt. (Doch Vorsicht, Sie sollten dabei natürlich nicht zu prahlerisch oder spießig erscheinen.) Man erscheint zudem liebenswürdiger, wenn man sich entschuldigt, hat man mal etwas vermasselt. Studien zeigen, dass Unternehmen, die einen Fehler begangen haben und sich dafür entschuldigen, positiver wahrgenommen werden als jene, die das nicht tun.

Doch es gibt noch einen anderen Weg, gegenseitiges Vertrauen aufzubauen: Erweisen Sie sich selbst möglichst schnell als vertrauenswürdig. Das erfordert möglicherweise, zunächst ein gewisses Risiko in Kauf zu nehmen und dem anderen zuerst proaktiv zu vertrauen. Beispielsweise könnten Sie einen neuen Kollegen zum Mittagessen einladen und darauf vertrauen, dass er sich in der nächsten Mittagspause revanchieren wird. Oder aber als Erster etwas Persönliches von sich preisgeben und darauf vertrauen, dass der/die andere sich daraufhin auch ein wenig öffnen wird. Meine Faustregel für solche Fälle lautet, dem anderen dreimal in begrenztem Umfang Vertrauen zu schenken; wird dieses nicht erwidert, lasse ich es dabei bewenden.

Die Umsetzung der vier Komponenten »intelligenten Vertrauens« hat mir persönlich sehr viel gegeben – sowohl auf materieller wie psychologischer Ebene – und ich hoffe, dass es Ihnen ebenso ergehen wird.

GLÜCKSÜBUNG:

Verzeihen lernen[12]

Hintergrund

Wie sagte Buddha bereits: »An Ärger festzuhalten ist, wie wenn du ein glühendes Stück Kohle festhältst mit der Absicht, es nach jemandem zu werfen – derjenige, der sich dabei verbrennt, bist du selbst.« Falls es Ihnen hilft, stellen Sie sich vor, diese Übung nur für sich selbst durchzuführen – damit Sie sich besser fühlen und Ihren Lebensweg fortsetzen können –, statt für eine Person, die Sie schlecht behandelt hat.

Ziel

Ziel ist es, einen Brief zu schreiben – der allerdings nicht abgeschickt wird –, in dem Sie einem Menschen vergeben, der Sie verletzt hat.

Diese Übung gehört zu den eher schwierigen, da nur sehr wenige es über sich bringen, Ärger fahrenzulassen, wenn sie ungerecht behandelt wurden. Allerdings verletzen wir uns selbst sehr viel mehr als die betreffende Person, wenn wir an Ärger und Missgunst festhalten. Daher lohnt es sich, die Übung zu Ende zu bringen, auch wenn Ihnen vielleicht nicht danach ist.

Schritte

Diese Übung besteht aus drei Schritten:

1. Denken Sie an eine Situation, in der Ihnen Leid oder Schmerz zugefügt wurde. Suhlen Sie sich nicht zu lange in den negativen Emotionen, die das Ereignis in Ihnen ausgelöst hat. Schreiben Sie so sachlich wie möglich auf, was sich im Einzelnen zugetragen hat, wie Sie sich dabei gefühlt haben und warum. Falls Sie immer noch verletzt sind, notieren Sie es und beschreiben Sie, welches Verhalten Sie sich alternativ von dieser Person gewünscht hätten.
2. Im zweiten Schritt wird der Brief verfasst. Lassen Sie sich zunächst noch einmal durch den Kopf gehen, was Sie in Schritt 1 aufgeschrieben haben, um dann die mutmaßlichen Auslöser für das verletzende Verhalten herauszuarbeiten.

Möglicherweise steckt die betreffende Person gerade in argen finanziellen Nöten. Oder sie wurde von einem Dritten falsch informiert. Geben Sie Ihr Bestes, sämtliche relevante Faktoren aufzudecken; Ihre Intention soll sein, Erklärungen (zugunsten des Missetäters) zu finden, damit Sie den Brief mit folgendem Satz beenden können: »Ich weiß jetzt, dass Du Dich damals nicht anders verhalten konntest, und ich vergebe Dir.« Lesen Sie anschließend den Brief sorgfältig durch und verändern Sie ihn, wo nötig.

Wichtiger Hinweis: Beim Schreiben eines Vergebensbriefes kann es passieren, dass Sie von Gefühlen überwältigt werden. In diesem Fall legen Sie die Übung beiseite und versuchen es in ein paar Tagen oder Wochen noch einmal. Alternativ können Sie die Übung auch mit einem weniger schwerwiegenden Ereignis wiederholen – einem, das für Sie mit nicht ganz so intensiven Gefühlen verbunden ist.

3. Der dritte und letzte Schritt soll Ihnen helfen, seelisch mit der Angelegenheit abschließen zu können. Das geht am einfachsten, wenn Sie den Brief in einen Umschlag stecken und noch während Sie ihn wahlweise verbrennen, zerreißen oder wegwerfen, zu sich selbst sagen: »Hiermit betrachte ich den Vorfall als erledigt.« Das mag sich gar zu einfach anhören, doch wie Studien zeigen, bewirkt dieses Vorgehen tatsächlich, dass Menschen weniger über in der Vergangenheit erlebte Verletzungen nachgrübeln.[13]

GLÜCKSFEHLTRITT NR. 6

Mit Hingabe oder Gleichgültigkeit nach Leidenschaft streben

Obwohl ich meine Doktorarbeit an einer staatlichen Universität im Südwesten der USA begonnen hatte, schloss ich sie an einer Privatuniversität im Nordwesten des Landes ab: der Stern School of Business an der New York University. Folgendes hatte sich zugetragen: Kurz nachdem ich meine Doktorarbeit begonnen hatte, nahmen einige wichtige Professoren den Hut und wechselten an andere Universitäten. Ich war in der Zwickmühle. Einerseits wollte ich gerne an der Fakultät bleiben – ich mochte meine Mentorin sehr und hatte bereits einige Freundschaften geschlossen –, andererseits fürchtete ich, dass durch den Weggang namhafter Wissenschaftler der Ruf der Fakultät leiden und sich das auch auf meine Berufschancen auswirken könnte. Schließlich entschloss ich mich für den Wechsel.

Am Ende lief alles gut. Ich wechselte 1995 an die Stern School of Business, benötigte zwar mehr Zeit, um mit meiner Doktorarbeit fertig zu werden, doch es hatte sich gelohnt. Ich promovierte schließlich zu einem Thema, das mir sehr am Herzen lag: Über den Einfluss von Launen und Gefühlen auf Bewertungen und Entscheidungen. Wäre ich an meinem ursprünglichen Institut geblieben, hätte meine Dissertation wohl ein anderes Thema gehabt, das mir weniger bedeutete.

Wenn mich daher heute jemand fragen würde, ob der damalige personelle Umbruch an der staatlichen Universität gut oder schlecht war, würde ich wahrscheinlich mit »gut« antworten. Was ich damals also als negativ empfunden habe, hat sich, aus der Retrospektive betrachtet, als durchaus vorteilhaft für mich erwiesen.

Die Geschichte eines Freundes

Im Jahr 1994, ich studierte noch an der staatlichen Hochschule, zog einer meiner engen Freunde von Indien in die Vereinigten Staaten. Er stammte aus relativ armen Verhältnissen, und sein Bildungsstand war eher mittelmäßig. Dennoch schaffte er es, diese Hindernisse durch umso mehr Fleiß zu überwinden, und wurde schließlich ein gefragter Computerprogrammierer. Ihm wurde eine hoch dotierte Stelle in einer amerikanischen Topfirma angeboten. Als ich ihn im Sommer 1995 kurz vor meinem Wechsel nach New York besuchte, wollte er hoch hinaus. Er hatte sich ein schickes, neues Auto gekauft, wohnte in einer eleganten Wohnung in einer der angesagtesten Gegenden der Stadt. Ziemlich bald – Anfang 1996 – nahm sein Leben jedoch eine ungünstige Wendung. Er rief mich mehrmals wöchentlich an, um sich Tipps von mir für den Umgang mit seinem »ätzenden« Chef zu holen. Wenig später hatte er auch mit vielen anderen Mitmenschen Ärger: mit seinem Vermieter, seiner Freundin und den Nachbarn. Um seine Lage besser ertragen zu können, fing er an zu trinken.

Drei Jahre nach seinem Umzug in die Vereinigten Staaten blieb ihm nichts anderes übrig, als zurück nach Indien zu gehen; er war buchstäblich in jedem Job, den er angetreten hatte, gefeuert worden. In die Heimat zurückzukehren war ein herber Rückschlag für meinen Freund, denn er hatte großen Gefallen an den Annehmlichkeiten des westlichen Lebensstils gefunden. Doch weil er es sich mit sämtlichen Arbeitgebern verscherzt hatte, gab es niemanden mehr, der ihm eine Empfehlung geschrieben hätte oder gar bereit gewesen wäre, ihn wieder einzustellen.

Zurück in Indien, forderten seine Niedergeschlagenheit und seine zunehmende Alkoholsucht mit der Zeit mehr und mehr ihren Tribut. Als ich ihn im Juli 2007 wieder traf, war er nur noch ein Schatten seines früheren Selbst.

Dann, im Oktober des gleichen Jahres, erhielt ich die Nachricht, vor der ich mich zunehmend gefürchtet hatte: Mein Freund war tot. Seine Mitbewohner hatten ihn leblos auf seinem Bett vorgefunden.

Ein paar Tage später erfuhr ich von einem Familienmitglied meines Freundes: »Die meisten glauben, dass er außerordentliches Glück hatte, diese Stelle in den USA zu bekommen. Ich für meinen Teil denke jedoch, dass er damit eher großes *Pech* hatte. Er war emotional unreif, als er in die USA ging, hing noch sehr an seiner Mutter und war abhängig von der Unterstützung seiner Freunde. Sein Umzug hat ihn komplett von diesem unterstützenden Netzwerk abgeschnitten. Ich weiß, du hast so gut wie möglich versucht, ihm zu helfen, doch er brauchte jemanden in seiner Nähe, jemanden, der täglich um ihn gewesen wäre – etwas, das du nicht leisten konntest. So wurde er mit der Zeit immer einsamer. Und um mit seiner Einsamkeit fertigzuwerden, fing er an zu trinken. Ab da ging es steil bergab.«

Der Verwandte meines Freundes schwieg für einen Moment, dann setzte er fort: »Ich frage mich häufig, wie sich sein Leben entwickelt hätte, wenn er nicht in die USA gegangen wäre. Oder wenn er Indien wenigstens ein paar Monate später verlassen hätte. Ich glaube, dann wäre alles anders gelaufen. Zum einen hätte er mehr Zeit gehabt, seine Sozialkompetenzen auszubauen. Seine Projektmanagementfähigkeiten hätte er auch weiter ausbilden können, da die IT-Industrie in Indien zu diesem Zeitpunkt gerade boomte. Wahrscheinlich wäre er, wie die meisten anderen in der IT-Branche auch, dennoch in die USA gegangen, allerdings erst später, sodass er noch Zeit gehabt hätte, zu reifen und sich weiterzuentwickeln.«

»Gut oder schlecht, wer weiß das schon?«

Es ergeben sich zwei zentrale Themen aus den Geschichten, die ich gerade erzählt habe. Erstens, wir haben es nicht immer unter Kontrolle, wie sich die Dinge in Zukunft entwickeln. Wer hätte gedacht, dass es an der Fakultät der staatlichen Universität zu solch einem personellen Umbruch kommen und ich daher den Studienort wechseln würde? Oder wer hätte vorhersehen können, dass mein Freund – ein Mensch mit zweifelhaftem Bildungsstand und keinerlei Kontakten – einen Traumjob in den USA ergattern würde?

Natürlich meine ich damit nicht, dass wir keinerlei Einfluss auf unsere Zukunft hätten. Weniger komplexe Entwicklungen, also solche, die allein unseren Handlungen unterliegen, haben wir durchaus unter Kontrolle. Wenn Sie sich gerade an der Nase kratzen oder gähnen wollen, könnten Sie dies zweifelsohne unterdrücken und damit kontrollieren. Im Fall von komplexeren Vorgängen und Entwicklungen nimmt der Einfluss, den Sie darauf haben, jedoch exponentiell ab. Ob nun z. B. das Fünf-Gänge-Menü, das Sie am Wochenende für Freunde zubereiten wollen, genauso gelingt, wie Sie es sich vorstellen, und ob es Ihren Freunden so schmecken wird, wie Sie es sich erhoffen, lässt sich nicht mit Sicherheit vorhersagen. Geht es um sehr viel komplexere Angelegenheiten, also etwa darum, den idealen Lebenspartner zu finden oder den Traumjob zu ergattern, fällt der persönliche Einfluss auf den Gang der Dinge sogar noch geringer aus.

Das zweite Thema, das sich aus den Geschichten ergibt, erscheint mir noch faszinierender: Wir Menschen neigen dazu, Ereignisse vorschnell entweder als entschieden positiv oder negativ zu beurteilen. Als es zu dem personellen Umbruch an der Fakultät kam, war ich *überzeugt,* dass dies eine negative Entwicklung wäre. Gleichermaßen war mein Freund *überzeugt* davon, dass es sich um eine positive Entwickung für ihn handelte. Doch was für ein Irrtum!

In gewisser Hinsicht ist uns allen bewusst – oder sollte es zumindest sein –, dass wir unmöglich alle Konsequenzen, die sich aus einer Entwicklung ergeben, vorher erkennen können. Als ich mit meiner Dissertation anfing, konnte ich nicht ahnen, wie mein Leben nach der personellen Fluktuation an meiner Fakultät aussehen würde. Gleiches gilt für meinen Freund, dem die Tragweite seines Umzugs in die USA nicht im Geringsten klar sein konnte. Und weil wir die Konsequenzen von Entwicklungen nicht vorhersehen können, sind wir auch nicht in der Lage, die Auswirkungen, die diese Entwicklungen auf unsere Leben haben werden, vorauszuberechnen. Oder, wie man es in der Geschäftswelt ausdrücken würde, uns fehlt das Wissen, um den sogenannten »Nettobarwert« einer beliebigen Entwicklung vorauszuberechnen. Eine Entwicklung, die auf den ersten Blick positiv erscheint (z. B. seine große Liebe heiraten), kann sich später als negativ herausstellen. Ebenso kann sich eine als negativ eingestufte Entwicklung (z. B. eine Scheidung), später als die beste Sache, die einem je passiert ist, erweisen. So ist nun mal das Leben – unvorhersehbar und bizarr. Aus diesem Grund sollten wir uns ein wenig mit der Beurteilung von Entwicklungen, die wir durchlaufen, zurückhalten.

In indischen Kreisen gibt es eine häufig erzählte Geschichte, die diesen Gedanken wunderbar illustriert:

Es war einmal ein Bauer, der hatte einen Sohn. Eines Tages lief das einzige Pferd weg. Die Nachbarn strömten herbei und riefen besorgt: »Oh, wie schrecklich. Wie wirst du nun deine Felder bearbeiten?« Der Bauer entgegnete: »Gut oder schlecht, wer weiß das schon?«

Ein paar Tage später kam das Pferd zurück, begleitet von einem weiteren Pferd. Die Nachbarn freuten sich: »Oh, was für ein Glück! Nun schaffst du doppelt so viel Feldarbeit wie früher!« Der Farmer entgegnete: »Gut oder schlecht, wer weiß das schon?«

Am nächsten Tag fiel der Sohn des Bauern vom neuen Pferd und brach sich das Bein. Die Nachbarn waren abermals erschüttert: »Was für ein Pech, nun, da dein Sohn verletzt ist, kann er dir nicht mehr bei der Arbeit helfen!« Der Bauer erwiderte: »Gut oder schlecht, wer weiß das schon?«

Bald darauf verbreitete sich die Kunde, dass der Krieg ausgebrochen war und alle jungen Männer der Armee beitreten sollten. Die Dorfbewohner waren traurig, weil sie wussten, dass viele ihrer Kinder nicht mehr zurückkommen würden. Der Sohn des Farmers konnte wegen des gebrochenen Beins jedoch nicht eingezogen werden. Die Nachbarn waren voll des Neids: »Was für ein Glück du hast – du behältst deinen Sohn –, er muss nicht in den Krieg ziehen.«

Der Bauer erwiderte: »Gut oder schlecht, wer weiß das schon?«

Anders als dem Bauern in der Geschichte fällt es den meisten von uns wohl eher schwer, sich in der Bewertung von Ereignissen zurückzunehmen. Doch stellen Sie sich einfach vor, Sie könnten, wie der Bauer, Ereignisse wertfrei betrachten, also von ganzem Herzen sagen: »Gut oder schlecht, wer weiß das schon?«

Würde Ihnen diese Lebenseinstellung behagen? Möglicherweise geht es Ihnen ähnlich wie den Studenten meines Seminars. Ihnen ist zwar klar, dass es sicherlich sein Gutes hat, Ereignissen, insbesondere negativen, vorbehaltlos entgegenzutreten, doch hegen sie auch gewisse Zweifel. Da ist zum einen die Sorge, nie mehr wirklich glücklich zu sein, wenn sie nach dem Vorbild des alten Mannes leben würden, denn, wie einer meiner Studenten es ausdrückte: »Wenn mich die Hochzeit mit meiner großen Liebe oder ein toller, neuer Job nicht glücklich macht, warum sollte mich irgendetwas anderes dann noch glücklich stimmen?« Zum anderen hegen sie Bedenken, ob sie überhaupt noch in der Lage wären, Ziele zu verfolgen. Angenommen Sie sagen sich, wann immer Sie ein Ziel haben – etwa, dieses Buch komplett zu lesen: »Gut oder schlecht, wer weiß das schon genau?« Die Motivation, das Buch zu lesen, wäre dann natürlich sehr viel geringer, als wenn Sie dies als positives, erstrebenswertes Ziel einstufen würden.

Doch sind diese Zweifel wirlich berechtigt?

Um das zu klären, möchte ich Sie zur Teilnahme an einem gedanklichen Experiment auffordern.

Das Bedürfnis nach Beschäftigung

Angenommen Sie sind beruflich in einer anderen Stadt. Nach dem Termin setzen Sie sich in Ihr Mietauto, um zum Hotel zurückzufahren. Das Navi schlägt zwei Routen vor. Eine kürzere (Route A), die Sie in 30 Minuten ins Hotel bringt. Allerdings müssen Sie auf diesem Weg eine Baustelle passieren, an der Sie zehn Minuten tatenlos warten müssen. Auf Route B können Sie ohne Pause durchfahren, allerdings benötigen Sie auf diesem Weg 40 Minuten. Für welche Option werden Sie sich entscheiden?

Aus rein »ökonomischen« Gesichtspunkten, also was Zeit und Aufwand betrifft, wäre Route A eindeutig die bessere Wahl. Aus »psychologischer« Sicht ist jedoch nicht eindeutig klar, welche Option die bessere ist. Wenn es Ihnen widerstrebt, zum Nichtstun verdammt, Zeit verstreichen zu lassen, könnte Route B attraktiver für Sie sein, obwohl sie länger ist.

Ich habe dieses Szenario vor Kurzem meinen Studenten vorgestellt, und es stellte sich heraus, dass sich 78 Prozent für

Route B entschieden. Diese Studenten empfanden eine zehnminütige Inaktivität als derart unangenehm, dass sie lieber die längere und zeitintensivere Route in Kauf nahmen.

Chris Hsee von der University of Chicago bezeichnet diesen Widerwillen gegen das Nichtstun als »Bedürfnis nach Beschäftigung«. Für seine Studie füllten Teilnehmer einen Fragebogen aus, den sie danach entweder gleich in der Nähe (etwa zwei bis drei Minuten Gehzeit) oder weiter entfernt (etwa zwölf bis 15 Minuten Gehzeit) abgeben sollten. Anschließend sollten sie sich wieder am Ort der Befragung einfinden und warten. Wenn sie sich für den kürzeren Weg entschieden, müssten sie dementsprechend längere Zeit nach ihrer Rückkehr mit Nichtstun verbringen, als wenn sie den längeren Weg auf sich nehmen würden. Die Teilnehmer wurden dann in zwei Gruppen aufgeteilt. Beide Gruppen erfuhren, dass sie bei Abgabe des Fragebogens einen Schokoriegel erhalten würden. Während die erste Gruppe aber davon ausging, an beiden Orten denselben Riegel zu erhalten, erfuhr die zweite Gruppe, dass es jeweils unterschiedliche Riegel gäbe. Damit hatten diese Teilnehmer einen wenn auch fadenscheinigen Grund, den weiteren Weg auf sich zu nehmen.

Es stellte sich heraus, dass die Entscheidung der Probanden davon abhing, ob sie eine Begründung dafür hatten, den längeren Weg zu laufen. In der Gruppe, die an beiden Abgabeorten denselben Riegel erhielten, entschieden sich lediglich 32 Prozent für die entferntere Station, während es in der Gruppe mit den unterschiedlichen Sorten 59 Prozent waren, die den längeren

Weg auf sich nahmen. Das heißt, sobald es ein Argument, wenn auch ein sehr triviales, gab, die weitere Strecke zurückzulegen, zogen die Teilnehmer Beschäftigung dem Nichtstun vor. Eine Folgestudie kam zu denselben Ergebnissen. Diesmal wurde den Studenten vorgegeben, wo sie die Fragebögen abzugeben hatten. (Diejenigen, die sie in der Nähe abliefern konnten, mussten nach ihrer Rückkehr eine längere Wartezeit in Kauf nehmen.) Schließlich sollten die Probanden angeben, wie glücklich sie sich in den letzten 15 Minuten gefühlt hätten. Wie sich zeigte, waren die aufgrund des längeren Wegs beschäftigteren Teilnehmer insgesamt glücklicher als die anderen, die wegen der kürzeren zurückzulegenden Strecke mehr Leerlauf in Kauf nehmen mussten.

Wann uns Beschäftigung glücklicher macht

Wir Menschen sind also dann glücklicher, wenn wir eine Beschäftigung haben. Selbstverständlich entscheiden wir uns in manchen Situationen eher für das Nichtstun, etwa, wenn wir überarbeitet sind. Des Weiteren brauchen wir einen Grund, um beschäftigt zu sein – wenn wir uns nur um des Beschäftigtseinswillen beschäftigen, macht es uns um keinen Deut glücklicher. Solange also diese relativ einfachen Voraussetzungen erfüllt sind, scheinen Menschen Beschäftigung dem Nichtstun vorzuziehen.

Wenn es nun nicht nur einen Grund für die Beschäftigung gibt, sondern diese obendrein als *sinnvoll* empfunden wird, ist die Wahrscheinlichkeit, dass die Betreffenden glücklich sind, noch höher. Ich stütze mich hier auf die Ergebnisse einer äußerst cleveren Studie des Verhaltensökonoms Dan Ariely. Er und seine Kollegen forderten die Teilnehmer dazu auf, Legosteine zu Bionicles[14] zusammenzubauen. Jedes Mal, wenn ein Teilnehmer ein Bionicle fertig hatte, wurde er dafür bezahlt. Allerdings nahm der Betrag, den er für ein Bionicle erhielt, mit jeder erstellten Figur sukzessive ab: für das erste Bionicle waren es zwei Dollar, für das zweite 1,89 Dollar, für das dritte 1,78 Dollar. Einem Teil der Probanden wurde gesagt, dass die Bionicles Kindern geschenkt werden würden. Diese empfanden den Zusammenbau der Bionicles daher als sinnvoll – es würde Kinder glücklich machen. Anderen Probanden hingegen wurde erklärt, die Figuren würden gleich danach wieder auseinandergebaut, damit die nächsten Teilnehmer die Steine erneut verwenden könnten. Diese Teilnehmer empfanden die Tätigkeit nicht als sinnvoll. Und es stellte sich heraus, dass die Sinnhaftigkeit einen Einfluss auf die Anzahl der gebauten Bionicles hatte. Im Durchschnitt bauten Teilnehmer, die dies als sinnvoll erachteten, 2,5-mal so viele Bionicles zusammen wie ihre Kollegen.

Dieses Ergebnis ist wenig überraschend, wir alle wissen schließlich aus Erfahrung, dass uns sinnvolle Tätigkeiten zufriedener machen als sinnentleerte, etwas, das im Übrigen auch durch die Erkenntnisse der Forschung zum Phänomen Flow bestätigt wird.

Fazit: Der Weg ist das Ziel

Die Tatsache, dass wir glücklicher sind, wenn wir eine Beschäftigung haben, und dass wir sogar noch glücklicher sind, wenn wir etwas Sinnvolles tun, lässt eine sehr wichtige Schlussfolgerung zu. Nämlich, dass wir hinsichtlich unseres Glücks nicht von Ergebnissen abhängig sind – vielmehr *sind wir in der Lage, all unser Glück aus dem Prozess zu ziehen, während wir auf ein bestimmtes Ergebnis hinarbeiten.* Beispielsweise aus der *Vorbereitung* auf eine Prüfung oder aus der *Planung* einer Urlaubsreise. Das heißt, selbst wenn wir diese Prüfung nicht bestehen oder doch nicht verreisen, können wir ein wenig Glück daraus ziehen, darauf hingearbeitet zu haben. Natürlich würde sich die *Art* der Emotion verändern, wenn wir Glück von Ergebnissen trennten. Wir würden vermutlich seltener echten oder falschen Stolz empfinden, da beide ergebnisorientiert und nicht prozessorientiert sind. Allerdings würden wir auch seltener von ergebnisorientierten negativen Emotionen wie Niedergeschlagenheit oder Scham geplagt. Wir würden möglicherweise stärker in uns ruhen und mit unserem Leben im Reinen sein – ein Zustand, der dann entsteht, wenn man sich darauf konzentriert, Glück vor allem aus Prozessen (statt aus Ergebnissen) zu schöpfen.

Und das wäre wohl gar kein so schlechter Handel.

Die zweite Sorge

Zusammenfassend lässt sich feststellen, dass wir auch dann noch zufrieden sein können, wenn wir Glück von Ergebnissen trennen. Das liegt daran, dass Ergebnisse lediglich eine Quelle des Glücks darstellen, eine andere Quelle besteht in dem Prozess, auf diese Ergebnisse hinzuarbeiten. Damit hätten wir die erste Sorge der Studenten behandelt. Doch was ist mit der zweiten, dass die Entkoppelung des Glücks von den Ergebnissen unsere Motivation zunichtemacht, Ziele überhaupt anstreben zu wollen? Diese Befürchtung fußt auf der Logik, dass wir, würden wir sämtliche Ergebnisse als gleichermaßen attraktiv betrachten, nicht mehr wüssten, welches wir im Endeffekt anstreben sollten.

Stellen Sie sich einfach vor, Sie wären ein gutaussehender junger Mann (selbst wenn Sie weder hübsch noch ein junger Mann sind) und eine schöne junge Frau hätte gerade um Ihre Hand angehalten. Wenn Sie es schaffen, Ihr Glück vom Ergebnis zu entkoppeln, wäre es Ihnen dann nicht gleichgültig, ob Sie diese Person heiraten oder nicht, weil Sie ebenso glücklich wären, zu heiraten wie nicht zu heiraten? Und wären Ihnen nach dieser Logik nicht alle weiteren Ergebnisse in Ihrem Leben ebenso egal? Sollte das zutreffen, würden Sie durch die Entkoppelung des Glücks von Ergebnissen passiv und dem Leben gegenüber gleichgültig werden, oder? Nein, keineswegs! Es gibt da nämlich einen kleinen, aber feinen Unterschied: Bei der Entkoppelung des Glücks von Ergebnissen werden diese erst *im Nachhinein* bewertet. Bevor also ein bestimmtes Ergebnis eingetreten ist, würden Sie sehr wohl bestimmte Ergebnisse anderen vorziehen. Steht ein Ergebnis jedoch erst einmal fest, sollten Sie es nicht mehr als »gut« oder »schlecht« bewerten.

Wenn sich das jetzt kompliziert anhört, keine Sorge; das Konzept ist an sich simpel. In dem geschilderten Beispiel, in dem eine junge Frau Ihnen einen Heiratsantrag macht, bedeutet die Abkoppelung des Glücks von Ergebnissen konkret, dass Sie *sehr wohl* eine Präferenz haben, ob Sie das Mädchen heiraten wollen oder nicht. Und diese Präferenz sollte idealerweise auf Ihren persönlichen Zielen und Werten basieren. Möglicherweise glauben Sie, dass eine Hochzeit mit ihr Sie darin bestärken wird, für Flow zu sorgen oder freundlich und warmherzig zu sein. In diesem Fall sollten Sie den Antrag unbedingt mit Freude annehmen! Sollten Sie aber davon ausgehen, dass eine Ehe mit dieser Frau es Ihnen erschweren wird, ein sinnerfülltes Leben zu führen, ist es ratsam, freundlich (!) abzulehnen. Doch sobald Sie dann tatsächlich verheiratet sind (das Ergebnis Realität geworden ist) –, sollten Sie das Ganze (das Ergebnis) nicht als selbstverständlich hinnehmen und glauben, von nun an auf Rosen gebettet zu sein. Dann würden Sie erkennen, dass das, was Ihnen einst als erstrebenswertes Ziel erschien, bestimmte Konsequenzen mit sich bringt, die nicht immer wünschenswert sein müssen, und Sie würden im

Idealfall zwei Dinge tun. Erstens, solch unerwünschte Ergebnisse nach besten Kräften zu vermeiden versuchen. Zweitens, Sie würden sich darauf konzentrieren, Glück aus *Prozessen* zu ziehen: etwa aus gemeinsamen Aktivitäten, für die Sie sich beide begeistern, anstatt die Beziehung – oder Ihre Partnerin – als selbstverständlich zu betrachten. Und indem Sie sich in Bezug auf Glück eher auf Prozesse stützen, anstatt auf das zurückliegende Ereignis der Eheschließung, verhindern Sie, in dieselbe Falle zu tappen wie so viele andere Verheiratete, dem Irrglauben zu unterliegen, dass allein durch die Hochzeit mit einer bestimmten Person das Leben märchenhaft wird: »… und sie lebten glücklich bis an ihr Lebensende.«

Die drei wichtigsten Ansätze im Umgang mit Zielintention

Aus dem gerade Beschriebenen lassen sich drei mögliche Ansätze ableiten, wie wir an Ziele herangehen können. Der erste und am weitesten verbreitete könnte als »zwanghaftes Streben nach Leidenschaft« bezeichnet werden. Dabei hegen die betreffenden Personen eine starke Präferenz für bestimmte Ergebnisse, die sich sowohl auf die Zeit vor Eintritt eines Ergebnisses als auch auf die Zeit danach bezieht. Würde der Bauer aus unserer Geschichte diesen Ansatz verfolgen, hätte er den Dorfbewohnern zugestimmt, als sie ihm sagten: »Was für ein Unglück, nun, da dein Sohn verletzt ist, kann er dir nicht mehr bei der Arbeit helfen.«

Der zweite Ansatz könnte als »gleichgültiges Anstreben von Zielen« bezeichnet werden. Anhänger dieser Herangehensweise stehen Ergebnissen gleichgültig gegenüber und zwar sowohl *vor* wie *nach* deren Eintreten. Die Folge ist eine gewisse Teilnahmslosigkeit bei der Verfolgung von Zielen; Neugierde oder Interesse spielen keine Rolle. Diesen Ansatz würde verfolgen, wer falsch verstanden hat, was Abkoppelung des Glücks von Ergebnissen tatsächlich bedeutet und nun meint, es gehe darum, auch vor Eintritt eines bestimmten Ergebnisses keine Präferenzen zu haben. Ich sehe viele Menschen, die in diese Falle tappen, und muss gestehen, dass auch ich mit Anfang 20 diesen Fehler begangen habe. Ich war damals verzweifelt auf der Suche nach Glück (manche Dinge ändern sich nie) und glaubte, ich müsste sämtliche Ergebnisse in meinem Leben willkommen heißen, um glücklich zu werden. Dieser Gedanke, alle Ergebnisse willkommen zu heißen – oder anzunehmen –, ist ein sehr wichtiger (wir werden uns in den folgenden Kapiteln noch intensiver damit auseinandersetzen), doch diese Willkommenshaltung sollten wir *nach* Eintritt eines Ergebnisses zeigen, nicht davor.

Es gibt im Zusammenhang mit diesem Willkommenheißen sämtlicher Ergebnisse zwei Probleme. Erstens ist es schlicht nicht realisierbar, so zu sein. Das heißt, ob es Ihnen gefällt oder nicht, Sie werden bestimmte Anliegen haben – zu essen, zu atmen etc. Sie würden sich nur selbst in die Tasche lügen, wenn

Sie glaubten, allem, was sich ergibt, gleichermaßen offen gegenüberzustehen – ob Sie nun etwas zu essen bekommen oder nicht, ob Sie nun atmen können oder nicht. Rein instinktiv ziehen Sie bestimmte Ergebnisse anderen *immer* vor. Sie könnten nun erwidern, dass das nicht für Sie gilt. Doch sollte es tatsächlich stimmen, würde uns das zum zweiten Problem führen, nämlich, dass Ihr Leben dann ziemlich leer wäre. Sie könnten vorgeben, »cool« und »locker« zu sein, weil Sie angeblich keinerlei Vorlieben hegen, doch wie Studien zeigen, ist Gleichgültigkeit gegenüber Ergebnissen nicht selten ein Zeichen von Hilflosigkeit und Depression.

Das führt mich zu dem dritten und meiner Meinung nach optimalen Ansatz. Ich bezeichne diesen als »leidenschaftsloses Streben nach Leidenschaft« – er wird uns im nächsten Kapitel erneut begegnen. Hier geht es darum, *im Vorfeld* bestimmten Ergebnissen den Vorzug zu geben, ihnen *nach* dem Eintreten jedoch wertfrei zu begegnen. So zu leben mag schwierig erscheinen – und das ist es auch. Grund ist, dass wir alle ein Bedürfnis nach Konsistenz haben, wie mein Kollege Bill Swann von der University of Texas mit seinen Studien gezeigt hat. Es ist nicht leicht, vor dem Eintreten eines Ergebnisses einen bestimmten Standpunkt zu vertreten und diesen danach wieder zu verändern. Doch es ist nicht unmöglich, und es ist der Mühe wert, weil wir damit nicht nur zufriedener werden, sondern außerdem unsere Erfolgschancen verbessern.

GLÜCKSREZEPT

Leidenschaftslos nach Leidenschaft streben

Intelligent wie Sie sind, sind Sie mir sicherlich auf die Schliche gekommen, dass ich meine Studenten als Versuchskaninchen zur Überprüfung meiner »Glückshypothesen« verwende. Selbstverständlich immer in ehrenwertester Absicht. Ich möchte meinen Studenten und damit auch anderen schlichtweg helfen, zufriedener und erfüllter zu leben. Daher führe ich immer wieder Experimente im Rahmen der Seminare durch, um wichtige Aspekte meines Coursera-Seminars und dieses Buches weiterzuentwickeln. Wiewohl die Konzepte in diesem Buch (wie z. B. *Flow* oder *Bindungstheorie*) interessant sind, tragen sie nicht allzu viel dazu bei, glücklicher zu werden; es sind die Glücksübungen, die diesen Zweck erfüllen. In der Tat würde ich sogar so weit gehen und behaupten, dass Sie die Konzepte in diesem Buch auch ignorieren und dennoch eine enorme Verbesserung Ihres Glücksniveaus beobachten könnten, allein durch die Anwendung der Glücksübungen, was anders herum nicht möglich ist.

Obwohl nun meine Studenten die Wichtigkeit der Glücksübungen begreifen, sind sie nicht von allen Übungen gleichermaßen begeistert. Warum? Weil manche, wie »Das Glück definieren und einordnen« oder »kreativer Altruismus« uns spontan ein gutes Gefühl vermitteln. Andere dagegen, wie das Tagebuchführen oder der gesunde Lebensstil, zeigen anfangs kaum einen Effekt auf das emotionale Wohlbefinden; es benötigt ein wenig Zeit, bis diese Übungen ihre Wirkung entfalten können, was sie weniger attraktiv macht. Dann gibt es da noch solche Übungen wie »Mentales Geschnatter« oder »Seiner Dankbarkeit Ausdruck verleihen«, nach denen sich die Studenten zunächst sogar *schlechter* fühlen, bevor der positive Effekt spürbar wird; sie sind besonders unbeliebt – die meisten Studenten scheuen sie.

Die Übung, die ich für dieses Kapitel vorgesehen habe – »Dreimal zum Guten Gewendetes« –, gehört zu jenen, die zunächst unangenehme Gefühle erzeugen. Und weil ich weiß, dass meine Studenten sich sehr wahrscheinlich drücken würden, habe ich mir einen cleveren Weg überlegt, wie ich sie dennoch dazu bringe, sie zu absolvieren: Ich ordne diese Übung ohne Vorwarnung während der Seminarsitzung an (natürlich nicht, ohne vorher noch die Tür abgesperrt zu haben, damit sie nicht entkommen).

Ich erzähle das aus dem einfachen Grund, weil ich mit Ihnen

etwas sehr Ähnliches vorhabe: Ich möchte, dass Sie eine kurze Übung machen, bei der Ihnen zunächst ein wenig unbehaglich zumute sein wird. Doch ich verspreche Ihnen, auf lange Sicht wird sie Ihnen helfen, glücklicher zu werden.

Sind Sie bereit? Gut, dann denken Sie bitte an ein relativ intensives, negatives Erlebnis, das etwa zwei bis drei Jahre zurückliegt, beispielsweise als Sie sich mit einem »Seelenverwandten« entzweit haben oder ein hohes Bußgeld wegen Alkohols am Steuer aufgegebrummt bekommen haben. Schreiben Sie nun in allen Einzelheiten auf, was vorgefallen ist.

Anschließend beantworten Sie die beiden unten stehenden Fragen anhand einer Siebenpunkteskala, wobei 1 = »überhaupt nicht« und 7 = »äußerst« bedeutet.

1. Wie schlecht fühlten Sie sich während des Ereignisses?
2. Wie schlecht fühlen Sie sich jetzt, wenn Sie an das Ereignis zurückdenken?

Sobald Sie damit fertig sind, denken Sie bitte über folgende Frage nach: Welche *Bedeutung* schreiben Sie diesem negativen Ereignis heute zu? Haben Sie etwas Nützliches daraus gelernt – etwas, das Sie möglicherweise nicht gelernt hätten, wäre es nicht zu diesem Ereignis gekommen? Hat das Ereignis Ihnen geholfen, zu wachsen und sich auf sinnvolle Weise weiterzuentwickeln? Halten Sie sich bei der Beantwortung dieser Frage an die Siebenpunkteskala, nach der 1 = »überhaupt nicht nützlich« und 7 = »extrem nützlich« bedeutet.

Die »Reminiszenz- und Reflexionsübung« (sich erinnern und reflektieren)

Möglicherweise geht es Ihnen wie den meisten meiner Studenten und Sie haben zwei Erkenntnisse aus dieser Übung gezogen: Erstens haben Sie entdeckt, dass Sie das Ereignis längst nicht mehr so negativ wahrnehmen, wie Sie es damals getan haben. Zweitens, Sie empfinden das Ereignis, seiner negativen Ausprägung zum Trotz, heute als etwas Bedeutsames. Warum? Weil Sie etwas Nützliches daraus gelernt haben – etwas, das Sie nicht gelernt hätten, wäre es nicht zu diesem Ereignis gekommen. In der Folge haben Sie möglicherweise sogar herausgefunden, dass Sie das Ereignis nicht nur weniger negativ wahrnehmen, sondern es inzwischen sogar als *positiv* empfinden!

Wenn ich dieses Experiment in meinem Seminar durchführe, fordere ich nur ein Viertel der Studenten dazu auf, sich ein zurückliegendes negatives Ereignis ins Gedächtnis zu rufen (Gruppe 1). Ein weiteres Viertel (Gruppe 2) bitte ich, an ein negatives Ereignis der näheren Vergangenheit, etwa vor einem Monat, zu denken. Den übrigen Studenten trage ich auf, sich positiver Ereignisse zu entsinnen, wobei es sich bei der einen

Hälfte (Gruppe 3) dieser Studenten um ein weiter zurückliegendes und bei der anderen Hälfte (Gruppe 4) um ein Ereignis der näheren Vergangenheit handeln soll.

Dann werden sämtlichen Teilnehmern dieselben Fragen unterbreitet, die auch Sie gerade beantwortet haben. Wie das Schaubild weiter unten zeigt, veränderte sich im Laufe der Zeit die Sicht der Studenten, und zwar sowohl auf positive wie auch auf negative Ereignisse. Dabei verlieren sie umso mehr an Intensität, je weiter sie in der Vergangenheit zurückliegen. Das eigentlich Interessante jedoch ist, dass sich insbesondere die Bewertung negativer Ereignisse stark verändert. Negative Ereignisse verlieren ihren Schrecken demnach erheblich rascher als positive ihren Glanz, was natürlich wunderbar ist. Aus diesem Grund können wir noch lange mit Wonne an unseren ersten Kuss zurückdenken oder in Urlaubserinnerungen schwelgen, während wir schnell vergessen, wie schlecht wir uns gefühlt haben, als wir etwa um eine Stange Geld betrogen wurden oder eine Prüfung nicht bestanden haben. Interessant ist weiterhin, dass besonders jene Empfindungen an Intensität abnahmen, die bereits länger zurücklagen. Das zeigt, dass wir es zwar letztlich schaffen, unsere Gefühle in Bezug auf negative Ereignisse zu verändern, allerdings nicht sofort; es benötigt Zeit.

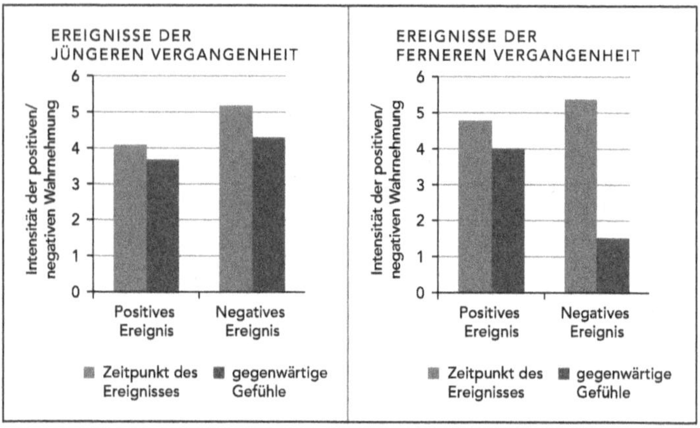

Unsere Gefühle gegenüber der Vergangenheit verändern sich im Lauf der Zeit.

Das Interessanteste kommt jedoch noch. Wie sich herausstellt, empfinden Menschen zurückliegende negative Ereignisse als wesentlich bedeutsamer als zurückliegende positive. Das lässt sich damit erklären, dass negative Ereignisse uns mehr Raum bieten, daran zu wachsen und uns weiterzuentwickeln. Natürlich muss zunächst etwas Gras über die Sache gewachsen sein, bevor es dazu kommen kann. Will sagen, es fällt uns schwer, die Bedeutung negativer Ereignisse zu erkennen, wenn diese sich gerade erst zugetragen haben. Dennoch ist es verblüffend, dass wir nach einer gewissen Zeit in erster Linie einst negativen Erlebnissen eine hohe Bedeutung beimessen – und das umso stärker, je negativer wir ihnen zum Zeitpunkt des eigentlichen Geschehens gegenübergestanden haben!

Denken Sie eine Minute darüber nach, was das für Sie heißt. *Es heißt, Ereignisse, die Sie in der Gegenwart als besonders negativ einstufen, werden Sie später mit hoher Wahrscheinlichkeit am meisten zu schätzen wissen.* Es sind also Erfahrungen wie der Verlust der Arbeit, die Trennung vom Partner oder der Ausbruch einer schweren Krankheit, die uns später mehr am Herzen liegen als solch profane Dinge wie eine Zurechtweisung vom Chef, ein Bußgeld wegen Geschwindigkeitsüberschreitung oder ein Streit mit einem Freund. Diese Erkenntnis stimmt mit dem überein, was Sonja Lyubomirsky in ihrem Buch *The Myths of Happiness* beschreibt: »Wenn wir darüber nachdenken, was das Beste war, das uns in den letzten Jahren passiert ist – und auch, was das Schlimmste war –, werden wir möglicherweise überrascht feststellen, dass es sich dabei häufig um ein und dasselbe handelt.«

Dem Leben vertrauen

Die Tatsache, dass sich unsere Gefühle hinsichtlich zurückliegender Ereignisse manchmal sogar drastisch verändern, stimmt weitgehend überein mit den Erkenntnissen auf dem Gebiet der sogenannten »affective Misforecasting« (d. h. wir überschätzen sowohl die Dauer als auch die Intensität unserer Gefühle in Bezug auf aktuelle Ereignisse). So erwarten wir beispielsweise, dass der Trennungsschmerz nach einer in die Brüche gegangenen Partnerschaft deutlich schlimmer und langwieriger wird, als er in Wahrheit ausfällt, oder dass uns ein Lottogewinn in den Zustand anhaltender, intensiver Euphorie versetzt.

Es gibt zahlreiche Gründe, warum sich unsere Gefühle in Bezug auf zurückliegende negative Ereignisse verändern. Einen davon haben wir bereits besprochen, dass wir nämlich vor allem an negativen Erfahrungen wachsen und uns auf diese Weise weiterentwickeln können. So ist z. B. derjenige, der Schmerz und Leiden am eigenen Leib erlebt hat, eher zu Warmherzigkeit und Güte in der Lage – und vermag somit dem Bedürfnis, zu lieben und zu geben, stärker zu entsprechen, als andere, die diese Erfahrungen nicht gemacht haben. Durch negative Ereignisse gewinnen wir häufig auch an Lebensweisheit – wir lernen, mit den alltäglichen Widrigkeiten des Lebens umzugehen. Ein weiterer Grund, warum wir Negativereignisse mit der Zeit in einem anderen Licht betrachten, ist, dass man sich damit herrlich in Szene setzen kann. Auch wenn Ihnen der zermürbende Anstieg auf den Kilimandscharo so gar keinen Spaß gemacht hat oder Sie die eigenartige Speise, zu deren Verzehr Sie in diesem seltsamen, fremden Land im Rahmen einer »Kulturreise« genötigt wurden, widerlich fanden, werden Ihnen diese Erlebnisse wahrscheinlich bei einem ersten Date oder auf stumpfsinnigen Büropartys große Dienste geleistet haben. Schließlich fühlen wir uns durch negative Ereignisse oftmals insgesamt besser. Wir empfinden uns als stärker und widerstandsfähiger, wenn wir realisieren, dass wir sie durchlebt haben. Das mag der Grund sein, warum ein erstaunlich hoher Anteil jener Personen – zwischen

70 und 80 Prozent –, die einen geliebten Menschen verloren haben, davon berichten, auch Positives aus dieser Erfahrung gezogen zu haben. Ähnliches gilt für Patienten, die eine Krebserkrankung überlebt haben: zwei Drittel von ihnen geben an, dass sich ihr Leben nach Ausbruch der Krankheit (und während der Therapie) zum Besseren gewendet hat.

Dass unsere Gefühle gegenüber negativen Ereignissen mit der Zeit in positive umschlagen, gibt uns einen Fingerzeig, wie wir es schaffen könnten, leidenschaftslos nach Leidenschaft zu streben. Dieses Konzept bedeutet (Sie erinnern sich), dass man vor einem Ereignis eine gewisse Vorliebe für bestimmte Ergebnisse dieses Ereignisses haben darf, allerdings nicht mehr darüber urteilt, sobald das Ergebnis tatsächlich feststeht. Der erste Teil – bestimmte Ergebnisse anderen vorzuziehen – ist nicht weiter schwierig. (Wie im vorherigen Kapitel beschrieben, hegen wir fast immer eine Präferenz für ein bestimmtes Ergebnis.) Es ist der zweite Teil (die Ereignisse im Nachhinein nicht zu beurteilen), der uns Probleme bereitet. Dieser lässt sich jedoch bewältigen, indem wir uns immer wieder vor Augen führen, dass wir unsere Gefühle in Bezug auf negative Ereignisse ohnehin revidieren; wir könnten daher mit *gegenwärtigen* negativen Ereignissen doch einfach ebenso verfahren. Diese Erkenntnis könnte wiederum dazu beitragen, dass wir die Dinge nicht mehr so stark werten, wie wir es zurzeit noch tun. Stellen Sie sich beispielsweise vor, Sie sind erkrankt und können daher nicht zur Firmenweihnachtsfeier gehen. (Lassen Sie uns davon ausgehen, dass Sie sich auf die Weihnachtsfeier gefreut haben, so unrealistisch das auch erscheinen mag.) Indem Sie sich früherer Situationen, in denen Sie erkrankt sind, erinnern und Gründe überlegen, warum Sie diese Situation heute nicht mehr als negativ empfinden (Vielleicht haben Sie sich in die Krankenschwester verliebt, die Sie gesundgepflegt hat? Oder Sie konnten gemütlich im Bett liegen und Ihre Lieblingssendungen ansehen?), können Sie sich selbst dazu bringen, die gegenwärtig unangenehme Situation weniger negativ zu betrachten.

Doch ist die »Reminiszenz- und Reflexionsübung« wirklich effektiv? Kann bloßes Zurückerinnern helfen, Erlebnisse im Nachhinein weniger stark zu bewerten?

Die kurze Antwort lautet: ja. Ich weiß das sowohl aus eigener wie auch aus der Erfahrung meiner Studenten. Allerdings hat die Sache einen Haken – die Übung entfaltet nur dann ihre volle Wirkung, wenn Sie gleichzeitig bedingungslos *in das Leben vertrauen.* Dass Sie also überzeugt sind, dass Ihnen positive Dinge widerfahren werden und dass das Leben im Allgemeinen eher gut als schlecht oder neutral ist. Dieses Vertrauen ist deshalb so wichtig, weil es Ihnen den Weg ebnet, offener zu werden und auch die positiven Folgen wahrnehmen zu können, die von negativen Ergebnissen ausgehen. Wenn Sie nicht in der Lage sind, diese positiven Folgen zu registrieren, werden Sie sich unweigerlich in ihrer Negativität suhlen. Ein Beispiel: Wenn Ihr Flug annulliert wurde und Sie nicht offen für die sich daraus ergebenden positiven Konsequenzen sind, werden Sie das neue Wellnessstudio, das im Flughafen eröffnet wurde, wohl kaum bemerken. Unwahrscheinlich auch, dass Sie sich mit Ihrem Sitznachbarn auf dem Folgeflug unterhalten werden, der sich später möglicherweise als wertvoller Kontakt herausstellen wird. Bedingungsloses Vertrauen in das Leben ist also von unschätzbarem Wert, um enttäuschende Ereignisse schnell zu überwinden und danach die spannenden, neuen Erfahrungen willkommen zu heißen. Doch wie können wir ein solch bedingungsloses Vertrauen in das Leben verinnerlichen?

Bevor ich mich dieser Frage widme, möchte ich noch eines vorausschicken: Vielleicht haben Sie, wie so viele Studenten meines Glücksseminars, schon den Augenblick gefürchtet, da die Sprache auf so nebulöse Dinge wie Gott oder Spiritualität kommt. Dieser Augenblick tritt jetzt ein, denn das Thema Vertrauen in das Leben hängt, wie Sie sehen werden, untrennbar mit Spirtualität zusammen.

Placeboeffekte: Wenn subjektiver Glauben die objektive Realität formt

Wer überzeugt ist, dass das Leben an sich gut ist, wird im Gegensatz zu anderen, die das nicht glauben, automatisch darauf vertrauen, dass sich die Dinge für ihn zum Guten entwickeln werden. Dabei übersehen die meisten, dass es schlicht unmöglich ist, keine Meinung darüber zu haben, ob das Leben gut, schlecht oder beides ist. Selbst bei Menschen, die sich darauf nicht festgelegt haben, lässt sich aus ihren impliziten Standpunkten, die sie in Bezug auf das Leben haben, eine gewisse Grundhaltung ablesen – etwa wie optimistisch sie sind oder wie gut sie Rückschläge verkraften können.

Erschwerend kommt hinzu, dass es keine »wissenschaftlich belegte« Antwort auf die Frage gibt, inwieweit man dem Leben vertrauen kann (das macht die Sache besonders für die Intelligenten und Erfolgreichen so kompliziert). Daher gehe ich Auseinandersetzungen zu diesem Thema größtenteils aus dem Weg. Solche Gespräche sind meist zwecklos; bestenfalls gehen die Gesprächspartner in ihrer ursprünglichen Meinung bestärkt aus der Diskussion hervor, läuft es schlecht, gibt es böses Blut. Ich versuche daher gar nicht erst, Sie davon zu überzeugen, dass man dem Leben trauen kann und alles aus gutem Grund geschieht. Als wissenschaftlich interessierter Mensch wollen Sie sicher ganz genau wissen, warum sich weder für die eine noch für die andere Überzeugung stichhaltigere Gründe finden lassen.

Kurz gesagt hängt das mit dem Placeboeffekt zusammen; dieser beruht auf dem Konzept, dass unser subjektiver Glauben, zumindest in einigen Bereichen, unsere objektive Wahrheit zu formen vermag. Der Wissenschaftler Don Price von der University of Florida hat eine Studie dazu durchgeführt. Dafür wurden Freiwillige, die an dem Reizdarmsyndrom litten, in drei Gruppen eingeteilt. Sämtlichen Probanden wurde ein Ballon in den Mastdarm eingeführt und aufgeblasen. Danach wurden sie aufgefordert, den Schmerz zu bewerten. Einer Gruppe wurde im Vorfeld ein Anästhetikum (Lidocain) verabreicht. Der Schmerz, von dem diese Teilnehmer berichteten (im Diagramm dargestellt durch die dunkle, gestrichelte Linie), fiel signifikant geringer aus als der jener, die kein lokales Betäubungsmittel erhalten hatten (dargestellt durch die durchgezogene Linie im Diagramm).

Am interessantesten war jedoch die dritte Gruppe, die allesamt ein Placebo - Vaseline - erhielten, mit dem Hinweis, es handle sich dabei um ein besonders wirkungsvolles Schmerzmittel. Wie Sie anhand der helleren, gestrichelten Linie im Diagramm erkennen können, fielen die Schmerzen in dieser Gruppe *am geringsten* aus - sogar noch geringer als in der Gruppe, die ein Anästhetikum erhalten hatte!

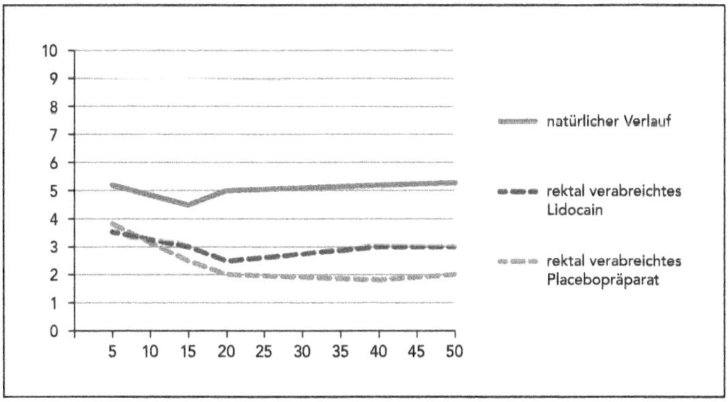

Die mit einem Placebopräparat (Vaseline) Behandelten berichteten von noch geringeren Schmerzen als jene, die ein echtes Schmerzmittel erhalten hatten!

Was das Ganze für uns besonders interessant macht, ist, dass der Placeboeffekt nicht nur im medizinischen Kontext auftritt. Wenn Sie z. B. glauben, dass ein bestimmtes Getränk Ihre kognitiven Fähigkeiten verbessert, dann ist das auch so – das haben Studien im Bereich des Marketings bewiesen. Gleiches gilt für den Bereich des Wissenserwerbs, so belegen die Erkenntnisse von Carol Dweck, dass Personen, die glauben, das Intelligenzniveau ließe sich verändern, mit der Zeit klüger werden als andere, die davon überzeugt sind, das Intelligenzniveau stünde von Geburt an fest. Henry Ford, der einst sagte: »Ganz gleich, ob Sie denken, Sie können etwas oder Sie können es nicht, Sie haben recht«, scheint intuitiv bereits die Macht der »Placebogedanken« erkannt zu haben.

All diese Erkenntnisse weisen darauf hin, dass, zumindest in einigen Bereichen, der subjektive Glaube die objektive Realität zu formen vermag. Natürlich gibt es da gewisse Einschränkungen. Egal wie sehr Sie beispielsweise überzeugt sind, dass die Erde zwei Monde hat, die objektive Realität wird sich dadurch nicht verändern lassen. Dennoch ist nicht von der Hand zu weisen, dass es in bestimmten Bereichen sehr wohl möglich ist.

Und diese Tatsache nicht anzuerkennen wäre wohl ein grober wissenschaftlicher Schnitzer.

Nun, da wir uns ausführlicher mit dem Placeboeffekt auseinandergesetzt haben, verstehen wir, dass sich keine wie auch immer geartete Haltung gegenüber dem Leben hinreichend wissenschaftlich belegen lässt. Was sich jedoch sehr wohl beweisen lässt, ist, dass es aus utilitaristischer Sicht – also aus der Perspektive der Glücksmaximierung – das Beste ist zu glauben, das Leben sei gut. So zeigen Erkenntnisse aus den Bereichen Religion und Spiritualität, dass Menschen mit einer spirituellen Haltung zum Leben glücklicher sind als jene ohne. Ebenso zeigen Studien, dass optimistische und dem Leben gegenüber positiv eingestellte Menschen generell glücklicher sind als ihre eher pessimistischen Gegenparts.

Natürlich ist es eine Sache zu erkennen, dass Vertrauen ins Leben hilfreich ist, diesen Glauben tatsächlich zu verinnerlichen ist etwas anderes. Was kann man also tun, um größeres Vertrauen in das Leben aufzubauen? Eine Übung mit hohem Potenzial ist das Ausdrücken von Dankbarkeit. Wie ich an früherer Stelle bereits erwähnt habe, bezeichnet Sonja Lyubomirsky Dankbarkeit als Meta-Strategie, unter anderem deshalb, weil sie sich positiv auf die Lebenseinstellung auswirkt und uns somit einen festen Glauben an die Vertrauenswürdigkeit des Lebens einflößt. Ich habe dargelegt, wie wir nach Erfolgserlebnissen das Bedürfnis nach Überlegenheit abschwächen können, indem wir unsere Dankbarkeit ausdrücken. Doch wie der katholische Benediktinermönch David Steindl-Rast in seiner beliebten TED-Konferenz anmerkte, könnten wir sogar dann dankbar sein, wenn sich negative Dinge ereignen – nicht für die negativen Dinge an sich, sondern für die *Möglichkeiten, die sich aus diesen Ereignissen ergeben.* Und wenn Sie aktiver danach streben, dankbar für die sich aus den Negativereignissen ergebenden Möglichkeiten zu sein, werden Sie die »Negativität« automatisch weniger wertend betrachten – weil Sie erkennen, dass Sie ohne dieses Ereignis nicht in den Genuss der positiven Chancen gekommen wären.

Das bringt mich zu der sechsten Glücksübung, die ich an die »Reminiszenz- und Reflexionsübung« angelehnt habe, die Sie vorher bereits gemacht haben. Ich nenne diese Übung »Dreimal zum Guten Gewendetes«. Es geht darum, eine Art Tagebuch zu führen, in das Sie drei »schlechte« Dinge notieren, die Ihnen im Laufe des Tages widerfahren und die sich später als gut erweisen. Die Idee dahinter: Anhand von kleinen, alltäglichen »negativen« Ereignissen wird die Fähigkeit, den »Gesamtzusammenhang« zu erkennen, ausgebaut, sodass Sie negativen Ergebnissen ganz selbstverständlich unvoreingenommener gegenüberstehen.

Auch bei dieser Übung werden Sie anfangs möglicherweise mit negativen Emotionen zu kämpfen haben. Ich hoffe, Sie lassen sich dennoch nicht davon abhalten, sie zu Ende zu führen!

GLÜCKSÜBUNG:

Dreimal zum Guten Gewendetes[15]

Hintergrund

Professor Martin Seligman von der University of Pensylvania, Mitbegründer der Positiven Psychologie, haben wir eine äußerst wirkungsvolle, glücksfördernde Übung zu verdanken: die »Drei-gute-Dinge-Übung«. Etwa 15 Tage lang notiert man täglich drei gute Dinge, die einem widerfahren sind. Professor Seligman erkannte, dass sich bei 94 Prozent der Menschen, die sich gerade einmal 15 Tage an diese Vorgaben hielten, das Glücksniveau deutlich verbesserte. In manchen Fällen ließen sich mithilfe dieser Übung sogar schwere Depressionen lindern!

Ziel

Wie bei der klassischen »Drei-gute-Dinge-Übung« notieren Sie täglich drei gute Dinge (in diesem Fall für den Zeitraum einer Woche). Die Besonderheit: Sie schreiben Dinge auf, die zunächst schlecht zu sein schienen, sich später jedoch als gut erwiesen haben.

Zum besseren Verständnis ein paar Beispiele. Möglichweise sind Sie morgens auf dem Weg zur Arbeit im Stau stecken geblieben (Negativereignis). Doch nur deshalb konnten Sie weiterhin Radio hören, wo einige Ihrer seit Langem nicht mehr gehörten Lieblingshits gespielt wurden (positive Folge). Oder: Das Mittagessen hat Ihnen überhaupt nicht geschmeckt, weshalb Sie sich am Nachmittag noch einen Snack genehmigen mussten (Negativereignis). Das hat allerdings dazu geführt, dass Sie per Zufall einen alten Freund getroffen haben, den Sie seit Langem nicht mehr gesehen haben (positive Folge). Beiden Beispielen ist gemeinsam, dass etwas, das zunächst negativ erscheint, später zu einem positiven Ergebnis führt. Die Idee dahinter ist, in der Rückschau die »Verknüpfungen« herzustellen – also zu erkennen, dass beinahe jedes Ereignis, das uns anfangs negativ erscheint, den Weg für positive Konsequenzen bereitet. So wirken wir unserer Neigung, die Dinge im Nachhinein zu bewerten, entgegen und werden auf dem Weg des »leidenschaftslosen Strebens nach Leidenschaft« bestärkt.

Anmerkung 1: Es ist wichtig, dass Sie sich für diese Übung keine existenziellen Negativereignisse aussuchen, etwa, »in der Arbeit gefeuert worden« oder »das Kind ist ernsthaft krank«. Obwohl sich, wie wir bei der »Reminiszenz- und Reflexionsübung« gesehen haben, auch tiefgreifende Negativereignisse langfristig zu positiven Ergebnissen führen können, ist es natürlich schwierig, das Negative solcher Ereignisse außen vor zu lassen. Überdies kann es manchmal etwas dauern, bis sich hier die positiven Ergebnisse entwickeln. Konzentrieren Sie sich daher im Rahmen dieser Übung auf weniger intensive Negativereignisse – etwa, einen Euro verplempert zu haben, das Lieblingsmüsli im Supermarkt nicht gefunden zu haben oder auf dem Weg zur Arbeit tanken zu müssen, obwohl Sie bereits verspätet sind.

Anmerkung 2: Möglicherweise fallen Ihnen zunächst kaum positive Ergebnisse ein, die aus negativen Ereignissen resultieren. Das hat folgenden Grund: Sobald wir an etwas Negatives denken, fördert unser Gehirn sofort weitere negative Elemente zutage (siehe nächstes Kapitel). Diese negativen Gedanken machen Sie blind für die positiven Ergebnisse, die durch Negativereignisse erst möglich wurden. Wenn Sie es jedoch hartnäckig versuchen, wird Ihnen auffallen, dass beinahe jedes Negativereignis zumindest ein positives auslöst. Hartnäckig versuchen bedeutet in diesem Fall, die negativen Gedanken, die mit dem Negativereignis zusammenhängen, zu ignorieren und stattdessen die Folgen, die sich aus dem Negativereignis ergeben haben, noch einmal vor dem inneren Auge Revue passieren zu lassen. Auf diese Weise werden Sie zwangsläufig mindestens eine positive Konsequenz erkennen. Diese mag das Negativereignis vielleicht nicht komplett aufwiegen, doch zumindest verringert sie das Ausmaß der mit dem Ereignis verbundenen Negativität.

Schritte

Diese Übung umfasst die folgenden vier Schritte:

1. Denken Sie an mindestens ein, höchstens drei geringfügig negative Begebenheiten, die Ihnen widerfahren sind, und notieren Sie diese in ein bis zwei Sätzen in Ihrem Tagebuch.

2. Ermitteln Sie nun mindestens eine bis höchstens drei positive Konsequenzen, die sich aus jedem dieser Negativereignisse ergeben haben. Möglicherweise hilft es Ihnen, dabei die Augen zu schließen und jede einzelne negative Begebenheit noch einmal Revue passieren zu lassen. Sobald Sie positive Konsequenzen erkannt haben, notieren Sie diese. Haben Sie für jedes Negativereignis mindestens eine positive Konsequenz ermittelt, gehen Sie weiter zu Schritt 3.
3. Jetzt wird der Gesamtzusammenhang hergestellt. Halten Sie dafür die Kette der Ereignisse schriftlich fest, angefangen bei dem ursprünglichen Negativerlebnis, das letztlich zu dem/den positiven Ergebnis(sen) geführt hat. Dieser Vorgang sollte für jede einzelne Begebenheit eine ganze Woche in Anspruch nehmen.
4. Lesen Sie die Notizen der vergangenen sieben Tage noch einmal gründlich durch und beantworten Sie folgende Fragen:
   - Wie leicht oder schwer ist Ihnen diese Übung insgesamt gefallen? Warum?
   - Gibt Ihnen die Erkenntnis, dass die meisten Ereignisse weder rein positiv noch negativ sind, mehr Zuversicht? Warum (oder warum nicht)?
   - Wer sich eine Woche lang der Beantwortung dieser Frage widmet, neigt typischerweise dazu, zunächst an positive Folgen nur scheinbar negativer Ereignisse zu denken. Glauben Sie, auch Ihnen ist es so ergangen? (Wenn ja, nennen Sie Beispiele. Falls nein, begründen Sie, warum es Ihnen nicht so ergangen ist.)

Das war's mit der Übung. Theoretisch einfach, ist sie praktisch nicht so einfach umzusetzen, wie Ihnen sicherlich aufgefallen ist. Das liegt hauptsächlich daran, dass die Neigung, etwas entweder als »gut« oder »schlecht« zu bewerten, bei Menschen allzu ausgeprägt ist; es fällt uns daher nicht leicht, eine Haltung à la »Gut oder schlecht, wer weiß das schon?« einzunehmen. Doch mit ein wenig Übung ***werden*** Sie es schaffen, Ergebnissen wertfreier gegenüberzustehen. Im Gegenzug wird es Ihnen leichterfallen, leidenschaftslos nach Leidenschaft zu streben.

GLÜCKSFEHLTRITT NR. 7

Der Vernunft den Vorzug geben

Für alle weiblichen Singles da draußen haben wir hier ein Gedankenexperiment. Stellen Sie sich vor, Sie hätten sich gerade zu einem Speed-Dating-Event angemeldet. Nehmen wir weiterhin an, Sie hätten, bevor Sie aufbrechen, noc h eine Liste von Charakterzügen erstellt, die Sie sich von Ihrem Partner wünschen. Klug, wie Sie sind, beschließen Sie, dass es Ihnen vorrangig auf »Intelligenz und Witz« ankommt. Es folgt »romantische Ader«, denn wem würde es nicht gefallen, im Sturm erobert zu werden. Andere Attribute wie »Kochkünste« und »muskulöse Hände« stehen auch noch auf der Liste, doch lassen Sie uns diese zunächst ignorieren.

Stellen Sie sich vor, auf dem Event treffen Sie auf die folgenden beiden Herren:

KANDIDAT X

Intelligent und witzig;
nicht romantisch

KANDIDAT Y

Weder intelligent noch witzig;
sehr romantisch

Kandidat X besticht durch Intelligenz und Witz, während Kandidat Y – wie soll ich es höflich ausdrücken? – nicht unbedingt der Hellste ist. Dennoch gibt es etwas anderes, das für ihn spricht: Er beherrscht das romantische Metier aus dem Effeff. Kandidat X dagegen erinnert, wenn es um Romantik geht, eher an Don Quijote als an Don Juan.

Nehmen wir abschließend noch an, dass Sie sich aus zeitlichen Gründen, da Sie, wie alle Intelligenten und Erfolgreichen stets sehr beschäftigt sind, nur mit einem der beiden Kandidaten treffen können.

Für wen würden Sie sich entscheiden: Kandidat X oder Kandidat Y?

Möglicherweise entscheiden Sie sich (ebenso wie die Teilnehmerinnen der Experimente, die ich mit dem Marketingprofessor Szu-chi Huang von der Standford University durchgeführt habe) für Kandidat Y, den hübschen Kerl. Warum? Ganz einfach, obwohl er seinem Gegenspieler intellektuell nicht das Wasser reichen kann, sind Sie schlicht überwältigt von seinem hammermäßigen Aussehen. (Und, machen wir uns nichts vor: Das Aussehen *ist* wichtig!)

Doch Achtung, hier liegt die Crux: Würden Sie sich aufgrund Ihrer Wahl genötigt fühlen, den Stellenwert der »romantischen Ader« nach oben und die von »Intelligenz und Witz« nach unten zu korrigieren, um die Entscheidung zu rechtfertigen, wie es auch die meisten Teilnehmerinnen gemacht haben?

Es wäre übrigens gar nicht nötig, den Stellenwert dieser Eigenschaften anzugleichen, um seine Entscheidung zu rechtfertigen; man könnte zu diesem Zweck ganz einfach auf das außergewöhnlich gute Aussehen hinweisen. Wenn Sie beispielsweise gefragt werden, ob sich aus Ihrer Wahl von Kandidat Y ableiten ließe, dass Sie einer »romantischen Ader« doch einen höheren Stellenwert als »Intelligenz und Witz« einräumen, könnten Sie antworten: »Nein, ›Intelligenz und Witz‹ sind für mich immer noch wichtiger, doch es kommt für mich auch – und ich muss zugeben, das gerade erst bemerkt zu haben – auf körperliche Attraktivität an.« Sie könnten sogar hinzufügen, so als ob Sie gerade in besonders ehrlicher Stimmung wären: »Wenn ich es mir recht überlege, ist ›körperliche Attraktivität‹ vielleicht sogar *das* ausschlaggebende Kriterium für mich, um mich mit einem Mann treffen zu wollen!«

Doch wahrscheinlich würden Sie nichts von alldem sagen – entweder, weil Ihnen gar nicht bewusst ist, dass Sie Kandidat Y aufgrund seines Aussehens den Vorzug gegeben haben, oder weil es Ihnen unangenehm wäre zuzugeben, sich in Ihrer Entscheidung von seinem Aussehen geleitet haben zu lassen. So oder so, indem Sie versuchen, Ihre Entscheidung für Kandidat Y zu rechtfertigen, würden Sie sich genötigt fühlen, den Stellenwert der »romantischen Ader« und von »Intelligenz und Witz« zu revidieren.

Szu-chi und ich haben die Neigung, die Gewichtung von Eigenschaften zu revidieren, in verschiedenen Bereichen dokumentiert: von der Partnerwahl und der Auswahl von Bewerbern, über die Wahl des E-Book-Readers, bestimmter Lebensmittel, bis zu Hotels, Kollegen und Seminaren.

Unsere Sehnsucht nach »Rationalität«

Wir alle wissen (mehr oder weniger), dass wir unsere Entscheidungen größtenteils gefühlsbasiert treffen. Ebenso ist bekannt, dass es uns häufig ein Bedürfnis ist, emotionale Entscheidungen »rational« zu begründen, *Post-hoc-Rationalisierung* nennen das die Fachleute. Wirklich bemerkenswert ist jedoch die Tatsache, dass wir es nur ungern zugeben, wenn wir »aus dem

Bauch heraus« entschieden haben. Das liegt daran, dass wir implizit davon ausgehen, Gefühle stünden der Qualität von Entscheidungen und Bewertungen eher im Weg, als diese zu befördern.

Professor Hsee, der Verhaltensökonom, bezeichnet den Wunsch, von Gefühlen unbeeindruckt zu erscheinen, als »Lay Rationalism«, Rationalismus der Laien. Gemeinsam mit Kollegen hat er zu diesem Thema verschiedene Studien durchgeführt. Dabei durften die Teilnehmer einer dieser Studien zwischen zwei Schokoladensorten wählen, wobei die eine viermal so groß wie die andere war. Die meisten würden aus Gründen der Rationalität wohl die größere nehmen. Diese sah allerdings wenig appetitlich aus und erinnerte in ihrer Form an eine Wanze – ganz im Gegensatz zu der kleineren Tafel. Die Wissenschaftler spielten damit auf clevere Weise die rationalere Option (die größere Schokolade) gegen die appetitlichere aus.

Für welche Schokolade sollte sich ein Teilnehmer entscheiden? Es gibt darauf natürlich keine allgemeingültige Antwort. Doch, wenn jemand es als ekelhaft empfindet, etwas Wanzenförmiges zu verspeisen, sollte sich diese Person wohl besser für die zwar kleinere, aber appetitlichere Variante entscheiden. Ist ein Mensch jedoch eher dem Gedanken des »Lay Rationalism« verhaftet – und glaubt, es sei nicht rational, Entscheidungen von solch trivialen Kriterien wie dem Aussehen abhängig zu machen –, so er würde sich wahrscheinlich dazu veranlasst sehen, die Wanzenschokolade auszusuchen. Und genau das war es, was passierte: 68 Prozent der Versuchsteilnehmer entschieden sich für die Schokolade in Wanzenform.

Unnötig zu erwähnen, dass ihnen die Schokolade nicht sonderlich geschmeckt hat …

Auf den ersten Blick scheint es eine gute Sache, das Bauchgefühl und Emotionen ganz allgemein dem Denken und wohlüberlegten Abwägen unterzuordnen, wenn wir wichtige Entscheidungen treffen. Schließlich führen uns Gefühle nicht selten in die Irre. Wer könnte von sich behaupten, nie den Verlockungen des Bauchgefühls zu erliegen? Nicht ohne Grund kursieren im Englischen Redewendungen wie »Beurteile ein Buch nicht nach seinem Einband«, »Gut Ding will Weile haben« und »Erst wägen, dann wagen«.

Doch ebenso, wie es falsch ist, sich allzu sehr von seinen Gefühlen und Instinkten leiten zu lassen, kann auch das Gegenteil verkehrt sein. Die Abhängigkeit von der Ratio, also die Tendenz, den Stellenwert von Gefühlen und Instinkten zu unterschätzen, wurzelt in zwei miteinander verknüpften Annahmen: (1) dass sich Probleme grundsätzlich am besten durch wohlüberlegtes Abwägen lösen lassen, und dass (2) Gefühle und Instinkte sich eher ungünstig auf die Qualität von Bewertungen und Entscheidungen auswirken. Aus Gründen, die wir gleich erörtern werden, ist »Mind Addiction« die wesentliche Ursache dafür, dass so viele – insbesondere der Klugen und Erfolgreichen – nicht so glücklich sind, wie sie es eigentlich sein könnten; wir betrachten diese Neigung daher als den siebten Glücksfehltritt.

Das Abwerten von Glück

Der Vernunft den Vorzug zu geben bringt uns dazu, das Glück abzuwerten. Mehrere Studien belegen das, unter anderem auch die Schokoladenstudie, von der wir gerade erst gesprochen haben. Wenn Menschen sich für wanzenförmige Schokolade entscheiden, obwohl eine offensichtlich appetitlichere Sorte zur Auswahl steht, so ist das zweifellos ein Beispiel für die Abwertung von Glück. Im Rahmen einer anderen Studie sollten Studienanfänger der University of Virginia sich aus fünf verschiedenen Postern eines aussuchen. Eine der Teilnehmergruppen wurde zunächst aufgefordert, in sich zu gehen, um dann die Gründe für ihre Auswahl zu benennen, was erheblichen Effekt auf die Entscheidung hatte, wie sich an der Art der ausgewählten Poster ablesen ließ. Nach ein paar Wochen sollten sämtliche Teilnehmer angeben, wie zufrieden sie mit ihrer Wahl waren. Wie sich herausstellte, waren die Probanden, die ihre Entscheidung zunächst *nicht* gründlich durchdacht hatten, zufriedener als die anderen Teilnehmer. Studien in anderen Bereichen – wie die Auswahl von Marmeladen oder Universitätsseminaren – führten zu vergleichbaren Ergebnissen.

Was können wir aus diesen Erkenntnissen lernen? Vor allem eins: Wollen wir glücksmaximierende Entscheidungen treffen, ist es manchmal besser, auf unsere Gefühle zu hören, anstatt gründlich sämtliche Argumente abzuwägen. Das heißt natürlich nicht, dass das immer so ist – geht es beispielsweise um den Kauf von Aktien, so sollte hier die Entscheidung vorab wohl durchdacht werden. Gegen Ende des Kapitels gehe ich näher darauf ein, in welchen Fällen man sich besser auf sein Bauchgefühl verlassen sollte und in welchen nicht. Zuvor möchte ich erläutern, warum Vernunft in manchen Fällen die Abwertung von Glück zur Folge hat.

Die Intelligenz unserer Gefühle und Intuitionen

Wenn wir zu viel nachdenken, lenkt uns das von der Intelligenz unserer Gefühle und Intuitionen ab, sodass wir nicht mehr in der Lage sind, glücksmaximierende Entscheidungen zu treffen. Wie verschiedene Studien zeigen, beruht unser Bauchgefühl keineswegs auf Zufällen oder Willkür; es beruht vielmehr auf einem Schatz aus gesammelten Informationen, die sich in der Vergangenheit als nützlich erwiesen haben. Im Rahmen einer besonders verblüffenden Forschungsarbeit zu diesem Thema wurden Harvardstudenten sehr kurze (drei Sekunden oder weniger), tonlose Videoclips von verschiedenen Professoren gezeigt; die Studenten konnten die Dozenten also nicht hören, sie konnten sie nur sehen. Danach sollten die Teilnehmer jeden Professor nach einer Reihe von Persönlichkeitsmerkmalen bewerten, darunter »Herzlichkeit«, »Enthusiasmus« und »Professionalität«. Danach untersuchten die Forscher, inwieweit diese auf der Basis äußerst geringer Informationen getroffenen Bewertungen die Ergebnisse der am Semesterende in den USA traditionell vorgenommenen Evaluation der Professoren durch die Studenten vorwegzunehmen vermochten. Und, unglaublich aber wahr, sie vermochten es!

Natürlich wurden diese Ergebnisse inzwischen des Öfteren bestätigt. So haben die Marketingprofessorin Rebecca Naylor von der Ohio State University und ich untersucht, ob sich der langfristige Verkaufserfolg von Autohändlern anhand ihrer *Fotos* vorhersagen lässt. Zu diesem Zweck zeigten wir Studenten Fotos der damit einverstandenen Autohändler, die uns überdies über ihre Umsätze unterrichtet hatten – mit folgendem Ergebnis: Es bestand eine eindeutig positive Korrelation zwischen den Einschätzungen der Studenten und den tatsächlichen Verkaufszahlen der Händler!

Das bedeutet nichts anderes, als dass unsere innerhalb von Sekunden beziehungsweise auf der Basis eines Fotos getroffenen, spontanen Urteile über Personen ziemlich nahe an der Wahrheit liegen können. Doch wenn unsere Gefühle und Intuitionen derart treffsicher sind, wie diese Studien vermuten lassen, warum ignorieren oder unterschätzen wir ihre Bedeutung?

Wie wir lernen, unseren Gedanken und sorgfältigen Erwägungen blind zu vertrauen

Dafür gibt es mehrere Gründe. Da wäre zum einen unser Bildungssystem, das typischerweise das Abwägen von Argumenten als einzigen Weg zur Analyse und Lösung von Problemen oder Herausforderungen behandelt. Wenn es so etwas wie einen obersten Grundsatz gibt, der über allem steht, was wir in der Schule lernen, dann der, dass wir uns im Umgang mit Problemen eher auf unser Denkvermögen als auf unseren Bauch verlassen sollten. Uns wird in der Tat vermittelt, dass, je mehr wir uns gedanklich mit einem Problem befassen, wir es umso besser lösen können. Und weil wir alle »Kinder« dieses Systems sind, lernen wir, unseren Gefühlen und Intuitionen zu misstrauen.

Das hängt auch mit der Art der Ziele zusammen, die wir uns setzen. Die meisten dieser Ziele sind *quantitativer* Natur – etwa, eine bestimmte Anzahl an Kilos bis zum Jahresende zu verlieren oder bis zum Eintritt in das Rentenalter ein gewisses Vermögen anzuhäufen. Wir suchen uns quantifizierbare Ziele, weil diese konkreter sind, und, wie wir im ersten Kapitel dieses Buches gesehen haben, wir empfinden konkrete Ziele reizvoller als abstrakte. Wenn es um konkrete Ziele geht, sollten unsere Entscheidungen allerdings besser auf der Basis reiflicher Überlegungen getroffen werden. Wollen wir z. B. abnehmen, sind die Erfolgsaussichten eindeutig besser, wenn wir unsere Speisen anhand ihres Kaloriengehalts aussuchen und nicht aufgrund ihres Aussehens. Ebenso sollten wir unser Geld sorgfältig überlegt investieren, wenn wir uns bis zur Rente ein gewisses finanzielles Polster ansparen wollen. Wir vertrauen also möglicherweise deshalb »blind« auf unsere rationalen Erwägungen, weil ein Großteil unserer angestrebten Ziele quantitativer Art ist. Würden wir uns dagegen eher qualitative Ziele vornehmen, wie z. B. »Freude maximieren« oder »Vertrauen stärken« – wäre das Phänomen »Mind Addiction« deutlich weniger verbreitet.

Wir unterschätzen unsere Gefühle und Intuitionen auch wegen unseres Bedürfnisses nach Verbundenheit mit anderen. Wie wir bereits gesehen haben, ist der Wunsch, Beziehungen zu knüpfen und aufrechtzuerhalten, seit Urzeiten in unserer Spezies angelegt, und wie sich zeigt, haben diejenigen, die sich vor allem auf rationale Erwägungen stützen, eine höhere Chance mit anderen in Kontakt zu treten. Das liegt zum Teil daran, dass wir rationale Entscheidungen als weniger subjektiv oder egozentrisch einschätzen. Deshalb halten wir Personen, die ihre Entscheidungen gründlich durchdenken für objektiver und weniger anfällig für Vetternwirtschaft, Launen oder selbstwertdienliche Verzerrungen. Außerdem ziehen wir den Kontakt zu rationalen Entscheidern vor, weil wir solche Menschen aufgrund unserer Schulbildung für »gescheiter« und »vernünftiger« halten.

Es gibt also mehrere Gründe, warum wir die Bedeutung unserer Gefühle und Intuitionen zu unterschätzen lernen. So gelangen einige Menschen zu der Auffassung, die besten Ideen entstünden auf Basis sorgfältiger Überlegungen, statt auf Gefühlen oder Intuitionen. Doch was, wenn es in Wahrheit umgekehrt wäre?

Gefühle und Intuition als wahre Quelle von Kreativität und Inspiration

Vermutlich haben Sie noch nie etwas von August Kekulé gehört, doch wie er auf die Idee für die molekulare Struktur des Benzolrings gekommen ist, illustriert auf faszinierende Weise, welche Rolle unsere Gefühle und Intuitionen – oder allgemeiner unser Unterbewusstsein – bei der Entwicklung von Ideen spielen. Möglicherweise erinnern Sie sich noch an den Chemieunterricht in der Schule und wissen daher, dass Moleküle aus zwei oder mehreren Elementen bestehen. Und dass sie außerdem eine bestimmte Wertigkeit haben. Stark vereinfacht lässt sich Wertigkeit folgendermaßen erklären: Wenn ein Element mit der Wertigkeit 1 (Wasserstoff) mit einem Element der Wertigkeit 2 (Sauerstoff) eine Verbindung eingeht, werden zur Bildung eines Moleküls zwei der erstgenannten Elemente benötigt. Das erklärt, warum Wasser (H_2O) aus zwei Teilen Wasserstoff und einem Teil Sauerstoff besteht und bildlich so dargestellt wird:

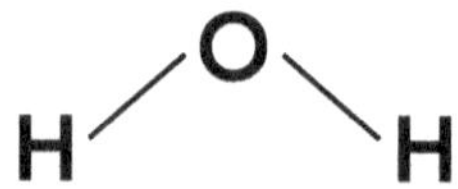

Lassen Sie uns nun andere aufregende Moleküle und ihre Strukturen betrachten. Kohlenstoff hat eine Wertigkeit von 4; wenn also Kohlenstoff und Wasserstoff eine Verbindung eingehen, würde sich naturgemäß Methan bilden (CH_4), ein giftiges Gas. Die molekulare Struktur von Methan sieht demnach so aus:

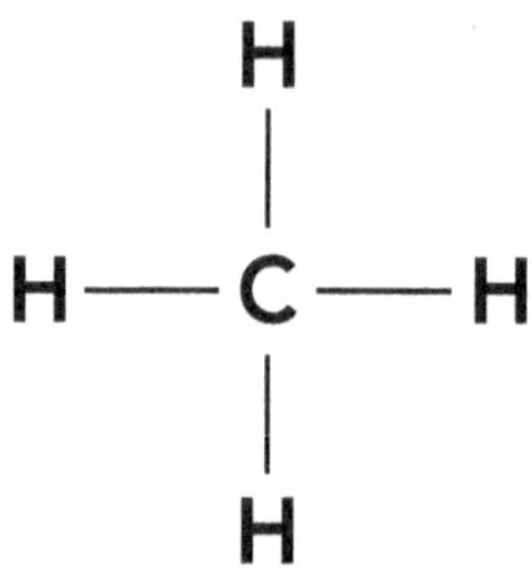

Das ist jedoch nicht das einzige Molekül, das aus einer Kombination aus Kohlenstoff und Wasserstoff entstehen kann. Auch Benzol – das sechs Kohlenstoffatome enthält – wird aus Kohlenstoff und Wasserstoff gebildet. Aus wie vielen Wasserstoffatomen besteht nun aber Benzol? Wenn Sie nun auf 24 tippen, wäre das zwar logisch, aber dennoch falsch! Wie sich herausstellt, enthält Benzol nicht mehr als sechs Wasserstoffatome! Wie ist das möglich? Diese Frage trieb Mitte des 19. Jahrhunderts nicht wenige in Europa lebende Chemiker um.

Sie denken, Sie hätten ein schweres Leben? Nun, dann stellen Sie sich für einen Moment diese Chemiker vor, die sich im Kreise drehten, während sie versuchten, die molekulare Struktur von Benzol ausfindig zu machen. Egal wie sehr sie sich abmühten, sie waren unfähig, das Rätsel zu knacken. (Vielleicht wollen Sie sich bei Gelegenheit an diesem Problem versuchen? Um Ihnen den Anfang zu erleichtern, schlage ich Ihnen eine Struktur vor, die zwar falsch ist, Ihnen dennoch einen Hinweis darauf gibt, wie Sie diese Aufgabe letztendlich lösen können.)

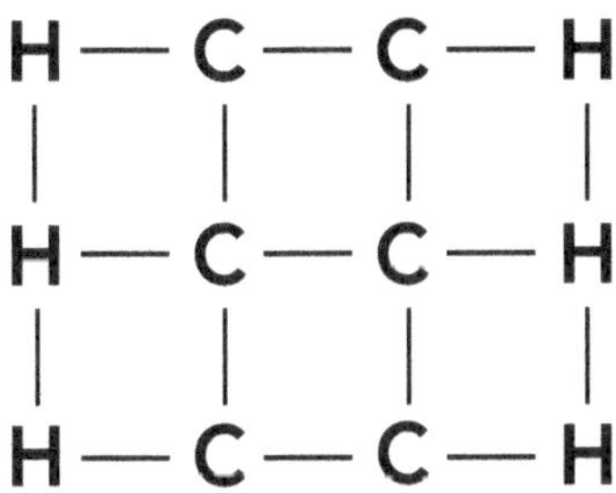

Hier kommt nun August Kekulé ins Spiel, der sich seit einigen Jahren schon mit dem Problem der Molekularstruktur von Benzol befasst hat, allerdings ohne Ergebnis. Doch eines Tages, als Kekulé über seiner Arbeit einnickte, hatte er einen seltsamen Traum:

Schwarze Kohlenstoffkugeln verwandelten sich in schwarze Kobolde mit gespaltenen Schwänzen, die im Zimmer umherzulaufen begannen und sämtliche Laborgerätschaften durcheinanderzubringen drohten. Er wollte die Kerle gerade hinauswerfen, da ebbte der Trubel, beinahe schlagartig, ab. Jeder Kobold schnappte sich den Schwanz seines Vordermanns und winkte ihm zu, während die Gruppe vorbeiwirbelte.

Kekulé schreckte hoch und erkannte, dass die Kobolde ihm die Formel von Benzol vorgespielt hatten. Wie einfach die Struktur doch war: *Die Kohlenstoffatome des Benzols bildeten einen Ring!*

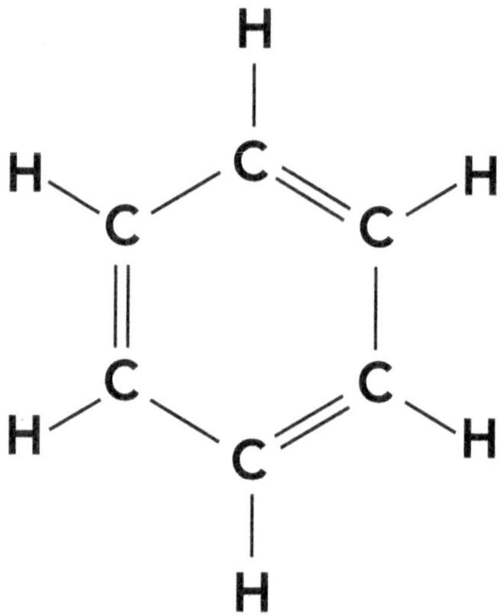

Wie kam Kekulé nun auf diese Erkenntnis über den Benzolring? Sicherlich nicht über sorgfältiges Abwägen. Die Idee dafür entstammt seinem Unterbewusstsein. Kekulés Erkenntnis ist beileibe kein Sonderfall. Beinahe jede kreative Idee, die ein Mensch schon einmal gehabt hat, wurde vom Unterbewussten gesteuert. Ein neueres und beschwingteres Beispiel ist Harry Potter, die Idee für die Figur und ihre Geschichte kam der Autorin J. K. Rowling plötzlich während einer Zugfahrt, scheinbar aus dem Nichts.

Das soll natürlich nicht heißen, dass sorgfältiges Überdenken bei der Entwicklung kreativer Ideen so gar keine Rolle spielt; es spielt in der Tat sogar eine wesentliche Rolle. Erkenntnisse zeigen, dass nur diejenigen, die lang und breit über ein Problem nachgedacht haben, überhaupt erst für Ideen aus dem Unterbewussten empfänglich sind. Kekulé hatte sich bereits seit geraumer Zeit – über zehn Jahre – mit molekularen Strukturen aus *Kohlenstoffatomen* befasst. J. K. Rowling schrieb ebenfalls bereits seit ihrer Kindheit Geschichten. Gründliches Nachdenken bringt uns der Entwicklung von Ideen also lediglich einen Schritt näher; die beeindruckendsten Ideen entspringen fast immer unserem Unterbewusstsein – denn die Quelle aller Ideen liegt dort. Daher trägt gründliches Nachdenken wenig zum Prozess der Ideengenerierung bei, weil es uns von der Fähigkeit ablenkt, unser Unterbewusstsein anzuzapfen, und uns somit im Ideengenerierungsprozess behindert. Das ist auch der Grund, warum wir immer dann die besten Einfälle haben, wenn wir nicht mehr aktiv über ein Problem nachdenken, sondern uns gedanklich mit anderen Dingen beschäftigen.

Wie wir uns die Kreativität von Gefühlen und Intuitionen zunutze machen können

Thomas Edison, der Erfinder der Glühbirne, hat das erkannt und seine ganz eigene, clevere Methode entwickelt, um zu verhindern, dass rationale Denkprozesse das kreative Potenzial des Unterbewussten und der Instinkte stören könnten. Ihm war aufgefallen, dass ihm immer dann die besten Ideen zuflogen, wenn er sich nicht mehr aktiv mit einem Problem befasste; sie kamen ihm vielmehr vor allem in der Grauzone zwischen Wachen und Schlafen. Daher pflegte er häufig auf seinem Lieblingssessel ein kurzes Nickerchen zu halten, während er in jeder Hand eine Stahlkugel hielt. Auf beiden Seiten des Sessels befanden sich Metallschalen auf dem Boden, die so angeordnet waren, dass die Metallkugeln, sollten sie ihm im Schlaf aus der Hand gleiten, direkt hineinfielen. Der dabei entstehende Krach würde ihn unweigerlich aufwecken – gerade noch rechtzeitig, um die Erkenntnisse, zu denen er möglicherweise gelangt war, zu notieren!

Anders als Edison übersehen wir häufig, welch tragende Rolle unsere Gefühle und Intuitionen bei der Entwicklung von Ideen spielen (das gilt vor allem für die Klugen und Erfolgreichen unter uns) und versäumen es daher, die mächtigste Quelle der Kreativität in uns zu nutzen.

Übertriebene Vernunft und mangelhafte oder utopische Selbstwahrnehmung

Die Tendenz, das Glück abzuwerten und die Quelle unserer Kreativität nicht anzuzapfen, entsteht, weil wir die Intelligenz unserer Gefühle und Intuitionen meist unterschätzen. Es gibt jedoch auch Probleme im Zusammenhang mit übertriebener Vernunft, die aus *mangelhafter Selbstwahrnehmung* herrühren.

Wie wir bereits gesehen haben, wurzelt übertriebene Vernunft zumindest teilweise in unserer Sehnsucht nach »Rationalität«. Diese Sehnsucht bringt uns dazu vorzutäuschen – wie Szu-chi Huang und ich herausgefunden haben –, dass unsere Einschätzungen und Entscheidungen nicht durch Gefühle oder Intuitionen beeinflusst werden, obwohl es sich in Wahrheit anders verhält. Während uns dieses Vortäuschen für den Moment ein gutes Gefühl vermittelt – indem es uns annehmen lässt, wir hätten uns »rational« verhalten –, verschärft es ein anderes Problem, das viele Achtsamkeitsforscher für eine der Hauptursachen unseres Unglücks halten: das Problem mangelhafter Selbstwahrnehmung.

Ich habe für mein Coursera-Seminar viele Gelehrte interviewt, darunter auch Professor Richie Davidson von der University of Wisconsin. Der Hirnforscher hat mittels bildgebenden Verfahren die Auswirkungen von Achtsamkeit auf das Gehirn dokumentiert. Dabei entdeckte er, dass Menschen, die täglich meditieren, einen dickeren linken präfrontalen Cortex besitzen (der Teil des Gehirns, der mit der Wahrnehmung von Glück zusammenhängt). Davidson hält den Mangel an Selbstwahrnehmung für einen der ärgsten Glückskiller. Warum? Weil man ohne ein gewisses Maß an Selbstwahrnehmung kaum zu erkennen vermag, wie man sein Glück eigenhändig sabotiert. Ein einfaches Beispiel: Nehmen wir an, nur so zum Spaß, dass Sie, obwohl es Ihnen ungemein wichtig ist, anderen überlegen zu sein, gleichzeitig den Anschein erwecken wollen, als gäben Sie keinen Deut auf Überlegenheit. Sie sind also außerordentlich statusbewusst, möchten aber gerne glauben, dass Sie sich nicht die Bohne dafür interessieren, wo Sie im Vergleich zu anderen stehen. Nehmen wir außerdem an (ebenfalls nur zum Spaß) dass Sie, eine Person, die in Bezug auf Beziehungen zutiefst verunsichert und bedürftig ist, überzeugt sind, Sie wären das Paradebeispiel für einen sicheren Bindungsstil. Nun, je schlechter es um Ihre Selbstwahrnehmung bestellt ist, umso leichter bringen Sie diese Selbstutopie zustande; umso leichter überzeugen Sie sich selbst davon, dass Sie nicht standesbewusst oder unsicher sind, obwohl es sich in Wahrheit völlig anders verhält. Diese Selbstutopie mag auf den ersten Blick den Anschein einer guten Sache haben, da sie es Ihnen ermöglicht, ein positives, wenngleich unrealistisches Selbstbild zu hegen. Auf lange Sicht wird diese Selbstutopie Ihrem Glück jedoch höchstwahrscheinlich im Wege stehen (wie wir in den vorangegangenen Kapiteln bereits gesehen haben). Sie können das Glücksniveau *nicht* aufrechterhalten, wenn Sie nach Überlegenheit streben oder verzweifelt nach Liebe suchen. Ganz egal auf welch clevere Weise Sie diese »Fehltritte« unter den Teppich kehren, früher oder später »kommt alles raus«. Daher wäre es aus der Perspektive der Glücksmaximierung das Beste, die Selbstutopien ad acta zu legen und ehrlicher zu werden, damit Sie ergründen können, warum Sie möglicherweise Ihr Glück sabotieren.

Daneben gibt es noch einen weiteren Grund, warum Selbstwahrnehmung für das Glück wichtig ist: Sie ist essenziell, um im Umgang mit den Herausforderungen des Lebens über das erforderliche Maß an *Flexibilität* zu verfügen. Um zu verstehen, was ich damit meine, sollten wir uns noch einmal anschauen, was ich vorhin erklärt habe – dass Selbstehrlichkeit wesentlich ist, um ein glücklicheres Leben zu führen. Während diese Aussage im Allgemeinen stimmig ist, trifft es auch zu, dass Selbstehrlichkeit nicht immer die beste Idee ist. Sicherlich wissen Sie aus eigener Erfahrung, dass schonungslose Aufrichtigkeit hinsichtlich der eigenen Fehler und Macken manchmal kontraproduktiv sein kann; es gibt den richtigen Zeitpunkt für Offenheit gegenüber anderen, ebenso wie es einen geeigneten Zeitpunkt für Selbstehrlichkeit gibt. Vor allem kann Selbstehrlichkeit nur dann produktiv sein, wenn wir uns ausreichend Selbstachtung und Selbstmitgefühl entgegenbringen können. Ist diese Voraussetzung nicht erfüllt, sollte man es mit der Ehrlichkeit nicht übertreiben, da dies ansonsten dem Selbstwertgefühl einen derart herben Schlag versetzen könnte, dass man sich unter Umständen nie mehr komplett davon erholt.

Eine Anekdote über Buddha illustriert diesen Gedanken sehr schön. In dieser Geschichte spaziert Buddha mit seinen Schülern auf einen Wald zu. Die Schüler fürchten sich, in den Wald zu gehen – denn, wer weiß, welch schreckliche Dinge sich darin verstecken könnten? Doch Buddha weiß aus eigener Erfahrung, dass er seine Schüler sicher hindurchführen kann. Was also tut er? Obwohl er bekanntlich ein starker Verfechter von Achtsamkeit ist (die, wie wir noch sehen werden, eng mit Selbstehrlichkeit verknüpft ist), drängt er seine Schüler nicht, sich ihren Ängsten zu stellen. Stattdessen spielt er diese herunter, um ihnen so ein gutes Gefühl zu vermitteln. Er tut dies, weil die Schüler seiner Einschätzung nach noch nicht bereit sind, ihren Ängsten direkt entgegenzutreten; die Ängste sind zu groß, um achtsam damit umgehen zu können. Daher ist das Gebot der Stunde, Vertrauen zu bilden, und nicht Selbstehrlichkeit.

Das Leitmotiv dieser Anekdote ist Flexibilität. Sie zeigt insbesondere, dass es in gewissen Ausnahmesituationen durchaus vernünftig sein kann, sich in hilfreichen Selbstutopien zu ergehen – etwa dann, wenn jemand bereits eine Reihe von Schlägen gegen die Selbstachtung erlitten hat und ins Taumeln geraten ist. Flexibilität ist auch gefragt, wenn es darum geht, sich für oder gegen die besprochenen Glücksfehltritte zu entscheiden. Geht es z. B. um das eigene Überleben, ist es ratsamer, nach Überlegenheit zu streben anstatt nach Flow. Wenn Flexibilität im Umgang mit den Herausforderungen des Lebens von grundlegender Bedeutung ist, dann ist auch Selbstwahrnehmung essenziell, weil es uns nur auf der Basis ausgeprägter Selbstwahrnehmung leichterfällt, die nötige Flexibilität zu zeigen. Wir sind ansonsten kaum in der Lage zu erkennen, ob Selbstehrlichkeit uns gerade eher nützt oder schadet.

Überdies hilft uns Flexibilität dabei herauszufinden, wann wir uns auf unser Bauchgefühl verlassen können und wann wir uns eher auf strategisches Nachdenken verlegen sollten. Diese Frage ist eine Wissenschaft für sich, doch es lassen sich ein paar allgemeine, breit gefasste Grundsätze nennen. Zum einen scheint die Intelligenz unseres Bauchgefühls besonders dann sehr ausgeprägt, wenn es um Reize geht, denen sich bereits unsere Urahnen des Öfteren ausgesetzt sahen. So hat eine Studie ergeben, dass sich Babys und sogar Ratten oder Affen eher vor Gefahren fürchten, denen bereits ihre Vorfahren begegnet waren (z. B. Schlangen), als vor Gefahren, die den Vorfahren unbekannt waren (wie geometrische Formen oder Elektroanschlüsse). So reagierten selbst Ratten aus Käfigzucht, die noch nie zuvor eine Katze gesehen hatten, mit Angst, wurden sie mit einem Katzenfell konfrontiert.

Wahrscheinlich können wir andere deshalb so gut einschätzen, weil bereits unsere Vorfahren als soziale Wesen sehr viel Erfahrung im Umgang mit Menschen hatten. Auch in Bereichen, in denen wir *persönlich* sehr viel Erfahrung haben, ist das Bauchgefühl nützlich. So könnte das Bauchgefühl eines erfahrenen Museumskurators über die Echtheit eines Kunstwerks deutlich präziser ausfallen, als die Bewertung, zu der er auf der Grundlage rationaler Überlegungen kommt. Das Bauchgefühl einer erfahrenen Ärztin kann auch, in vielen Fällen, kaum trügen. In Bereichen, in denen man über nur sehr marginale Erfahrungen verfügt, sollte man sich aber besser seines Verstandes bedienen.

Auch wenn das angestrebte Ergebnis emotionaler Art ist oder mit einem Zugewinn an Freude zusammenhängt, lohnt es sich, auf das Bauchgefühl zu hören. Das Poster-Experiment, über das wir bereits gesprochen haben, bestätigt diese These: Die Teilnehmer, die das Poster aufgrund ihres Bauchgefühls wählten, waren zufriedener als jene, die ihre Entscheidung rational begründeten. Intuition ist auch gefragt, wenn es primär um eine zufriedenstellende und weniger um eine optimale Entscheidung geht. Und, wie Studien zeigen, fallen Entscheidungen vor allem dann langfristig zufriedenstellend aus, wenn sie ohne viel »Federlesens« aus dem Bauch heraus getroffen werden. Handelt es sich jedoch um sachliche Entscheidungen, wie den Kauf einer Immobilie oder eines Grundstücks, sollten wir uns besser auf rationale Erwägungen stützen.

Dasselbe gilt, wenn eine Entscheidung mehrere Menschen betrifft und zu einem zweckdienlichen Ergebnis führen soll (wenn etwa eine offene Stelle in der Firma neu zu besetzen ist), und überdies nicht der Hedonismus im Vordergrund steht (wie etwa bei der Planung einer Firmenweihnachtsfeier). Menschen, die ihre Entscheidungen auf der Basis sorgfältiger Überlegungen treffen, wird mehr Sympathie entgegengebracht.

Kurz, es hängt von diversen Faktoren ab, ob eine Entscheidung aus dem Bauch heraus oder auf der Basis sachlicher Argumentation getroffen werden sollte. Und eine Person mit ausgeprägter Selbstwahrnehmung – die weiß, ob es ihr um sachliche oder emotionale Ziele geht – ist eher in der Lage, die Relevanz dieser Variablen einzuschätzen und somit die richtige Entscheidung zu treffen. Selbstwahrnehmung kann uns also helfen, die erforderliche Flexibilität an den Tag zu legen, um uns, je nach Kontext, entweder nach dem Gefühl oder sachlichen Erwägungen zu richten.

Falls Sie nun herausfinden wollen, wie es um Ihre persönliche Selbstwahrnehmung bestellt ist, füllen Sie den Fragebogen aus, den Sie im Anschluss an das Kapitel finden.

Wenn Rationalität uns den Blick auf unsere »innere Zufriedenheitsquelle« verstellt

Selbstwahrnehmung ist also fundamental, um in unterschiedlichen Kontexten intelligente, glücksfördernde Entscheidungen zu treffen. Wir brauchen sie aber auch, um überhaupt zu begreifen, wie unser Geist dem Glück mitunter in die Quere kommt.

Vor allem eröffnet uns Selbstwahrnehmung den Weg zu der Erkenntnis, dass wir uns allein durch das Beobachten innerer und äußerer Vorgänge – ohne sie zu kommentieren, bewerten, kategorisieren oder darüber nachzugrübeln – auf mysteriöse Weise *weniger gestresst und zufriedener* fühlen. Sie hilft uns also, die Quelle der Zufriedenheit *in uns selbst* zu entdecken – eine Quelle, auf die wir jederzeit Zugriff haben, wenn wir nur wissen, wie.

Im nächsten Kapitel werde ich genauer darlegen, was ich damit meine.

Selbstwahrnehmungs-
FRAGEBOGEN

Die Bewertung der Selbstwahrnehmung besteht aus einem ersten Teil, einem Zehnpunktefragebogen und einem zweiten Teil, für den Sie einen Partner benötigen.

Anleitung für Teil 1

Um herauszufinden, wie es um Ihre Selbstwahrnehmung bestellt ist, beantworten Sie die folgenden Aussagen bitte spontan mit »richtig« oder »falsch«. Wichtig ist, nicht lange zu überlegen, da sich so die genauesten Ergebnisse erzielen lassen.

1. Wenn mich jemand fragt, warum ich so ärgerlich oder traurig bin, antworte ich (oder denke mir) häufig: »Das bin ich doch gar nicht!«
2. Wenn mich eine nahestehende Person fragt, warum ich einen anderen ruppig oder gemein behandelt habe, bin ich häufig nicht der Ansicht, mich so verhalten zu haben.
3. Mir fällt oft – öfter als ein paar Mal pro Monat – auf, dass mein Herz rast oder mein Puls hämmert, ohne zu wissen, woher das kommt.

4. Wenn ich schmerzgeplagte Menschen sehe, verspüre ich ebenfalls Schmerzen, sowohl emotional wie körperlich.
5. Meist kenne ich meine Gefühle gut genug, um sie in Worte fassen zu können.
6. Ich beobachte an mir manchmal Schmerzen, deren Ursache ich nicht bestimmen kann.
7. Ich mag es, ruhig und gelassen dazusitzen und nur zu beobachten, was in mir vorgeht.
8. Ich besitze eine ausgeprägte Körperwahrnehmung und fühle mich gut und geborgen in meinem Körper.
9. Ich richte mich stark nach der äußeren Umgebung nehme kaum wahr, was in meinem Körper vor sich geht.
10. Wenn ich Sport treibe, achte ich genau darauf, welche Veränderungen sich dabei in meinem Körper ergeben.

Auswertung

Aussagen 4, 5, 7, 8 und 10:
Für die Antwort »wahr«: jeweils 1 Punkt.
Für die Antwort »falsch«: jeweils 0 Punkte.
Aussagen 1, 2, 3, 6 und 9:
Für die Antwort »falsch«: jeweils 1 Punkt.
Für die Antwort »wahr«: jeweils 0 Punkte.
Zählen Sie alle Punkte zusammen. Bei **8 oder mehr Punkten** nehmen Sie sich selbst sehr treffend wahr, **bei unter 3 Punkten** ist ihre Selbstwahrnehmung eher unzutreffend.

Anleitung für Teil 2

Bitten Sie einen Partner, Ihnen 30 Sekunden lang den Puls zu fühlen, während Sie Ihre gesamte Aufmerksamkeit nach innen richten und versuchen, selbst Ihren Herzschlag wahrzunehmen und mitzuzählen. Wiederholen Sie das Ganze insgesamt viermal und vergleichen Sie anschließend Ihre Ergebnisse mit denen des Partners. Je höher die Übereinstimmung, desto stärker ausgeprägt ist Ihre Selbstwahrnehmung.

Achtsamkeit praktizieren

Stellen Sie sich vor, Sie dürften bei einem historischen Ereignis Ihrer Wahl Mäuschen spielen. Welches würden Sie sich aussuchen? Vielleicht ein heimliches Treffen zwischen John F. Kennedy und Marilyn Monroe? Oder aber den Tag, als Helmut Kohl und Michail Gorbatschow in Moskau die Wiedervereinigung Deutschlands beschlossen haben?

Egal für was Sie sich entscheiden, Mäuschen zu spielen bedeutet, die Rolle des unbeteiligten Beobachters einzunehmen. Wohlgemerkt nicht des *gleichgültigen* Beobachters, sondern des *unbeteiligten.* Gleichgültig bedeutet gelangweilt, nicht interessiert. Unbeteiligt hingegen heißt unvoreingenommen, neutral. Sie sind demnach unbeteiligt interessiert an einer Sache, wenn Sie bei einer bestimmten Gelegenheit Mäuschen spielen wollen. Sie wollen in diesem Fall lediglich die Vorgänge beobachten, ohne Aufmerksamkeit auf sich zu ziehen oder einzugreifen. Selbst, wenn Sie eingreifen wollten, z. B. JFK dazu bringen, ein Geburtstagslied für Marilyn Monroe zu singen, wüssten Sie, dass das in Ihrer Eigenschaft als Mäuschen nicht in Ihrer Macht läge. Sie müssten die Dinge akzeptieren, wie wie sind.

Stellen Sie sich nun vor, Sie befänden sich als Mäuschen in einem Mauseloch direkt in Ihrem eigenen Kopf, um dort internen, bedeutsamen Vorgängen beizuwohnen. Welche bedeutsamen Vorgänge denn, wollen Sie wissen? Natürlich die momentan bedeutsamen Vorgänge!

So wie beim »herkömmlichen« Mäuschenspielen wollen Sie auch in dieser Situation nicht die Aufmerksamkeit auf sich ziehen oder auf irgendeine Weise in die Geschehnisse eingreifen. Der einzige Unterschied ist, dass Sie die Dinge in Ihrem Kopf sehr wohl ändern *könnten,* wenn Sie es wollten. Wenn Sie sich also dächten: »Was bin ich doch für ein erbärmlicher Idiot, dass ich in zehn Minuten eine ganze Schachtel Eiscreme verputze«, so hätten Sie den Gedanken umwandeln können in: »Was erwartest du? Ich mache gerade eine schwere Zeit durch; jeder hätte das an meiner Stelle getan!« Doch nehmen wir für einen Moment an, Sie könnten dem Drang einzugreifen widerstehen und wären somit in der Lage, lediglich zu beobachten, was vor sich geht.

Das ist es, kurz gesagt, was Achtsamkeit im Grunde ausmacht; es ist die metaphorische Entsprechung zum Mäuschenspielen im eigenen Kopf. Es geht darum, sämtliche Vorgänge im Gehirn mit großem Interesse und mit Neugierde zu verfolgen, ohne jedoch an ihnen zu kleben. Man kann selbstverständlich auch äußeren Vorgängen mit Achtsamkeit begegnen, einem Sonnenuntergang oder einem Kinofilm. Doch für gewöhnlich geht es bei der Achtsamkeit darum, Aspekte innerer Vorgänge zu beobachten, etwa die Gedanken oder den Atem.

Wie Sie aus Ihren Gedankenspiralen ausbrechen

Um Ihnen konkreter zu veranschaulichen, was Achtsamkeit bedeutet, möchte ich Ihnen eine weitere Metapher nennen, auf die ich häufig zurückgreife, und die ich das »GATE-Modell« (Netz aus Gedankenspiralen) nenne. Nehmen wir an, während Sie gerade dieses Buch lesen, durchfährt Sie plötzlich der Gedanke: »Um Himmels willen, es ist bereits 16 Uhr. Ich werde zu spät zum Kindergarten kommen, um meinen Sohn abzuholen!« Ein Gedanke dieser Art löst für gewöhnlich einen weiteren aus. (»Ständig passieren mir solche Missgeschicke, und nie werde ich rechtzeitig fertig! Ich sollte mein Leben besser in den Griff bekommen.«) Dieser Gedanke wiederum löst unter Umständen eine Emotion (z. B. Scham) aus, die ihrerseits eine Handlung einleitet (z. B. das Buch zuknallen und zum Auto hetzen) beziehungsweise ein Ziel vorgibt (dem Sohn zur Entschuldigung fürs Zuspätkommen einen Snack kaufen).

In diesem Beispiel hat der ursprüngliche Gedanke (»Ich verspäte mich.«) ein ganzes Netz an Konsequenzen hervorgebracht, das aus weiteren Gedanken, Emotionen, Handlungen und Zielen besteht. Würden Sie aufhören, darüber nachzudenken, so würden Sie erkennen, dass es nur dieser eine Gedanke ist, doch beinahe jeder Gedanke ruft weitere Gedanken, Emotionen, Handlungen und Ziele hervor. Man könnte unsere gewöhnlichen alltäglichen Erfahrung also dahingehend beschreiben, dass wir in einem Netz aus GATEs, aus Gedanken- und Gefühlsspiralen, verstrickt sind – wobei GATE sich aus den Anfangsbuchstaben folgender englischer Begriffe zusammensetzt: »Goals« (Ziele),«Actions or Action-Tendencies« (Handlungen oder Handlungstendenzen), »Thoughts« (Gedanken) und »Emotions« (Emotionen). Oder, anders ausgedrückt, dass es zu unserem Leben gehört, in einem Netz aus Konsequenzen gefangen zu sein, die die Erfahrungen des Lebens gemeinsam mit den GATEs in unserem Kopf für uns erstellen. Wenn wir z. B. von unserem Chef angeschnauzt werden, reagieren wir wahrscheinlich verärgert, was wiederum Rachegedanken in uns wachruft, die ihrerseits andere Gefühle hervorrufen, die weitere Gedanken oder Ziele entstehen lassen etc.

Das ist an sich »normal«, da wir die meiste Zeit in dieser Weise funktionieren. Wenn nun aber das Netz, in dem wir gefangen sind, ein gutes ist – wenn wir auf die Beschimpfung des Chefs etwa auf gesunde Weise reagieren –, ist das alles nicht so schlimm. Doch was, wenn wir die Neigung haben, ein ungesundes GATE-Netz zu spinnen? Wenn wir beispielsweise Kritik sofort von der Hand weisen beziehungsweise lediglich mit Gegenangriffen reagieren, anstatt sachlich zu hinterfragen, ob die Kritik an uns objektiv gerechtfertigt ist? Doch leider sind viele Menschen, wie Studien zum Thema übermäßiges Nachdenken und Grübeln zeigen, in genau solchen, ungesunden GATE-Netzen gefangen. Das gilt vor allem dann, wenn wir mit negativen Reizen konfrontiert werden wie z. B. einem Terroranschlag. Eine

Möglichkeit, ein ungesundes GATE-Netz zu durchbrechen, besteht darin, die Glücksfehltritte durch glücksförderndes Verhalten, wie es auch die besonders zufriedenen Menschen an den Tag legen, zu ersetzen. Das erhöht die Chancen, dass das durch ein Ereignis ausgelöste Reaktionsnetz positiverer Natur ist.

Negative GATE-Netze lassen sich allerdings auch dadurch durchbrechen, dass man aus den Gedankenschleifen im eigenen Kopf heraustritt und sich nur noch auf das Beobachten der Vorgänge beschränkt – also im Kopf »Mäuschen spielt«.

Das erste Achtsamkeitsparadox: Wie Sie mittels distanzierter Betrachtung Nähe zum beobachteten Objekt aufbauen

Die Idee, »Mäuschen zu spielen« beziehungsweise »aus dem Netz aus Gedanken und Gefühlen im Kopf auszubrechen«, erweckt den Eindruck, dass Achtsamkeit erfordert, sich von dem Objekt der Beobachtung zu distanzieren. Doch obwohl es zur Achtsamkeit gehört, Dinge zu beobachten, als beträfen sie jemand anderen, bewirkt sie paradoxerweise, dass man tatsächlich in engeren Kontakt zu diesem Objekt tritt.

Um das besser zu verstehen, sollten wir uns den Unterschied zwischen der sogenannten »reinen« oder »bloßen« Aufmerksamkeit und der »Mind Attention«, also einer Art »kopflastigen« Aufmerksamkeit, vergegenwärtigen. »Mind Attention« bedeutet, das beobachtete Objekt durch einen geistigen Filter zu betrachten, es also zu kommentieren, zu bewerten, zu kategorisieren oder darüber nachzugrübeln; sie hängt eng zusammen mit dem siebten Glücksfehltritt, der »Mind Addiction«. Nur die Wenigsten schaffen es, reine Aufmerksamkeit für längere Zeit aufrechtzuerhalten, insbesondere, wenn sie sich erst seit Kurzem in Achtsamkeit üben. Doch rein konzeptionell ist leicht verständlich, worum es bei der reinen Beobachtung geht: etwas ohne einhergehende geistige Aktivität lediglich zu beobachten. Sollte, während Sie Ihre Gedanken (»Ich komme zu spät, um meinen Sohn vom Kindergarten abzuholen!«) ausschließlich zu beobachten versuchen, ein weiterer Gedanke (»Ich bin so chaotisch!«) oder ein Gefühl (Scham) auftauchen, würden Sie im Rahmen reiner Aufmersamkeit auch diese lediglich beobachten, ohne sie zu kommentieren.

Eine wichtige Konsequenz, die sich aus reiner Aufmerksamkeit ergibt, ist, dass sich das Tempo verringert, in dem der Geist von einem Aspekt des GATE-Netzes (z. B. ein Gedanke) zu dem nächsten (z. B. ein Gefühl) rast. In der Folge beruhigt sich das gesamte GATE-Netz, und es ist dieser Prozess, in dem man in engeren Kontakt zu dem Objekt seiner Beobachtungen tritt. Wenn wir Musik hören, vermögen wir auch die feineren Töne besser zu hören, und wenn wir die körperlichen Veränderungen im Zusammenhang mit einem Gemütszustand beobachten, nehmen wir auch die subtileren Empfindungen noch wahr. Obwohl es also bei der reinen Aufmerksamkeit darum geht, die Dinge zu betrachten, als beträfen sie einen anderen, nähert man sich damit, wenn man es richtig anstellt, schließlich dem beobachteten Objekt an. Ja, wenn man es schafft, den Kopf völlig außen vor zu lassen, könnte man sogar etwas erfahren, das der englische Mystiker Douglas Harding als den »kopflosen Weg« bezeichnet – das Gefühl, dass der Beobachter in Ihnen und das Objekt Ihrer Betrachtung verschmolzen und eins geworden sind.

Das zweite Achtsamkeitsparadox: Wie negative Emotionen durch Achtsamkeit ihren Schrecken verlieren

Wenn Achtsamkeit uns das Beobachtete näher bringt, könnte man annehmen, dass negative Gefühle durch Achtsamkeit intensiviert würden. In Wahrheit schwächt sie negative Emotionen – ein weiteres Paradox im Zusammenhang mit Achtsamkeit. Dieses Paradox lässt sich auflösen, indem man sich negative Emotionen als Wolken vorstellt. Aus der Distanz betrachtet wirken Wolken wie feste, undurchsichtige Körper. Doch sobald Sie sich auf gleicher Höhe mit ihnen befinden, etwa beim Bergwandern, stellen sie sich als transparent und substanzlos heraus. Gleiches gilt für Gefühle: Aus der Distanz – also der Perspektive des Geistes – können sie den Eindruck erwecken, fest und undurchsichtig (und somit erschreckend, falls sie negativer Natur sind) zu sein. Doch wenn Sie es schaffen, sie weder zu unterdrücken noch zu verändern und sich darauf beschränken, die damit zusammenhängenden körperlichen Empfindungen zu betrachten, verlieren sie erheblich an Substanz.

Das liegt daran, dass negative Emotionen vom Standpunkt reiner Aufmerksamheit aus betrachtet zu einer bloßen Ansammlung von Empfindungen reduziert werden. Was der Geist als »Angst« etikettiert, löst sich auf zu einzelnen Sinneseindrücken wie feuchte Hände, ein leicht erhöhter Puls, nervöser Magen – nichts also, das grundsätzlich erschreckend oder gar unangenehm wäre. Wenn Sie dieselben Wahrnehmungen jedoch bewerten, kategorisieren, kommentieren oder darüber nachgrübeln, nehmen sie nicht nur eine ominöse Bedeutung an, sondern halten noch dazu an, weil die geistige Aktivität das GATE-Netz aufrechterhält. Indem Sie negative Emotionen also lediglich beobachten, ermöglichen Sie es dem GATE-Netz, das Tempo zu drosseln und sich zu beruhigen und schaffen so die Voraussetzung, dass die negativen Emotionen schneller abebben.

Das dritte Achtsamkeitsparadox: Warum Achtsamkeit positive Gefühle verstärkt

Man könnte nun daraus folgern, dass Achtsamkeit auch positive Gefühle abschwächen würde, ebenso wie es bei negativen Emotionen der Fall ist. Doch tatsächlich verhält es sich umgekehrt – ein weiteres Paradox im Zusammenhang mit der Achtsamkeit.

Auf scheinbar unglaubliche Weise intensiviert Achtsamkeit positive Emotionen, und das, obwohl negative Emotionen abgeschwächt werden!

Eine großangelegte Studie mit mehr als 16 000 Teilnehmern hat dazu beigetragen, diesem wahrhaft faszinierenden Phänomen auf die Spur zu kommen. Die Leiter der Studie, Matt Killingsworth und Dan Gilbert, wollten herausfinden, welche Auswirkungen es auf das Glücksniveau von Menschen hat, wenn diese sich auf etwas konzentrieren oder gedanklich umherschweifen. Ein Cartoon im *New Yorker* illustriert die Idee des gedanklich woanders Seins, wie ich finde, besonders treffend. Es besteht aus drei Bildern, auf denen immer derselbe Kerl abgebildet ist. Auf dem ersten arbeitet er, ist gedanklich jedoch beim Golfspielen; auf dem zweiten spielt er Golf, denkt dabei jedoch an Sex; auf dem dritten hat er gerade Sex, denkt aber an die Arbeit!

Um herauszufinden, welchen Effekt das gedankliche Umherschweifen auf das Glück hat, forderten Killingsworth und Gilbert die Teilnehmer auf, sich eine App auf ihr Smartphone zu laden, die sie in unregelmäßigen Abständen dazu aufrief, drei Fragen zu beantworten. Sie sollten angeben, welcher Beschäftigung sie zu diesem Zeitpunkt nachgingen, ob sie auf diese Tätigkeit fokussiert waren oder mit den Gedanken woanders, und wie glücklich oder unglücklich sie sich gerade fühlten.

Folgendes hat die Studie ergeben: Unabhängig davon, ob eine Beschäftigung angenehm war oder nicht, waren die Teilnehmer weniger glücklich, wenn sie mit den Gedanken woanders waren. Oder, anders ausgedrückt, sie waren dann am glücklichsten, wenn sie im Hier und Jetzt waren, auch wenn die Tätigkeit an sich unangenehm war. Das bedeutet, Achtsamkeit wirkt sich in *jedem* Fall glücksfördernd aus.

Zufriedenheit ist unsere Natur

Wie ist es möglich, dass Achtsamkeit negative Emotionen lindert, obwohl sie die positiven verstärkt?

Das liegt daran, dass unser Verhalten die innere Einstellung bestimmt. Dass umgekehrt die Einstellung das Verhalten beeinflusst, ist allgemein bekannt. Wir alle sind uns einig, dass ein Mensch, der davon überzeugt ist, das Leben sei ein »Nullsummenspiel« – man also nur gewinnen kann, wenn ein anderer verliert –, wohl stärker nach Überlegenheit streben wird, als jemand, der glaubt, das Leben halte genug für alle bereit. Ebenso leuchtet allen ein, dass Personen, die anderen automatisch vertrauen, eher bereit sind, Geschäfte mit Handschlag zu besiegeln als jene, die anderen Menschen automatisch misstrauen. Deutlich weniger bewusst ist uns dagegen, dass unser Verhalten auch unsere Einstellung zu beeinflussen vermag. Jemand, der beispielsweise seine Dankbarkeit ausdrückt, neigt meist weniger dazu, Überlegenheit anzustreben. Ebenso tragen Güte und Mitgefühl dazu bei, Bedürftigkeits- und Vermeidungstendendenzen zu lindern. Ein Grund, warum das Verhalten die Einstellung beinflusst, liegt in der sogenannten Selbstwahrnehmung: Wenn wir wahrnehmen, dass wir uns in einer bestimmten Weise (z. B. mitfühlend) verhalten, suchen wir nach einer Erklärung für dieses Verhalten und kommen zu dem Schluss, dass es eine Übereinstimmung zwischen unserer Einstellung und diesem Verhalten geben muss. Anders ausgedrückt, indem wir uns so verhalten, als wären wir mitfühlend, obwohl wir in Wahrheit gerade wenig Mitgefühl empfinden, gewinnen wir den Eindruck, wir wären tatsächlich mitfühlend. (Die Glücksübungen funktionieren nach diesem Prinzip, es lohnt sich also, sich an ihnen zu versuchen, auch wenn Sie nicht glauben, dass sie bei Ihnen funktionieren.)

Das Prinzip, dass unser Verhalten unsere Einstellung formt, vermag zu erklären, warum uns Achtsamkeit glücklicher macht: Wenn wir achtsam sind, verhalten wir uns, als *wären* wir glücklich. Das wird deutlich, wenn wir uns ansehen, wie glückliche Menschen sich verhalten. Vor allem fällt auf, dass sie den Moment leben, was wiederum ein Kernmerkmal von Flow ist, und Flow wirkt, wie wir gesehen haben, glücksfördernd. Im Hier und Jetzt zu sein ist aber zugleich ein wesentliches Merkmal von Achtsamkeit. Folglich lässt sich aus dem Phänomen, dass das Verhalten die innere Einstellung formt, schließen, dass Achtsamkeit glücklich macht.[16]

Achtsamkeit hebt das Glücksniveau, da es buchstäblich die Hirnstruktur verändert und ein »glücklicheres Gehirn« macht.

Insbesondere verdickt sich, wie bereits erwähnt, durch das Praktizieren von Achtsamkeit der linke präfrontale Cortex, ein Bereich im Gehirn, der vor allem dann aktiv ist, wenn wir besonders glücklich sind. Achtsamkeit senkt überdies die Aktivität der Amygdala (ein Teil des limbischen Systems), das mit Angst, Wut und Stress in Verbindung steht. Achtsamkeit macht also deshalb glücklicher, weil dabei Bereiche des Gehirns, die mit positiven Empfindungen zusammenhängen, gestärkt werden und gleichzeitig andere Bereiche, die mit negativen Emotionen zusammenhängen, deaktiviert werden.

Freilich wissen wir noch nicht genau, *warum* sich unser Gehirn durch Achtsamkeit verändert. Schließlich bedeutet Achtsamkeit nichts anderes, als sämtliche Vorgänge nicht wertend zu beobachten. Es geht also im Kern darum, die Realität stattfinden zu lassen, ohne auf irgendeine Weise einzugreifen oder sie zu kontrollieren. Doch warum sollte das positive Empfindungen verstärken?

Die Tatsache, dass die Verbindung mit der Realität erwiesenermaßen einen heilsamen Effekt hat, bringt mich zu dem dritten faszinierenden Grund, warum Achtsamkeit uns glücklicher macht: *Glück entspricht unserem fundamentalen Wesen.*

Dieser Gedanke ist ein weitverbreitetes Motiv in einigen der ältesten Religionen der Welt wie im Hinduismus oder Buddhismus. Die Idee ist von daher nicht neu. Neu ist allerdings, dass sie von Erkenntnissen aus der Neurowissenschaft gestützt wird. Auch ein paar Wissenschaftler sind inzwischen der Ansicht, dass an den jahrhundertealten Weisheiten etwas dran sein könnte. So Alan Wallace, der weltbekannte Achtsamkeitsexperte und Autor mehrerer Bücher sowie die Professorin für angewandte Psychologie Shauna Shapiro von der Santa Clara University, die zum Thema Achtsamkeit forscht.

Dass uns Achtsamkeit dabei hilft, mit unserer inneren Quelle der Glückseligkeit in Kontakt zu treten ist wohl der Grund, warum sie uns glücklicher macht, doch beileibe nicht der einzige. Unter anderem versetzt sie uns in die Lage, im Hier und Jetzt aufzugehen – also einen Flow-ähnlichen Zustand zu erleben. In der Folge werden selbst die banalsten Dinge zu etwas ganz Besonderem, vielleicht sogar Außergewöhnlichem. Beispielsweise kann, wie alle auf dem Gebiet der Achtsamkeit Erfahrene bezeugen können, etwas derart Banales wie die Beobachtung des Atems so interessant sein, dass es einen für mehrere Stunden zu fesseln vermag. Sam Harris, der weltbekannte Atheist, Neurowissenschaftler und Philosoph fasst diesen Gedanken in seinem Buch *Waking Up* zusammen:

> Eine der ersten Erkenntnisse, zu der man beim Meditieren gelangt, ist, dass es nichts Langweiliges gibt – in Wahrheit ist Langeweile nichts anderes als ein Mangel an Aufmerksamkeit. Die bloße Erfahrung des Atmens kann, wenn Sie ihr genügend Aufmerksamkeit schenken, Ihnen Monate und Jahre stetiger Wachheit bescheren.

Achtsamkeit und Selbstwahrnehmung

Achtsamkeit verstärkt unsere positiven Emotionen aber auch auf weniger direkten Wegen. Der erste dieser Wege hängt mit Selbstwahrnehmung zusammen. Um zu verstehen, wie Achtsamkeit die Selbstwahrnehmung fördert, stellen Sie sich vor, Sie nähmen an einer Studie teil und bekämen eine Reihe von Zahlen oder Buchstaben in rascher Abfolge auf einem Bildschirm gezeigt. Nehmen wir nun an, dass diese Reihe vor allem aus sehr vielen Buchstaben besteht, hin und wieder aber auch eine Zahl auftaucht. Und jedes Mal, wenn eine Zahl erscheint, sollen Sie auf eine bestimmte Taste drücken.

Wie man inzwischen weiß, reagieren wir, wenn wir in unserer Umgebung nach etwas suchen und es schließlich finden, mit einer gewissen Begeisterung. Diese Begeisterung mag zu subtil ausfallen, als dass wir ihrer gewahr würden, doch sie ist, wie Studien zeigen, stark genug, um uns in unserer Fähigkeit einzuschränken, das Auftreten des nächsten Stimulus dieser Art zu bemerken. Wenn Sie also nach einer Zahl in einer alphanumerischen Reihe suchen, ist die Chance, dass sie eine zweite Zahl in dieser Reihe bemerken, deutlich geringer, wenn diese zweite Zahl kurz nach der ersten auftaucht. Unnötig darauf hinzuweisen, dass, je begeisterter Sie über das Auftauchen der ersten Zahl sind, Sie mit umso geringerer Wahrscheinlichkeit die zweite bemerken werden. Dieses Phänomen wird »Aufmerksamkeitsblinzeln« genannt, weil die Aufmerksamkeit für die Dauer eines Wimpernschlags (etwa eine halbe Sekunde lang) »aussetzt« und Ihnen somit das zweite Auftreten des gesuchten Stimulus entgeht.

Interessanterweise trägt Achtsamkeit dazu bei, die Dauer des Aufmerksamkeitsblinzelns zu verkürzen, wie die Erkenntnisse aus einer Studie zeigen. Dafür unterzogen sich 17 Teilnehmer eines konsequenten Achtsamkeitstrainings, während 23 Mitglieder der Kontrollgruppe dieses nicht taten, mit folgendem Ergebnis: Während *jeder einzelne* der in Achtsamkeit trainierten Teilnehmer seine Fähigkeit, das Auftreten eines zweiten Stimulus in einer alphanumerischen Reihe zu entdecken, verbesserte, war das bei lediglich 16 von 23 Probanden der Kontrollgruppe der Fall (das mag auf den ersten Blick ein relativ hoher Anteil sein, doch vergessen Sie nicht, dass auch diese Teilnehmer allein durch das wiederholte Experiment ein gewisses Achtsamkeitstraining durchliefen).

Doch warum kann Achtsamkeit das Aufmerksamkeitsblinzeln lindern? Weil sie die Selbstwahrnehmung verstärkt: Sie hilft Ihnen, das Einsetzen der Begeisterung zu registrieren und versetzt Sie so in die Lage, diese zu kontrollieren. Oder, anders ausgedrückt, das Praktizieren von Achtsamkeit hilft Ihnen, besser die zwar subtilen, aber dennoch einflussreichen Körperempfindungen wahrzunehmen, inklusive jenen, die mit der Gefühls- und Intuitionsebene zusammenhängen. Diese Selbstwahrnehmung wiederum erlaubt es Ihnen, nicht nur in stärkerem Maße

Selbstehrlichkeit zu praktizieren, sondern ermöglicht Ihnen überdies, flexibler auf diese Situationen zu reagieren – was beides, wie bereits besprochen, in vielerlei Hinsicht von wesentlicher Bedeutung für unsere Zufriedenheit ist, nicht zuletzt weil beides zur Vermeidung des siebten Glücksfehltritts beiträgt.

Physiologische Vorteile der Achtsamkeit

Es gibt noch einen weiteren, indirekten Weg, über den Achtsamkeit das seelische Wohlbefinden fördert: Sie fördert unsere körperliche Gesundheit. Wie beschrieben verdickt sich infolge von regelmäßig praktizierter Achtsamkeit der linke präfrontale Cortex, was dazu führt, dass wir uns glücklicher fühlen. Diese Verdickung zieht eine mindestens ebenso wichtige positive Konsequenz nach sich: Sie verlangsamt die Alterung des Gehirns, was wiederum die geistige Klarheit fördert. Eine weitere körperliche Veränderung, die sich aus Achtsamkeit ergibt, ist eine reduzierte Expression der Gene, die an Entzündungsreaktionen im Körper beteiligt sind – mit positiven Auswirkungen auf unseren Umgang mit Stress. Wie eine Studie zeigt, sind Menschen, die Achtsamkeit praktiziert haben, deutlich weniger stressanfällig, wenn sie dazu aufgefordert werden, eine Rede zu halten oder vor Publikum kopfrechnen sollen.

Ein weiterer physiologischer Vorteil von Achtsamkeit ist ihre förderliche Wirkung auf die Herzgesundheit. Wie Studien belegen, verbessert sich unter anderem der sogenannte »vagale Tonus«, der eng mit dem Blutdruck oder dem Herzrhythmus zusammenhängt. Der vagale Tonus beeinflusst auch Ihre seelische Gesundheit – indem er Sie zu einem mitfühlenderen Menschen macht. Schließlich noch ein weiterer Vorteil der Achtsamkeit auf die Körpergesundheit: Wissenschaftler haben gezeigt, dass Achtsamkeit die Verkürzung der Telomere verhindert, die wie eine Art Schutzkappe die Enden unserer Chromosome beschützen und somit dazu beitragen, den Ausbruch von Krankheiten wie etwa Krebs zu verhindern und den Alterungsprozess zu verlangsamen.

Angesichts all dieser physiologischen Vorteile ist es nicht weiter überraschend, dass Achtsamkeit auch die Heilung anderer körperlicher Leiden unterstützt, etwa Hautkrankheiten. So wurden Patienten in einer Studie, die an Schuppenflechte litten, sehr viel schneller gesund als ihre Leidensgenossen in der Kontrollgruppe, wenn sie ein Achtsamkeitstraining absolvierten.

Achtsamkeit erhöht unsere Erfolgschancen

Über die Förderung des Wohlbefindens hinaus verbessert Achtsamkeit auch die Erfolgschancen im Job, indem sie die Fähigkeit erhöht, vor dem Handeln kurz innezuhalten. Achtsamkeit versetzt Sie also in die Lage, bewusster und durchdachter auf Situationen zu reagieren, anstatt auf instinktgesteuerte, vorprogrammierte Weise. Angenommen Sie haben gerade eine E-Mail von einem verärgerten Kunden erhalten. Oder Sie wurden zu Unrecht von Ihrem Nachbarn beschuldigt, seinen Hund malträtiert zu haben. Unsere instinktive Reaktion wäre wohl, etwas ähnlich Provokantes zu erwidern, was wahrscheinlich eine wenig produktive Auseinandersetzung zur Folge hätte. Mittels Achtsamkeit erlangt man die Fähigkeit, einen Schritt zurückzutreten und die eigene Reaktion zu steuern. Vor allem in zwischenmenschlichen Belangen, wenn es um schwierige Auseinandersetzungen geht, kann das äußerst hilfreich sein.

Was uns daran hindert, Achtsamkeit zu praktizieren

Wie wir gesehen haben, birgt Achtsamkeitstrainig eine ganze Reihe von Vorteilen für Körper und Seele. Und dennoch sind die meisten von uns – allen voran wahrscheinlich die Klugen und Erfolgreichen – wenig bewandert in dieser Praxis. Warum ist das so?

Dan Harris schreibt in seinem humorvollen Buch *Wie ich die entscheidenden 10% glücklicher wurde,* dass Achtsamkeit für viele Menschen immer noch mit dem Nimbus der Esoterik behaftet ist und als wissenschaftlich fragwürdig gilt. Wie wir jedoch gesehen haben, ist Achtsamkeit nichts anderes, als ein Versuch die Realität (oder einen Teil der Realität, auf den man sich konzentrieren will) in unbeteiligt interessierter Weise zu beobachten. Was soll daran unwissenschaftlich sein? In der Tat trägt Achtsamkeit sogar dazu bei, uns selbst sowohl geistig wie körperlich und emotional besser kennenzulernen, sodass wir besser erkennen können, wann uns unser Geist in die Irre führt (wie es etwa bei jenen Menschen der Fall war, die, um ein etwas skuriles Beispiel zu bemühen, im Qualm des brennenden World Trade Centers am 11. September 2001 eine »Teufelsfratze« zu erkennen meinten) und wann wir ihm vertrauen können.

Ein weiterer Einwand vieler Menschen lautet, dass sie durch Achtsamkeit schwach und weich würden. Es steckt ein Körnchen Wahrheit in dem Gedanken, Achtsamkeit aktiviere das Mitgefühl in uns. Das bedeutet jedoch nicht, dass Sie deshalb weich und schwach werden würden. Leider setzen nicht wenige Menschen Mitgefühl mit Weichheit und Schwäche gleich, doch es ist sehr wohl möglich, gleichzeitig mitfühlend und stark zu sein. In der Tat verkörperten einige der weltweit angesehensten Führungsfiguren, darunter Mahatma Gandhi, Nelson Mandela, Mutter Teresa oder Martin Luther King, sowohl Stärke wie Mitgefühl. Freilich kommen einem schneller Führungsfiguren (wie Steve Jobs oder Jack Welch) in den Sinn, die nicht den Ruf hatten, sonderlich fürsorglich zu sein. Doch wie bereits erwähnt belegen zahlreiche Studien, dass es vor allem die freundlichen und mitfühlenden Vorgesetzten sind, die es bis ganz an die Spitze von Unternehmen schaffen. Und falls Sie das alles noch nicht überzeugt hat, sollten Sie wissen, dass das US Marine

Corps gerade untersucht, in welcher Weise Achtsamkeit Soldaten zugutekommen könnte – etwas, das sie wohl kaum tun würden, wenn die Gefahr bestünde, es würde sie schwach und weich machen.

Es gibt darüber hinaus noch mindestens zwei weitere Gründe, die zahlreiche Menschen an der Praktizierung von Achtsamkeit hindern. Das ist einmal der Irrglaube, wir wären im Grunde unfähig zu Achtsamkeit. Dem liegt die falsche Annahme zugrunde, dass Achtsamkeit bedeutet, nicht zu denken. Ein witziger Cartoon im *New Yorker* bringt diesen Gedanken auf den Punkt. Zu sehen sind zwei meditierende Mönche, wobei einer den anderen fragt: »Du denkst nicht, was ich nicht denke?«

In Wahrheit geht es bei Achtsamkeit nicht darum, nichts zu denken. Vielmehr geht es darum, »seine Beziehung zu Gedanken zu verändern«, wie Richie Davidson in einer Unterhaltung mit mir anmerkte. Insbesondere steht beim Praktizieren von Achtsamkeit, wie ausführlich besprochen, das reine Beobachten der Gedanken im Vordergrund, ohne sie zu bewerten, zu kommentieren oder sich anderweitig in ihnen zu verstricken.

Ein weiterer Hemmschuh ist die oft geäußerte Skepsis, es würde zu lange dauern, bis die Vorteile von Achtsamkeitstraining spürbar werden. Ich muss zugeben, dass auch ich das sehr lange geglaubt habe; ich habe mich deshalb einer äußerst zermürbenden zehntägigen Vipassana-Schweigemeditation unterzogen. Ich glaubte, nur durch eine derart drastische Maßnahme in den Genuss der positiven Wirkung dieser Praxis gelangen zu können. Ich bereue diesen Schritt nicht und schätze sie sogar als eine der unvergesslichsten Erfahrungen, die ich je gemacht habe. Allerdings weiß ich heute, dass es nicht nötig ist, sich selbst einer solch zermürbenden Erfahrung auszusetzen. Erkenntnisse einer Studie zeigen, dass selbst zwölf Minuten Achtsamkeitstraining täglich Wunder bewirken können. In der Tat reichen fünf Minuten tägliches Training über einen Zeitraum von fünf Wochen aus, um die Aktivität des linken Frontallappens signifikant zu erhöhen und mehr positive Emotionen zu generieren.

Was uns davon abhält, dauerhaft Achtsamkeit zu praktizieren

Es gibt nicht nur zahlreiche Beweggründe, es gar nicht erst mit der Achtsamkeit zu versuchen, sondern ebenso viele, die uns daran hindern, langfristig an den Achtsamkeitsübungen festzuhalten. Einer davon hängt mit der Logistik zusammen: die nötige Zeit, den Raum und die Energie zu finden, um uns regelmäßig in Achtsamkeit zu üben. Viele Menschen führen ein derart hektisches Leben, dass sie kaum die Zeit finden, um entspannt Mittag zu essen oder mit den Kindern zu spielen, daher ist es schlicht ausgeschlossen, 20 Minuten oder auch nur halb so lange täglich in Achtsamkeitsübungen zu investieren.

Als ich mich mit Richie Davidson unterhalten habe, fragte ich ihn, wie sich dieses logistische Problem überwinden lassen könnte. Er empfahl, mit sehr kurzen Sitzungen zu beginnen – im Rahmen von ein bis zwei Minuten täglich! Seine Argumentation lautete, dass doch sicherlich jeder ein bis zwei Minuten erübrigen könne. Diese ultrakurzen Sessions haben noch einen weiteren wichtigen Vorteil gegenüber längeren Sitzungen. Wenn Sie sofort mit 20-minütigen Übungen anfangen und dabei permanent unruhig herumzappeln, besteht nur die Gefahr, dass Sie die Übungen frustriert sein lassen. Dauert die Übung dagegen nur zwei Minuten, ist die Frustrationswahrscheinlichkeit eher gering.

Apropos: Frustration, die sich ergibt, weil wir unsere viel zu hoch gesteckten Ziele nicht erreichen können, ist vielleicht das größte Hindernis auf unserem Weg zu dauerhaftem Achtsamkeitstraining. In gewisser Hinsicht ist das Wissen über all die Vorteile, die uns die Achtsamkeit beschert, mehr Fluch als Segen, weil diese himmelhohe Erwartungen auslösen können, denen gegenüber unsere tatsächlichen Erfahrungen regelrecht verblassen. Ebenso wie es unserem Glück schaden kann, wenn wir unser derzeitiges Glücksniveau mit dem idealen vergleichen, kann es überaus frustrieren, wenn wir unsere tatsächlichen Erfahrungen im Rahmen von Achtsamkeit mit denen vergleichen, die wir uns für den Idealfall erhofft haben.

Ich habe mir drei Strategien zurechtgelegt, um mich der Last zu hoher Erwartungen zu entledigen. Jedes Mal, bevor ich mit einer Achtsamkeitssitzung anfange, rufe ich mir erstens ausdrücklich ins Bewusstsein, dass keine Sitzung wie die andere ist. Ich sage mir, dass mein Ziel einzig darin besteht herauszufinden, wie sich die Realität heute für den Zeitraum meiner Übung darstellt. Ich sage mir außerdem, dass ich bedingungslos alles, was passieren wird, akzeptieren werde, selbst wenn sich die Vorgänge darauf beschränken, dass ich es nicht schaffe, aus dem GATE in meinem Geist herauszutreten. Zweitens nehme ich mir vor, mich voll und ganz auf ein Ziel zu konzentrieren, nämlich »Mäuschen zu spielen«. Kein anderes Ziel soll mich während der gesamten Sitzung davon ablenken – etwa das Ziel, Flow zu erleben oder Mitgefühl zu empfinden. Und schließlich nehme ich mir noch vor, in Augenblicken, in denen ich mich von meinem Ziel abgelenkt sehe – was bei ausnahmslos jeder Sitzung immer wieder vorkommt! –, eine Kombination von Selbstmitgefühl und leidenschaftslosem Streben nach Leidenschaft anzuwenden, um mich erneut meinem Ziel zuzuwenden.

Wie Sie sich wahrscheinlich erinnern, geht es beim Selbstmitgefühl darum, uns selbst freundlich und mitfühlend zu begegnen. Im Kontext von Achtsamkeit bedeutet das, nicht zu streng mit sich zu sein, wenn es nicht gelingt, am Ziel des »Mäuschenspielens« festzuhalten. Das leidenschaftslose Streben nach Leidenschaft bedeutet, nach besten Kräften ein Ergebnis anzustreben – in diesem Fall »Mäuschen zu spielen« –, um dann aber voll und ganz das Ergebnis dieser Bemühungen zu akzeptieren, ohne es zu bewerten. Daraus ergibt sich, dass ich zu jedem beliebigen Zeitpunkt – also unabhängig von meiner Beobachtung, ob ich mein Ziel erreiche oder nicht – danach strebe, erneut im gegenwärtigen Moment Mäuschen zu spielen.

Zusammenfassend sage ich mir also kurz vor und während jeder Achtsamkeitsübung:

- Jede Sitzung ist neu, deshalb hege ich keine Erwartungen.
- Mein einziges Ziel ist es, Mäuschen zu spielen, kein anderes Ziel ist von Bedeutung.
- Wenn ich von diesem Ziel abschweife, wende ich eine Kombination aus Selbstmitgefühl und leidenschaftslosem Streben nach Leidenschaft an, um den Kurs zu korrigieren.

Diese drei Punkte helfen mir, die richtige Einstellung vor und während einer Achtsamkeitssitzung einzunehmen. Sobald die Übung beendet ist, motiviere ich mich für die nächste und rede mir gut zu, dass es »keine schlechte Achtsamkeitssitzung« gibt. Dabei handelt es sich nicht nur um Wunschdenken. Mehrere Studien haben gezeigt, dass das, worauf es bei Achtsamkeitsübungen vor allem ankommt, die Regelmäßigkeit ist. Solange Sie ernsthaft versucht haben, Mäuschen zu spielen, haben Sie zumindest einen kleinen Schritt in Richtung Verbesserung Ihrer Achtsamkeit in sämtlichen Situationen unternommen.

Die Gegenwartsübung

In den vorangegangenen Abschnitten habe ich verschiedene Hindernisse beschrieben, die uns davon abhalten, es mit Achtsamkeit zu versuchen oder diese Übungen fortzusetzen. Nachdem ich nun mit einigen Mythen über Achtsamkeit aufgeräumt und erklärt habe, um was es sich dabei eigentlich handelt, hoffe ich, dass ich Ihnen geholfen habe, der Achtsamkeit etwas offener gegenüberzustehen und eventuell einen Versuch zu wagen. Außerdem hoffe ich, dass die Schilderung einiger logistischer Hemmnisse und Wege, diese zu überwinden, Ihnen Möglichkeiten aufgezeigt hat, wie Sie dauerhaft Achtsamkeit praktizieren können. Das führt mich nun zu der siebten – und letzten – Glücksübung: der »Gegenwartsübung«, die eine Form der Achtsamkeitsübung ist.

Ich habe vorhin erklärt, dass es bei der Achtsamkeit darum geht, im eigenen Kopf »Mäuschen zu spielen«. Wie sich jedoch herausstellt, fällt es den meisten Menschen sehr viel leichter, *körperliche Empfindungen* zu beobachten als die Vorgänge im eigenen Kopf. Der einfachste Weg, Achtsamkeit zu praktizieren, ist vielleicht die Beobachtung des Atems. Es gibt viele Gründe, warum dies eine gute Sache ist. Der Atem unterliegt stetigen Veränderungen – Sie atmen entweder ein, aus oder halten den Atem an –, daher ist es ein wenig interessanter, diesen zu beobachten, als beispielsweise die Empfindungen in Ihren Händen. Gleichzeitig ist er nicht zu sehr im Fluss – wie z. B. Ihre Gedanken –, als dass es zu schwierig wäre, ihm zu folgen. Außerdem lässt er sich gut wahrnehmen – anders als etwa der Herzschlag, der für gewöhnlich deutlich dezenter ist. Hinzu kommt, dass sich der Atem in einer Art Grauzone befindet: Er ist sowohl willentlich beeinflussbar, als auch selbstständig und außerhalb unserer Kontrolle. Er eignet sich daher perfekt, um lediglich das Beobachten, ohne auf irgendeine Weise einzugreifen, zu üben. Dabei werden Sie sich der Empfindungen bewusst werden, die beim Atmen in bestimmten Körperregionen entstehen. Sie könnten Ihre Aufmerksamkeit auf die Nasenflügel richten und würden dann vielleicht merken, dass diese beim Ein- und Ausatmen einem gewissen Druck ausgesetzt sind. Oder aber Ihnen fällt auf, dass die einströmende Luft ein wenig kühler als die ausströmende ist. Oder dass die Atmung im einen Moment hauptsächlich über das eine Nasenloch abläuft, um dann im nächsten auf das andere Nasenloch zu wechseln. Wenn Sie den Atem und die damit verbundenen Körperempfindungen weiterhin beobachten, fallen Ihnen vielleicht noch subtilere Dinge auf – etwa, dass sich die Nasenhaare beim Atmen bewegen, oder dass der Gaumen beim Einatmen etwas gekühlt wird. Im Rahmen dieses Prozesses, während Sie all dessen gewahr werden, wird der Atem wahrscheinlich ruhiger – dezenter – und auch tiefer.

Natürlich kommt es nur zu diesen Erfahrungen, wenn Sie nicht von Gedanken abgelenkt werden. Und hier ist jetzt die Fähigkeit gefragt, Gedanken lediglich zu beobachten und vorbeiziehen zu lassen – als würden Sie Mäuschen spielen. Wenn Sie Mäuschen spielen, sollten Sie weder sich selbst noch negative Gedanken wie »Oh Mann, ich schaffe es nicht einmal, mich für fünf Sekunden auf meinen Atem zu konzentrieren« bewerten. Vergessen Sie einfach, was gerade war, und kommen Sie darauf zurück, die Empfindungen, die der Atem auslöst, bewusst wahrzunehmen.

Das ist es, was Sie tun würden, wenn Sie im Rahmen einer Achtsamkeitsübung auf Ihren Atem achten. Obwohl es jedoch wie erwähnt einfacher ist, den Atem wahrzunehmen als die Vorgänge im eigenen Kopf, fällt selbst das den meisten von uns relativ schwer. Hier kommt nun die »Gegenwartsübung« ins Spiel. Es handelt sich dabei um eine Technik, die Vijay Bhat, ein guter Freund von mir, speziell für sehr beschäftigte Menschen entwickelt hat – also für Menschen, die sich überfordert fühlen und noch keine Erfahrung mit Achtsamkeit gemacht haben. Sollten Sie sich bereits regelmäßig in Achtsamkeit üben, können Sie sich trotzdem auf diese Übung einlassen und sich überraschen lassen, was sie bei Ihnen auslöst. Für beide Fälle gilt, sollten Sie durch die »Gegenwartsübung« in den Genuss einiger mit Achtsamkeit verbundener Vorteile gelangen, können Sie diese so häufig anwenden, wie Sie wollen. Es geht mir hauptsächlich darum, dass Sie einen Eindruck von einer bestimmten Art von Achtsamkeitsübungen bekommen, um so für sich entscheiden zu können, ob Sie diese als hilfreich empfinden oder nicht.

Zusätzlich zu der nachfolgenden Anleitung gibt es auf der Website des Buches (www.happysmarts.com) auch ein englischsprachiges Video zu dieser Übung.

GLÜCKSÜBUNG:
Die Gegenwartsübung

Hintergrund

Es handelt sich hier um eine Art Achtsamkeitsübung, die von Vijay Bhat speziell für Führungskräfte – die Klugen und Erfolgreichen, die stets unter Zeitdruck stehen – entwickelt wurde.

Ziel

Die Gegenwartsübung stärkt verschiedene miteinander zusammenhängende Fähigkeiten, darunter die reine Aufmerksamkeit, die Selbstwahrnehmung, das Selbstmitgefühl und die Verbundenheit.

Schritte

Diese Übung besteht aus den folgenden sieben Schritten:

1. Setzen Sie sich aufrecht, aber bequem, entweder auf den Boden oder einen Stuhl, spüren Sie in Ihren Körper hinein, wobei Sie bemerken werden, dass ein **entspannter Körper** Voraussetzung ist, um im Hier und Jetzt anzukommen. Fangen Sie oben am Kopf an und wandern Sie mit Ihrer Aufmerksamkeit den ganzen Weg abwärts durch den Körper bis hin zu den Zehenspitzen … und dann

noch einmal zurück nach oben. Lösen Sie bewusst sämtliche Verspannungen, die Ihnen dabei auffallen, achten Sie dabei besonders auf den Nacken, die Schultern, den Lendenwirbelbereich und die Knie – Bereiche, die häufig verspannt sind. Während der Körper zur Ruhe kommt, wird sich Ihre Aufmerksamkeit automatisch dem Atem zuwenden.

2. Nun geht es darum, den Atem zu beobachten. Ein **gleichmäßiger Atem** ist das erste Signal innerer Präsenz. Achten Sie einfach nur darauf, wie Sie einatmen (die Bauchdecke hebt sich) und ausatmen (die Bauchdecke senkt sich). Sie brauchen den Atem nicht zu regulieren … nehmen Sie einfach nur Ihren normalen, gleichmäßigen, rhythmischen Atem wahr.
3. Sie werden nun Ihren Geist beobachten. Ein **klarer, ruhiger, gelassener Geist** ist das zweite Signal innerer Präsenz. Richten Sie die Aufmerksamkeit auf den Bildschirm Ihres Geistes und achten Sie auf die Gedanken und Filme, die hier ablaufen. Unser Affenhirn huscht normalerweise unaufgefordert von einem Gedanken zum nächsten. Schließen Sie nun, ebenso wie Sie es an Ihrem Computer tun würden, sanft aber bestimmt sämtliche offenen Fenster und Anwendungen in Ihrem Geist. Sobald der Geist klar und ruhig wird, ist er in der Lage, sich mit all seiner Kraft einer einzigen Sache zu widmen.
4. Sie werden jetzt Ihre Aufmerksamkeit auf das Herz richten. Ein **offenes Herz** ist das dritte Signal innerer Präsenz. Spüren Sie die Wärme in Ihrem Brustbereich. Werden Sie nun Ihres emotionalen Herzens gewahr: der Ort, von dem aus Sie mit anderen in Bezie-

hung treten, Kontakt herstellen und auf sie zugehen. Versuchen Sie, Ihr emotionales Herz zu öffnen, erst nur einen kleinen Spalt, dann weiter und weiter, sodass Sie die wahren Gefühle, Emotionen und sogar Verletzlichkeiten anderer wahrnehmen und, gleichermaßen, anderen Ihre wahren Gefühle, Emotionen und sogar Verletzlichkeiten offenbaren können. Vergessen Sie nicht, Sie befinden sich in einem sicheren Raum.

5. Beim fünften Schritt werden Sie dezente, flüchtige, nuancierte Eindrücke um sich herum wahrnehmen. Ein **»sensibles Sonar«** ist das vierte Signal innerer Präsenz. Erlauben Sie Ihrer verunsicherten Selbstorientierung nachzulassen und fahren Sie Ihre inneren Antennen aus, um noch die feinsten Signale aus Ihrer Umgebung zu empfangen. Achten Sie auf sämtliche Geräusche, Aromen und haptische Sinneseindrücke, auf Energien, die Sie umfließen, und die Sie normalerweise nicht bemerken würden. Wenn Sie sich Ihres Kontextes vollkommen bewusst sind, können Sie angemessen reagieren.
6. Beim sechsten Schritt geht es um das Erreichen sogenannter »**energetischer Induktion«,** was zugleich das fünfte Signal innerer Präsenz ist. Sobald die ersten vier Voraussetzungen erfüllt sind, ergibt sich die energetische Induktion wie von selbst. Diese Präsenz wird nach außen strahlen, sodass es Ihnen leichtfallen wird, sich anderen gegenüber zu öffnen und umgekehrt auch Anteil an deren Leben und Belange zu nehmen. Konzentrieren Sie sich darauf, diese Einstellung, andere in Ihrem Leben willkommen zu heißen, zu vervollkommnen.

7. Im Rahmen des siebten und letzten Schritts werden Sie bemerken, wie sich Ihr innerer Zustand verändert hat, um dann folgende Affirmationen laut auszusprechen:
   - *Die Realität dieses Moments … lautet, dass … ich mich nicht zu verteidigen brauche.*
   - *Die Realität dieses Moments … lautet, dass … ich nichts vorantreiben muss.*
   - *Die Realität dieses Moments … lautet, dass … ich nichts zu fürchten habe.*

Die einzige Realität dieses Moments … lautet, dass … ICH JETZT HIER BIN.

Wie es jetzt weitergeht

Das Wesen von Philosophie ist es, mit einer scheinbar kaum erwähnenswerten Aussage zu beginnen, um dann mit einem unglaublichen Paradox zu enden.
Bertrand Russell

Wenn Ihnen jetzt, da Sie das Buch beinahe zu Ende gelesen haben, jemand noch einmal die Dschinn-Frage stellen würde, würden Sie »Glück« mit auf die Wunschliste setzen? Ich hoffe es sehr!

Doch ganz gleich, ob Glück nun auf Ihrer Liste steht oder nicht, klar ist, dass die Dschinn-Frage in Wahrheit hypothetischer Art ist, weil der Dschinn, zumindest nach unserem Erkenntnisstand, nicht existiert. Allderdings gibt es eine Sache, die keineswegs hypothetisch ist: Sie können Ihr eigener Dschinn sein. Sein eigener Dschinn zu sein bedeutet zweierlei: Zum einen, dass Sie sich überlegen, was Sie auf Ihre Wunschliste setzen; ich hoffe, dass dieses Buch Sie davon überzeugt hat, einem glücklichen und erfüllten Leben Priortiät einzuräumen, ohne aktiv danach zu streben. Zum anderen heißt es, dass Sie wissen, wie sich die Dinge auf der Wunschliste erreichen lassen. Wenn also Glück unter diesen Wünschen ist, sollten Sie als Ihr eigener Dschinn folgende Frage beantworten können: Welches sind die Determinanten für ein glückliches und erfülltes Leben?

Zwei Wege zum Glück?

Betrachtet man den Inhalt dieses Buches aus der Vogelperspektive, so fällt auf, dass es, neben der Erfüllung unserer Grundbedürnisse, auf hauptsächlich drei Dinge ankommt, um glücklich zu sein: Das Gefühl, etwas wirklich gut zu beherrschen (Kompetenz), das Gefühl enger Verbundenheit mit mindestens einer Person (soziale Zugehörigkeit) und das Gefühl, dass wir es sind, die unsere Urteile und Entscheidungen fällen (Autonomie).

Jene, die bereits mit der Selbstbestimmungstheorie vertraut sind, wird das nicht weiter überraschen. Die Bedeutung aller drei Faktoren wird durch zahlreiche wissenschaftliche Erkenntnisse belegt. Was allerdings neu ist – und ich halte das für den wichtigsten Beitrag dieses Buches –, ist, dass es nicht allein damit getan ist, diese drei Bedürfnisse zu erfüllen. Es kommt außerdem darauf an, *den richtigen Ansatz oder Weg zur Erfüllung dieser Bedürfnisse zu wählen.*

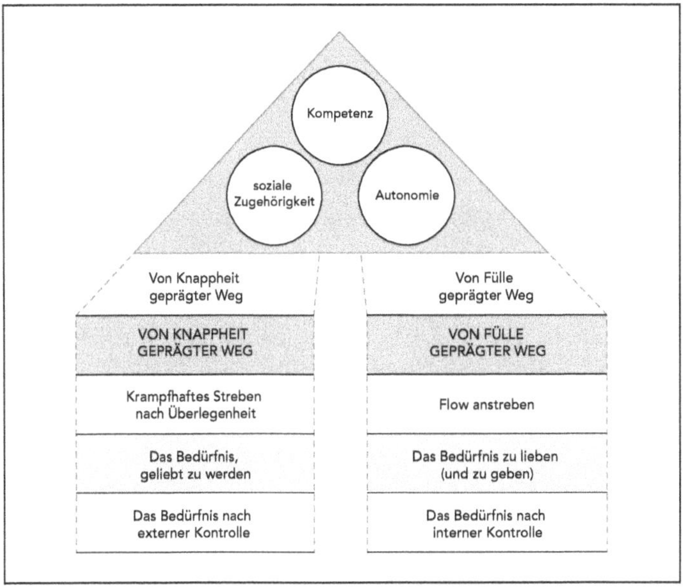

Die beiden Wege zu Kompetenz, sozialer Zugehörigkeit und Autonomie: Warum es für unser Glück von Bedeutung ist, welchen Ansatz wir jeweils wählen.

Es gibt zwei Wege zu Kompetenz: Überlegenheit anzustreben oder aber Flow. Ebenso gibt es zwei Wege zu sozialer Zugehörigkeit: Verzweifelt nach Liebe zu suchen oder selbst zu lieben (und zu geben). Im Fall von Autonomie sind es die Wege über das Bedürnis nach externer Kontrolle oder nach interner Kontrolle. Wie Sie anhand des Schaubilds oben sehen können, habe ich einen der beiden Ansätze als den »von Knappheit geprägten Weg« bezeichnet und den anderen als den »von Fülle geprägten Weg«.

Der Begriff der »Knappheit« greift ein wichtiges Element auf, das allen drei Komponenten dieses Ansatzes gemeinsam ist. Eine Person, die Überlegenheit über seine Mitmenschen anstrebt, ist davon überzeugt, das Leben sei ein Nullsummenspiel. Dieser Mensch geht davon aus, dass die Dinge, die er oder sie für das Glück benötigt (Wohlstand, Macht, Ruhm etc.), knapp sind, was der Grund ist, warum er oder sie nach Überlegenheit strebt. Ebenso glaubt eine Person, die verzweifelt nach Liebe sucht, ihr Kelch der Liebe sei nicht hinreichend gefüllt, weshalb er oder sie sich unvollständig fühlt und einen anderen braucht, um »ganz« zu werden. Möglicherweise glaubt er oder sie außerdem, anderen nichts wirklich »bieten« zu können, was unter Umständen wiederum Tendenzen von Bedürftigkeit und Vermeidung auslöst. Diese Formen der Selbstwahrnehmung – »Ich bin nicht wertvoll genug«, »Ich bin unvollständig« und dergleichen – hängen eng mit empfundener Knappheit zusammen. Auch das übermäßige Bedürfnis, andere Personen und Ergebnisse zu kontrollieren, hat ihren Ursprung in subjektiv empfundener Knappheit, insbesondere aus der Wahrnehmung, von anderen Personen nicht genügend Respekt, Liebe oder Vertrauen entgegengebracht zu bekommen beziehungsweise zu selten wünschenswerte Ergebnisse zu erzielen. Das bedeutet, übermäßiges Kontrollbedürfnis stammt aus dem Eindruck, dass sich die gewünschten Ergebnisse nicht erreichen lassen, außer man drängt sich anderen oder der Situation auf, was sich wiederum zurückführen lässt auf eine wahrgenommene Knappheit wünschenswerter Ergebnisse. Somit haben die Glücksfehltritte – krampfhaftes Streben nach Überlegenheit, Bedürftigkeit oder Vermeidung sowie ein übermäßiges Kontrollbedürfnis – allesamt ihren Ursprung in einer auf Knappheit gerichteten Orientierung.

Im Gegensatz dazu wurzeln die drei alternativen Wege zum Glück in einer Ausrichtung auf Überfluss. Jemand, der sich genügend umsorgt fühlt, wird mit höherer Wahrscheinlichkeit danach trachten, etwas nur um der Freude (Flow) willen zu tun, anstatt sich von extrinsischen Belohnungen leiten zu lassen. Noch dazu ist eine Person, die sich im Überfluss wähnt – wie ein König oder eine Königin –, eher in der Lage, sich großzügig zu verhalten. Und ein Mensch, der voll der Zuversicht ist, mit allem, was das Leben ihm bringt, zurechtzukommen, wird häufiger externe Kontrolle fahrenlassen und interne Kontrolle anstreben.

Wie ich also bereits am Ende des ersten Kapitels angemerkt habe, besteht das Rezept für ein glückliches und erfülltes Leben kurz gesagt darin, sich nicht länger vom Prinzip der Knappheit leiten zu lassen, sondern sich an der Fülle zu orienteren. Genau aus diesem Grund zielen sämtliche Glücksübungen darauf ab, auf die ein oder andere Weise die Wahrnehmung von Knappheit zu lindern und die des Überflusses zu verstärken.

Die »Win-win-win-Lösung«

Das Modell der zwei Wege zu den Glücksdeterminanten Kompetenz, soziale Zugehörigkeit und Autonomie bekräftigt den »Win-win-win-Aspekt« des in der Einleitung kurz angesprochenen Glücksrezepts. Insbesondere vermittelt dieses Modell den Eindruck, dass die Ausrichtung auf Fülle, die besonders glücklichen Menschen zu eigen ist, nicht nur Altruismus fördert, sondern auch die Erfolgschancen, indem unter anderem sowohl die Kreativität wie auch die Reife unterstützt werden. Das bedeutet natürlich nicht, dass die typischen Verhaltensweisen glücklicher Menschen immer den Erfolg erhöhen – oder gar das Glück. Wie wir bereits gesehen haben, ist willkürliches Geben, obschon Freundlichkeit und Mitgefühl eine gute Sache sind, unter Umständen dem Glück oder dem Erfolg nicht zuträglich. Allgemeiner ausgedrückt, in Situationen, in denen unser Leben auf dem Spiel steht – wie etwa im Krieg oder in Bedingungen bitterer Armut –, können Gepflogenheiten dieser Art weit davon entfernt sein, Glück und Erfolg zu mehren, sie bringen unter Umständen beides in Gefahr. Das in diesem Buch beschriebene Rezept ist daher kein *Pauschal*rezept, es lässt sich also nicht auf jeden Menschen unter sämtlichen Bedingungen anwenden. Es ist vielmehr zugeschnitten auf die Klugen und Erfolgreichen, deren Grundbedürfnisse bereits erfüllt sind, und deren Bemühungen eher kreativer oder intellektueller Natur sind.

Die meisten Menschen würden dem zustimmen, dass das in diesem Buch skizzierte Rezept uns eine »Win-win-win-Lösung« bietet. Gleichzeitig hegen viele folgende Befürchtung: Würde sich ein Großteil der Menschen dazu entscheiden, die in diesem Buch vorgestellten Richtlinien anzunehmen, würden wir alle darunter leiden. Auf gesellschaftlicher Ebene würden Fortschritt und Produktivität ins Bodenlose fallen, wenn eine kritische Masse von Menschen diese Prinzipien umsetzt. Diese Sorge wurzelt in der Annahme, dass eine Ausrichtung auf Knappheit notwendig ist, damit all jene, die untergeordnete, aber dennoch unverzichtbare Aufgaben erledigen – wie Burger braten oder Toiletten reinigen –, motiviert sind, ihre Arbeit zu erledigen.

Wie realistisch ist diese Annahme? Was würde wirklich passieren, wenn glücksförderndes Verhalten nicht mehr die Ausnahme, sondern die Regel wäre?

Diesen Bedenken wollen wir mit einem gedanklichen Experiment begegnen. Angenommen jeder Einzelne auf dieser Welt würde sich eines schönen Tages dazu entscheiden, ausschließlich Jobs anzunehmen, die Flow-Zustände begünstigen – Jobs, die inspirierend und sinnstiftend sind. Wenn nur noch wenige Menschen bereit wären, untergeordnete doch unverzichtbare Tätigkeiten zu übernehmen (Burger braten, Toiletten reinigen), bestünde die wahrscheinlichste Konsequenz – die aus der simplen Logik von Angebot und Nachfrage folgt – darin, dass diejenigen, die noch bereit sind, solche Berufe auszuüben, höhere Gehälter einfordern würden. Das wäre aus zwei Gründen gar keine so schlechte Sache. Erstens, durch höhere Gehälter für die erwerbstätigen Armen würde sich deren Situation verbessern. Zweitens, sofern die Mechanismen der freien Marktwirtschaft funktioneren, werden opportunistische Unternehmer auf den Plan treten, um alternative Wege zu finden, um den Bedarf an untergeordneten und unverzichtbaren Jobs zu decken. Nach einer möglicherweise kurzen Phase des Chaos würden wohl Roboter und Maschinen die Menschen in diesen Tätigkeiten ersetzen. Solch eine Schicksalswende wäre wohl ebenfalls sehr willkommen, da sich diese nicht nur positiv auf die durchschnittliche Zufriedenheit von Arbeitnehmern auswirken würde, sondern auch das Wirtschaftswachstum ankurbeln würde.

Doch was, wenn das Verlangen, sinnstiftende und inspirierende Tätigkeiten anzunehmen, unsere Arbeitskräfte faul und unproduktiv werden lässt?

Hinter einer Frage dieser Art steckt die weitverbreitete implizite Annahme, dass Menschen im Grunde faul sind und sich nur durch extrinisische Belohnungen wie Geld motivieren lassen. Ich hege den Verdacht, dass wir dieser Annahme vor allem deswegen unterliegen, weil wir unseren derzeitigen Job nicht als inspirierend oder sinnstiftend empfinden. Weil wir selbst keine Minute länger arbeiten würden, würden wir nicht extra dafür bezahlt, gehen wir davon aus, dass das auch für alle anderen Menschen gelten muss. Allerdings haben mehrere Studien zum Thema intrinsische Motivation wiederholt gezeigt, dass wir nicht nur härter arbeiten würden, wenn wir Freude an unserer Tätigkeit hätten, wir würden unsere Aufgaben überdies *cleverer* erledigen, als wenn unser Anreiz lediglich aus extrinsischen Belohnungen bestünde. Damit stellt sich die These, es mache faul und unproduktiv, im Beruf nach Sinnhaftigkeit und Inspiration zu streben, als falsch heraus.

Freilich sind Menschen, denen es auf eine sinnerfüllende Tätigkeit ankommt, unter Umständen weniger gewillt, bestimmte Aufgaben zu übernehmen – etwa für einen Zigarettenhersteller oder eine Fast-Food-Kette zu arbeiten –, von der sie annehmen, dass sie der Welt mehr Schaden als Gutes zufügt. Sie sind unter Umständen auch weniger bereit, Teil des Systems zu sein, das unsere Flüsse verschmutzt und Tiere bedroht. Das könnte wiederum eine sinkende Produktivität bestimmter Industriezweige zur Folge haben – was an sich nicht schlecht sein muss. Wie zahlreiche Soziologen beobachtet haben, werden sich die gravierendsten Gefahren, denen wir heutzutage begegnen – vom Klimawandel und dem Rückgang der Artenvielfalt bis hin zu einer ungleichen Vermögensaufteilung und Wasserknappheit –, kaum lösen lassen, wenn wir weiterhin den verheerenden Weg der Überproduktion gehen.

Mit anderen Worten, wenn ein beträchtlicher Anteil der Bevölkerung sich also die in diesem Buch skizzierten Prinzipien zu eigen machte, würden sich die Gesellschaften wahrscheinlich in eine andere und wohl auch *bessere* Richtung entwickeln.

Wir würden vielleicht weniger elektronischen Schnickschnack produzieren – unter Umständen würde es etwas länger dauern, bis das nächste iPad erscheint. Doch die Elekronikgeräte, die wir produzieren, wären gründlich durchdacht und auf nachhaltigere Weise hergestellt. In der Folge würde unsere Wirtschaftsleistung nicht nur ein paar Interessengruppen zugutekommen – etwa den Herstellern, den Händlern und den Kunden –, sondern auch jenen, die sich außerhalb des Markts befinden: den Tieren, den Bedürftigen und den zukünftigen Generationen.

Eine »Win-win-win-*win* Lösung«

Das Rezept für ein glückliches und erfülltes Leben ist in Wahrheit also nicht nur eine »Win-win-win-Lösung«, sondern eine »Win-win-win-*win*-Lösung« (vierfache Win-Lösung). Denn neben seiner vorteilhaften Wirkung auf Glücksniveau, Altruismus und Erfolgschancen steigert es wohl obendrein eine *sinnvolle*, gesellschaftliche *Produktivität.*

Wer annimmt, das Leben sei ein Nullsummenspiel und Faulheit eine typisch menschliche Grundeigenschaft, wird schwerlich glauben, dass das Rezept für Zufriedenheit und Glück tatsächlich ohne Haken daherkommt. »Wenn dieses Rezept uns allen derart tiefgreifende Vorteile bietet«, werden sie fragen, »warum weiß dann keiner davon? Warum hat es sich noch nicht durchgesetzt? Warum trachten Menschen immer noch fieberhaft nach materiellem Wohlstand, Macht und Ruhm? Warum finden wir nicht mehr Beispiele für Altruismus und Großzügigkeit?«

Das ist eine berechtigte Frage, eine, mit der auch ich jahrelang gerungen habe. Mit der Zeit habe ich eine dreiteilige Antwort darauf gefunden. Der erste Teil lautet: Obwohl die Frage, was uns wirklich glücklich macht, fast so alt ist wie die Menschheit selbst, haben wir erst vor Kurzem die gemeinsame Anstrengung unternommen, eine systematische, wissenschaftlich fundierte Antwort darauf zu finden. Wir hatten daher früher einfach noch keinen wissenschaftlichen Beleg dafür, dass uns das Rezept für Glück eine vierfache Win-Lösung bietet. Dank der Entstehung der »Glücksforschung« – der Positiven Psychologie – wird sich das allerdings bald ändern.

Der zweite Teil meiner Antwort hängt zusammen mit dem vielleicht bedeutendsten Megatrend, der die menschliche Evolution in den letzten Jahrzehnten gekennzeichnet hat. Aufgrund des Zusammenspiels verschiedener Faktoren – darunter ein bis dato ungekanntes Friedensniveau, unerhörte technische Fortschritte und besserer Zugang zu Informationen – erfreuen sich die Bewohner der entwickelten Nationen eines deutlich höheren Lebensstandards, als es die Könige und Königinnen vormals jemals taten. Wie Sonja Lyubomirsky in ihrem Buch *Glücklich sein* anmerkt, entspricht »der Wohlstand, den Sie heute genießen, in etwa dem […], den die reichsten 5 Prozent der Menschen vor einem halben Jahrhundert erreichten«.[17] Infolgedessen wissen mit jedem Jahr mehr Menschen aus eigener Erfahrung, dass höherer Wohlstand nicht automatisch mehr Zufriedenheit bedeutet. Eine natürliche Konsequenz aus dieser Entwicklung ist, dass immer mehr Menschen erfahren wollen, welches die Grundvoraussetzungen für ein glückliches und erfülltes Leben sind. Ich gehe deshalb davon aus, dass die zukünftigen Generationen weniger knappheitsorientiert und stärker überflussorientiert sein werden.

Der dritte Teil meiner Antwort ist ebenfalls mit einem Megatrend verknüpft, der sich allerdings auf der Ebene der Unternehmen abspielt. Dieser hängt zusammen mit etwas, das John Mackey und Raj Sisodia im Titel ihres Buches *Conscious Capitalism* nennen. Noch bis vor wenigen Jahrzehnten agierten die typischen Wirtschaftsunternehmen noch nach dem Prinzip »das Leben ist ein Nullsummenspiel«. Mit dem Resultat, dass diese Firmen Verhaltensformen an den Tag legten – Hyperwettbewerb, fehlendes Vertrauen, Macchiavellismus –, die eng mit einer Orientierung an Knappheit zusammenhängen. Während solche Unternehmen in der sogenannten Old Economy die besseren Überlebenschancen hatten, deutet alles darauf hin, dass in der New Economy eher die auf Überfluss ausgerichteten Firmen besonders *erfolgreich* sind. So hat Sisodia mit seinen Kollegen herausgefunden, dass Unternehmen, die im Zeitraum zwischen 1992 und 2012 bewusste Geschäftspraktiken an den Tag legten – etwa den Standpunkt verschiedener Interessengruppen einzunehmen, der über die Unternehmensprofite hinaus das Wohlergehen aller verbessert –, sage und schreibe 110 Prozent mehr Gewinn erzielten als jene, die diese Praktiken nicht anwendeten!

Wie kommt es, dass die Unternehmen mehr Bewusstsein entwickeln? Dafür gibt es mehrere Gründe, unter anderem eine steigende Nachfrage nach sinnvolleren Tätigkeiten, außerdem die wachsende Erkenntnis, dass nichtbewusste Geschäftspraktiken selbstzerstörerisch sind und schließlich die Entwicklung von, wie es der Ökonom Jeremy Rifkin bezeichnet, *biosphärischem Bewusstsein,* das auf der Erkenntnis beruht, dass wir alle miteinander vernetzt und voneinander abhängig sind. Wie auch immer, klar ist jedenfalls, dass ein Wandel der Unternehmenskultur hin zu einem stärkeren Bewusstsein stattfindet, und dass aufgrund dieses Wandels eine wachsende Anzahl von Menschen dem Thema dieses Buches offener gegenübersteht.

Doch je länger wir dem Glücksrezept mit Skepsis begegnen, desto länger werden wir brauchen, um es umzusetzen. Und je länger wir – die Klugen und Erfolgreichen – für die Umsetzung benötigen, desto länger wird es dauern, bis auch die übrige Menschheit sich anschließt. Denn, wenn wir – mit allen uns offenstehenden Optionen – es nicht bewerkstelligen, Glück und Erfüllung größere Priorität beizumessen, wie sollten es dann die weniger Privilegierten schaffen? In diesem Sinne glaube ich, dass die Klugen und Erfolgreichen die Verpflichtung haben, das Glücksrezept umzusetzen, sodass auch die übrige Menschheit nachziehen kann.

Doch selbst, wenn wir motiviert sind, einem glücklicheren und erfüllteren Leben den Vorzug zu geben, wird es nicht einfach, Glücksfehltritte durch glücksförderndes Verhalten zu ersetzen. Das liegt daran, dass das Rezept sich in der Theorie zwar einfach ausnimmt, die Umsetzung sich jedoch als relativ kompliziert erweist. Es gibt einen ganz einfachen Grund, warum das Rezept theoretisch so simpel wirkt: Es klingt sehr *vertraut,* so sehr, dass wir es intuitiv als ansprechend empfinden. Es wirkt deshalb vertraut, weil die meisten Kulturen und Traditionen damit übereinstimmende Werte vertreten.

Trotzdem fällt uns die Umsetzung schwer, weil wir von Menschen umgeben sind, die sich in einer Weise verhalten, die den Grundsätzen des Rezepts widerspricht. Vor allem in Privatunternehmen sehen wir eklatante Verletzungen des Überflussprinzips; mitunter greifen dort wild wuchernder Egoismus und Gier um sich. Leidenschaftsloses Streben nach Leidenschaft beobachten wir hingegen nur sehr selten. Überdies ist die Unternehmenskultur meist eher durch Misstrauen als Vertrauen geprägt. Obschon wir also einerseits die Vorzüge glücksfördernden Verhaltens erkennen, verunsichert uns die Tatsache, dass wir von Menschen umgeben sind, die Denk- und Verhaltensweisen an den Tag legen, die im Widerspruch dazu stehen, und fragen uns daher: »Ist das wirklich ein geeignetes Rezept?«

Wie kommt es, dass Menschen, im Speziellen jene in der Geschäftswelt, anfällig sind für Zynismus und Gier? Oder allgemeiner: Warum verhalten sich Menschen auf eine Art, die nicht nur das kulturelle Miteinander aller verdirbt, *sondern noch dazu ihrem eigenen Glück schadet*?

Im Rahmen unserer gattungsspezifischen Evolution ging es in erster Linie immer darum, das Überleben der Gattung zu sichern, eine erfolgreiche Entwicklung kam erst an zweiter Stelle. Und weil die Überlebenschancen höher waren, wenn wir unser Verhalten an Knappheit ausrichteten, neigen wir in Kontexten, die eine entsprechende Haltung in uns wachrufen, auch heute noch verstärkt zu Zynismus und Gier. Das gilt vor allem für den beruflichen Kontext, weil die meisten Firmen sich früher – und zu einem Großteil auch heute noch – an Maßstäben der Knappheit orientierten. Mit anderen Worten, *soziale Trägheit* ist der Hauptgrund, warum Menschen in einer Weise denken und handeln, die im Kontrast zu einem glücklichen und erfüllten Leben steht.

Ein weiterer Grund hängt mit der Quantifizierbarkeit von Zielen zusammen; wir messen vor allem solchen Zielen eine größere Bedeutung bei, die sich leichter bemessen lassen, *auch, wenn sie weniger wichtig sind.* Weil aber solche leicht quantifizierbaren Ziele – beispielsweise ein höherer Verdienst – den interpersonellen Vergleich und Wettbewerb fördern, greifen Zynismus und Gier so häufig um sich. Das lässt folgenden Schluss zu: Je mehr wir in der Lage sind, Dinge wie »Mitarbeiterzufriedenheit« und »Nachhaltigkeit« zu bemessen – und es exisitieren bereits Initiativen, die darauf hinarbeiten –, desto eher werden wir Menschen in einer Weise denken und handeln, die mit einer Ausrichtung auf Fülle konform geht.

Ein letzter Grund, warum Menschen durch ihr Verhalten ihr Glück untergraben, liegt an unserer Neigung, vermehrt auf das negative Verhalten anderer zu achten als auf das positive. Aufgrund dieser selektiven Warhnehmung glauben wir, dass andere sich häufiger an Maßstäben der Knappheit orientieren, als sie es in Wahrheit tun, weshalb auch wir uns wiederum in diesem Sinne verhalten.

Doch obwohl es möglicherweise kein leichtes Unterfangen ist, die Glücksfehltritte durch glücksförderndes Verhalten zu ersetzen, sollten Sie es unbedingt versuchen, weil dies die verlässlichste Methode ist, um erheblich glücklicher zu werden.

Drei Strategien, um auch auf lange Sicht ein höheres Glücksniveau aufrechtzuerhalten

Bald werde ich Sie ein letztes Mal auffordern, den inzwischen wohlvertrauten Lebenszufriedenheits-Fragebogen auszufüllen. Ich gehe stark davon aus, dass sich Ihr Glücksniveau verbessert hat, denn, da Sie es so weit geschafft haben, waren Sie offensichtlich sowohl aufgeschlossen wie auch gewissenhaft. Doch nur, weil Ihr Glücksniveau gestiegen ist, heißt das nicht, dass das für immer so bleiben wird; dazu braucht es einiges an bewusster Anstrengung – und Intelligenz. Denn, wie schon Jonathan Haidt in *Die Glückshypothese* sowie Fred Chip Heath und Jeffrey Dan Heath in *Switch* festgestellt haben, alte Gewohnheiten lassen sich nur schwer ablegen. Diese alten Gewohnheiten – die Ursache unseres niedrigeren Glücksniveaus – wurden seit Jahren, wenn nicht sogar Jahrzehnten in uns kultiviert. So sind Sie in der Arbeit wahrscheinlich umgeben von Botschaften, die das Bedürfnis nach Überlegenheit noch weiter verstärken wie auch generell die Ausrichtung auf Mangel. Auch durchs Fernsehen und andere Medien werden Sie mit Negativstorys bombardiert, die Misstrauen gegenüber anderen und dem Leben an sich wecken. Möglicherweise ist es Ihnen während der Lektüre dieses Buches gelungen, einige negative Einflüsse in die Schranken zu verweisen, doch nun, da Sie das Ende des Buches erreicht haben, werden die alten Konditionierungen wahrscheinlich wieder an die Oberfläche gelangen.

Was können Sie tun, um die alten, kontraproduktiven Gewohnheiten abzulegen – oder zumindest abzuschwächen – und neue, produktivere zu verstärken?

Ich habe diese Frage mehreren Vordenkern auf diesem Gebiet gestellt, unter anderem Marshall Goldsmith, dem Autor von *Was Sie hierher gebracht hat, wird Sie nicht weiterbringen,* sowie dem Sozialpsychologen Art Markman, Verfasser von *Smart Thinking* und *Smart Change.* Auf der Basis ihres Inputs habe ich drei Strategien entwickelt, mit deren Hilfe sich ein höheres Glücksniveau aufrechterhalten lässt. Da diese bereits mehrfach Gegenstand meines Glücksseminars waren, konnte ich mich von der Wirksamkeit der Strategien überzeugen.

Im Rahmen seiner Forschungsarbeiten machte Marshall

Goldsmith eine wichtige Entdeckung. Es fällt uns vor allem deshalb so schwer, langfristig an einem höheren Glücksniveau festzuhalten, weil wir schlicht den Bezug zu den glücksfördernden Verhaltensweisen und Übungen verlieren. Wir nehmen uns vor, die Übungen in ein paar Wochen (wieder) aufzunehmen – sobald diese »wahnsinnig stressige Phase« vorüber ist. Doch das ist ein gefährlicher »Traum« (wie Marshall es ausdrückt), weil es unter Umständen durchaus vernünftig erscheinen kann, mit einer Sache in ein paar Wochen oder Monaten wieder anfangen zu wollen. Doch bevor Sie sichs versehen, werden die Wochen und Monate zu Jahren und Jahrzehnten, schon bald sind Sie, wie Pink Floyd in dem Song *Time* feststellen, »shorter of breath and one day closer to death«.

Es ist daher enorm wichtig, *jeden Tag aufs Neue sein Möglichstes zu tun,* um Glücksfehltritte zu vermeiden und glücksförderndes Verhalten zu bestärken. Damit kommen wir nun endlich zu der ersten Strategie, wie wir auch langfristig ein höheres Glücksniveau beibehalten können. Nach Marshall Goldsmith besteht diese darin, täglich Fragen eines selbstgewählten »Coaches« zu beantworten. Es muss sich dabei nicht zwingend um einen professionellen Coach handeln, vielmehr wählen Sie eine Person aus, die Ihnen täglich eine Reihe von immer denselben Fragen stellen wird, um sicherzustellen, dass Sie auch weiterhin Glücksfehltritte vermeiden und glücksfördernde Verhaltensweisen verstärken. Es gibt eine Menge Fragen, die Ihnen dieser »Coach« stellen könnte, doch ich habe im Sinne dieses Buches

14 Fragen ausgewählt, die Ihnen helfen werden, die Glücksfehltritte zu verhindern und durch glücksförderndes Verhalten zu ersetzen. Sie finden sie im Anschluss an dieses Kapitel.

Strategie zwei und drei basieren auf Markmans Erkenntnissen zu der Frage, warum es uns schwerfällt, alte, unproduktive Gewohnheiten durch neue, produktivere zu ersetzen. Ein Grund ist, dass wir die Macht des »Kontexts« unterschätzen – sprich die Menschen, mit denen wir zusammen sind, und die Umgebung, in der wir uns befinden. Die meisten erkennen nicht, wie schädlich der Einfluss von an Knappheit orientierten Menschen und Umgebungen für unsere Gedanken und Handlungen sein kann. Auf der anderen Seite begreifen die meisten nicht, wie wohltuend der Einfluss der Natur sowohl auf die geistige wie auch die körperliche Gesundheit ist. Bei der zweiten Strategie geht es daher darum, die Kontexte, denen man sich aussetzt, bedachter auszusuchen. Sie können es z. B. ganz leicht schaffen, sich ausgewogen zu ernähren, wenn Sie sich einen besseren Zugang zu gesunden Snacks verschaffen. Beziehungsweise Ihnen fällt auf, dass Sie in Gegenwart einer bestimmten Person eher zu einer an Knappheit orientierten Haltung neigen, so gehen Sie ihm oder ihr einfach aus dem Weg – zumindest so lange, bis Sie immun sind gegen diese negative Ausstrahlung. Oder aber Sie merken, dass Sie draußen in der Natur eher eine an Fülle orientierte Haltung einnehmen, dan n versuchen Sie, regelmäßig zum wandern oder zelten zu gehen.

Ein besonders wichtiger Aspekt in unserem Umfeld sind selbstredend die Menschen, mit denen wir uns umgeben, was nicht zuletzt daran liegt, dass wir eine außerordentlich soziale Spezies sind. Was unsere Mitmenschen tun oder sagen, ist für uns derart wichtig, dass, wie Markman es ausdrückt, »die Ziele, die andere Menschen anstreben buchstäblich ansteckend wirken«. Wenn Sie sich also in der Gesellschaft von Personen befinden, die bestimmte Ziele verfolgen, werden auch Sie diese Ziele attraktiv finden. Folglich werden Sie, wenn Sie sich mit anderen Glückssuchenden zusammenschließen, größere Fortschritte auf dem Weg zu diesem Ziel machen.

Wie sich herausstellt, war es noch nie so einfach, andere Glückssuchende zu finden. Wie ich in der Einleitung bemerkt habe, haben inzwischen weit über 100 000 Menschen weltweit an meinem Glücksseminar auf Coursera teilgenommen. Bemerkenswerte Dinge haben sich seit dem Start des Seminars ereignet, darunter Folgendes: Zwei Lerngruppen haben eine Facebook-Gruppe zu diesem Seminar ins Leben gerufen, die zuletzt mehr als 2000 Mitglieder hatte. Einige dieser Mitglieder steuern regelmäßig Beiträge, neue Themen und Perspektiven bei, die dazu beitragen, glücksfördernde Verhaltensweisen zu unterstützen. Ich möchte Sie dazu ermuntern, Teil dieser Gemeinschaft zu werden. Trauen Sie sich ruhig, selbst auch eine solche Facebook-Gruppe für den deuschsprachigen Raum zu gründen! Oder aber Sie möchten sich meiner, allerdings englischsprachigen, Facebook-Seite anschließen (suchen Sie bei Facebook nach »happy smarts«) Sie können sich auch anmelden, um täglich kostenlose E-Mails (ebenfalls englischsprachig) zu erhalten (auf www.dailygood.org). Dies ist eine Website, die Nipun Mehta (einer der Mitgründer von Karma Kitchen) mit seinen Freunden erstellt hat, nachdem ihm aufgefallen war, dass nur sehr wenige Medien positive Nachrichten vermelden – Menschen, die sich freundlich, vertrauensvoll und versöhnlich verhalten, kommen praktisch nicht vor. Meiner Meinung nach tragen die E-Mails von Daily-Good dazu bei, eine an Fülle orientierte Haltung zu verstärken.

Natürlich wäre es überdies auch wichtig, sich etwa einmal pro Woche persönlich mit Gleichgesinnten zu treffen. Vielleicht könnten Sie ja eine entsprechende Gruppe in Ihrer Stadt gründen! Sie könnten auch darüber nachdenken, andere im Rahmen solcher Treffen als Mentor auf ihrem Weg zu einem glücklicheren und erfüllteren Leben zu unterstützen. Laut Markman trägt ein solches Mentoring dazu bei, auch in der zähen, mittleren Phase motiviert zu bleiben, wenn die Begeisterung, eine neue Angewohnheit angenommen zu haben, verebbt ist und man immer noch weit davon entfernt ist, sein Ziel erreicht zu haben. Doch Vorsicht: Die meisten Menschen mögen es nicht, wenn man ihnen Glückstipps gibt. Das kann daran liegen, dass wir alle unsere eigenen Theorien über Glück hegen, die wir von anderen nicht infrage stellen lassen wollen. Achten Sie daher genau darauf, wem Sie Ratschläge erteilen. Bei engen Freunden und Familienmitgliedern dürfte es in Ordnung sein, doch Vorsicht bei Nachbarn und Kollegen.

Die dritte und letzte Strategie besteht darin, sich selbst zu suggerieren, dass Sie aufgeschlossen und bereit sind, neue Wege zu gehen, selbst, wenn das bedeutet, ihre fundamentalen Weltanschauungen zu hinterfragen. Wie ich in der Einleitung erwähnt habe, ist Aufgeschlossenheit von essenzieller Bedeutung für Glück. Es ist einfach, sich etwa in den Gedanken zu flüchten, man sei nun einmal introvertiert und daher nicht in der Lage, die Dankbarkeitsübung zu machen. Je stärker Sie also daran glauben, dass Ihre Identität nicht per se festgelegt ist und dass Sie sich in jegliche Richtung verändern können, die es Ihnen ermöglicht, glücklicher zu leben – sprich je mehr Sie sich die Freiheit nehmen, sich zu entwickeln, desto leichter wird es Ihnen fallen, die neuen, glücksfördernden Angewohnheiten anzunehmen.

Achtsamkeit ist, wie ich finde, einer der besten Wege hin zu mehr Aufgeschlossenheit. Denn Achtsamkeit bedeutet schlicht, allem, das einem im Leben begegnet oder widerfährt, offen gegenüberzustehen und es zu akzeptieren. Das Problem an der Achtsamkeit ist nur, dass es uns manchmal schwerfällt, sie auch auf lange Sicht kontinuierlich zu praktizieren – allerdings nur so lange, bis uns die Übungen zur Gewohnheit geworden sind. Es lohnt sich daher für uns alle, das Thema Achtsamkeit weiter zu vertiefen.

Ich hoffe, dass Sie es mithilfe der drei beschriebenen Strategien schaffen werden, sich auch weiterhin in Dankbarkeit zu üben, um so ein glücklicheres und erfüllteres Leben zu führen. Das wäre in der Tat eine kluge Sache, denn, wenn Sie nicht glücklich sind, *wie klug sind Sie dann in Wahrheit*?

Tägliche Fragen

Sie können sich entweder alle oder auch nur einen Teil der nachfolgenden 14 Fragen von einem selbstgewählten »Coach« stellen lassen. Kreuzen Sie dafür einfach die gewünschte Auswahl an. Im Anschluss an die Liste finden Sie Platz, um ihr noch drei weitere, selbstformulierte Fragen hinzuzufügen, z. B.: »Habe ich heute mein Bestes gegeben, um die Kinder daran zu erinnern, drei gute Taten zu vollbringen?«

- ❍ Habe ich mein Bestes getan, um Glück Priorität einzuräumen – ihm aber nicht nachzujagen?
- ❍ Habe ich mein Bestes getan, um selbstmitfühlend (nicht aber nachsichtig oder selbstmitleidig) zu reagieren, wenn mir etwas nicht gelungen ist?
- ❍ Habe ich mein Bestes getan, um dankbar für all das Gute, das mir heute widerfahren ist, zu sein?
- ❍ Habe ich mein Bestes getan, um für Flow-Erlebnisse zu sorgen und mich mit sinnvollen und interessanten Dingen zu beschäftigen, anstatt nach Überlegenheit zu streben?
- ❍ Habe ich mein Bestes getan, um weder bedürftiges noch vermeidendes Verhalten an den Tag zu legen?

- ❍ Habe ich mein Bestes getan, um mich als »Nehmer« und nicht als »Geber« zu erweisen?
- ❍ Habe ich mein Bestes getan, um mich, im Sinne der »fremdbezogen« Gebenden, freundlich und großzügig zu verhalten?
- ❍ Habe ich mein Bestes getan, um weder auf meine Mitmenschen, noch auf gewünschte Ergebnisse allzu kontrollierend einzuwirken?
- ❍ Habe ich mein Bestes getan, um die Verantwortung für mein Glück zu übernehmen (sprich nach interner Kontrolle zu streben)?
- ❍ Habe ich mein Bestes getan, um gesünder zu leben (d. h., richtig zu essen, mich mehr zu bewegen und besser zu schlafen)?
- ❍ Habe ich mein Bestes getan, um intelligentes Vertrauen zu praktizieren?
- ❍ Habe ich mein Bestes getan, um anderen zu vergeben?
- ❍ Habe ich mein Bestes getan, um die positiven Konsequenzen, die sich selbst aus negativen Ereignissen ergeben, bewusster wahrzunehmen?
- ❍ Habe ich mein Bestes getan, um achtsam zu sein?

❍ ______________________________

❍ ______________________________

❍ ______________________________

Die dritte Glücksbewertung mit dem Lebenszufriedenheits-FRAGEBOGEN

Bewerten Sie jede der fünf unten stehenden Aussagen auf einer Skala von 1 bis 7, wobei 1 für »starke Ablehnung« und 7 für »starke Zustimmung« steht. Zählen Sie anschließend die Punkte zusammen, und Sie erhalten die Gesamtpunktezahl für den Lebenszufriedenheits-Fragebogen. Je mehr Punkte Sie haben, desto zufriedener sind Sie.

Lebenszufriedenheits-Fragebogen							
	Starke Ablehnung				**Starke Zustimmung**		
Im Großen und Ganzen entspricht mein Leben in etwa meinen Idealvorstellungen.	1	2	3	4	5	6	7
Ich bin mit meinem Leben zufrieden.	1	2	3	4	5	6	7
Meine Lebensumstände sind ausgezeichnet.	1	2	3	4	5	6	7
Bislang habe ich alles, was mir wichtig war, im Leben erreicht.	1	2	3	4	5	6	7
Wenn ich mein Leben noch einmal leben könnte, würde ich fast nichts ändern.	1	2	3	4	5	6	7

Anmerkungen

Liebe Leserin, lieber Leser,
ausführliche Anmerkungen und Hinweise zu weiterführender Literatur können Sie sich bei Interesse unter folgendem Link herunterladen: www.goldmann-verlag.de/klug.

1. In der Grafik von Robins u.a. geht es vielmehr um Selbstwertgefühl im Laufe des Lebens als um Glück. Ich habe mir jedoch die künstlerische Freiheit erlaubt, Selbstwertgefühl mit Glück gleichzusetzen. Es gibt dabei drei Argumente, die diese Vorgehensweise rechtfertigen. Erstens ist wissenschaftlich belegt, dass Selbstwertgefühl stark mit Glück korreliert (Steel u.a. 2008) und sich damit als Indikator eignet. Zudem ist auch in der Glücksforschung der S-förmige Kurvenverlauf vorherrschend (z.B. Deaton 2007, Blanchflower und Oswald 2008; Baird u.a. 2010). Schließlich wollte ich zeigen, dass Menschen in der Kindheit grundsätzlich glücklicher sind als Jugendliche oder Erwachsene; dieser Punkt kommt in den Studien über Glück nicht zum Ausdruck, weil Teilnehmer unter 16 Jahren nicht involviert sind. B. M. Baird, R. E. Lucas und M. M. Donnellan (2010), »Life Satisfaction Across the Life Span: Findings from Two Nationally Representative Panel Studies«, Social Indicators Research 99(2): 183–203; D. G. Blanchflower und A. J. Oswald (2008), »Is Well-being U-shaped over the Life Cycle? Social Science & Medicine 66(8):1733–49; A. Deaton (2007), Income, Aging, Health and Well-being Around the World: Evidence from the Gallup World Poll (Nr. w13317), National Bureau of Economic Research; die Studie kann eingesehen werden, unter: http://www.nber.org/papers/w1337/; P. Steel, J. Schmidt und J. Shultz (2008), »Refining the Relationship Between Personality and Subjective Well-being«, Psychological Bulletin 134(1): 138–61.

2. Die Anleitung für diese Übung wurde teilweise der »Positiv Portfolio«-Übung von Professor Barbara Fredrickson aus ihrem Buch *Die Macht der guten Gefühle* entlehnt.
3. Neben Liebe, Stolz und Freude runden diese sieben Gefühle die Liste der zehn positiven Emotionen von Professor Barbara Fredrickson ab.
4. Vergleichen Sie dazu meine Erläuterungen über Selbstwahrnehmung im Kapitel »Achtsamkeit praktizieren«.
5. Ich möchte damit nicht zum Ausdruck bringen, dass Kinder oder auch Erwachsene keine Rückmeldung erhalten sollten, wie gut (oder schlecht) sie verglichen mit anderen abschneiden. Damit eine Gesellschaft reibungslos funktioniert, ist es unerlässlich, die relative Kompetenz der Menschen und Organisationen zu bewerten. Wie auf den nachfolgenden Seiten noch deutlich werden wird, möchte ich sagen, dass wir unsere Kinder dazu befähigen müssen, ihre relative Stellung (im Vergleich zu anderen) von ihrem Selbstwert und emotionalen Wohlbefinden abzukoppeln.
6. Diese drei Kreise ließen sich noch um einen vierten ergänzen: Wie viel die Welt für Ihre Talente (Dienste) bezahlen würde. Obwohl es dem Glück keineswegs zuträglich ist, dem Geld nur um seiner selbst willen nachzujagen, lässt sich nicht bestreiten, dass mehr Geld zu haben, wenigstens bis zu einem gewissen Grad angenehmer ist.
7. Die Anleitung für diese Übung ist angelehnt an M. E. Seligman, T. A. Steen, N. Park und C. Peterson, »Positive Psychology Progress: Empirical Validation of Interventions«, in: *American Psychologist* 60 (5) (2005), S. 410–21.
8. Diese Anleitung habe ich folgender Quelle entlehnt: J. Cacioppo and W. Patrick: *Loneliness: Human Nature and the Need for Social Connection* (New York: W. W. Norton & Company, 2008).
9. Die deutsche Übersetzung des ECR-Fragebogens orientiert sich am Fragebogen der Ruhr-Universität Bochum: www.ruhr-uni-bochum.de/soc-psy/scholar/2007_EntwicklungundValidierung.pdf
10. Das Prinzip, dass die Herausforderungen dem derzeitigen Kompetenzniveau angemessen sein sollten, steht natürlich im Einklang mit dem im Kapitel »Glücksrezept: Dem Glück Priorität einräumen, ohne ihm nachzurennen« besprochenen Grundsatz, dass sich Flow-Zustände vor allem dann einstellen, wenn die »vorhandenen« den »erforderlichen Fähigkeiten« entsprechen.
11. Ich habe diese Begriffe dem großartigen Buch von Tom Rath *Eat, Move, Sleep* entlehnt.
12. Diese Anleitung basiert auf einer ähnlichen Übung, wie sie Sonja Lyubomirsky in ihrem Buch *Glücklich sein* beschreibt.
13. X. Li, L. Wie und D. Soman, »Sealing the Emitions Genie: The Effects of Physi-

cal Enclosure on Psychological Closure«, *Psychological Science* 21(8) (2010): 1047–50.

14. BIONICLE ist eine Produktreihe der LEGO-Gruppe. Es handelt sich dabei um bestimmte Figuren für Kinder und Jugendliche im Alter von fünf bis 16 Jahren.
15. Diese Anleitung ist angelehnt an die von Martin Seligman von der University of Pennsylvania entwickelten »Drei-Gute-Gedanken-Übung«, die in seinem Buch *Der Glücksfaktor* beschrieben ist.
16. Man könnte in der Tat sogar behaupten, dass Achtsamkeit eine noch wirkungsvollere Determinante von Glück ist als Flow, weil sie, anders als Flow, kaum von äußeren Umständen abhängt. Sie könnten also selbst dann etwas in einer achtsamen Weise tun, wenn die vorhandenen Fähigkeiten die erforderlichen bei Weitem übersteigen. Aus der Perspektive von Flow sollte eine derartige Situation als langweilig empfunden werden, und normalerweise ist das auch so. Wenn Sie Ihren Geist jedoch dahingehend trainieren, dass er auch auf sehr feine und nuancierte Eigenschaften des beobachteten Objekts zu achten vermag, können Sie ebenso tiefe Versunkenheitszustände erreichen wie bei intensivem Flow. Achtsamkeit lässt sich folglich in einem breiteren Spektrum von Situationen anwenden und ist somit wirkungsvoller.
17. Sonja Lyubomirski, *Glücklich sein*, Campus (2008), S. 53.

Dank

Viele reagieren überrascht, wenn sie hören, dass ich als Professor an der wirtschaftswissenschaftlichen Fakultät ein Seminar über Glück anbiete. Schließlich geht es in der Wirtschaft vor allem darum, Geld zu verdienen, sodass sie nicht wenigen als Gegenpol von Zufriedenheit gilt. Und dennoch gibt es mich hier. Dabei unterrichte ich nicht nur seit fünf Jahren in »klassischen« Seminaren über Glück, sondern leite überdies ein englischsprachiges Onlineseminar zu diesem Thema (siehe www.coursera.org/course/happiness). Und jetzt auch noch das: ein Buch zum Thema Glück.

Als ich im Sommer 2010 das erste Mal den Stift aufs Papier setzte, ging ich davon aus, dass dieses Projekt etwa ein oder – allerhöchstens – zwei Jahre in Anspruch nehmen würde. Was für ein gewaltiger Irrtum! Insgesamt hat es *sechs Jahre* gedauert, bis das Buch endlich auf den Markt kam. In diesen langen Jahren habe ich mehr Zeit damit zugebracht, über dieses Buch nachzudenken und daran zu feilen, als vom Standpunkt meiner akademischen Laufbahn aus vielleicht vernünftig war. (Von Nachwuchsprofessoren an Forschungsuniversitäten wird erwartet, dass sie Artikel in Fachzeitschriften publizieren – keine Bücher in Publikumsverlagen.)

Doch am Ende hat sich die Mühe, wie man so schön sagt, gelohnt. Ich möchte mich bei Eli Cox, dem damaligen Fachbereichsleiter bedanken, der mir die Freiheit gelassen hat, das zu tun, was mir richtig erschien, sowie bei Tom Gilligan, dem damaligen Vorstand von der McCombs School of Business, der mein Seminar über Glück bewilligt hat. Mein Dank gilt weiterhin den Kollegen in meinem Fachbereich bei McCombs sowie ganz allgemein der wissenschaftlichen Marketinggemeinschaft dafür, eine Kultur der Aufgeschlossenheit zu fördern, die es Wissenschaftlern erlaubt, ihren Leidenschaften nachzugehen.

Ich danke meinen Freunden – insbesondere Andrew Gershoff, Ashesh Mukherjee, Frenkel ter Hofstede, Prem Khatri, Rohit Deo und last but not least Neelesh Marik – die allesamt den schwierigen Balanceakt bewältigten, mir die perfekte Mischung emotionaler und intellektueller Unterstützung zukommen zu lassen. Ich möchte mich außerdem bei den Mitarbeitern meiner verschiedenen Projekte bedanken, bei Christopher Blazina, Eunjoo Han, Hyunkyu Jang, Jae Hong, Jeff Loewenstein, Julie Irwin, Kaavya Bector, Kim Corfman, Mark Alpert, Michael Luchs, Michel Pham, Michelle Chen, Prabhudev Konana, Ravi Chitturi, Rebecca Reczek, Sridhar Balasubramanian, Sunaina Chugani, Suresh Ramanathan, Vijay Mahajan, Wayne Hoyer und Yaacov Trope – weil sie mir geholfen haben, die Struktur der Sieben Fehltritte, Glücksrezepte und Übungen zu finden, die das Rückgrat dieses Buches bildet. Ein Riesendankeschön geht außerdem an die Sozialwissenschaftler verschiedenster Fachrichtungen, darunter Verhaltensökonomie, Neurowissenschaften, Unternehmensverhalten, Kundenverhalten und, selbstredend, Positive Psychologie für die Generierung all der Erkenntnisse, auf die ich mich stützen konnte. Dabei möchte ich mich insbesondere bei folgenden Personen bedanken, weil sie ihre Ideen mit mir im Rahmen informeller Gespräche geteilt haben: Art Markman, Barbara Fredrickson, Dan Ariely, Ed Diener, Jamie Pennebaker, Jerry Burger, Ken Pargament, Kristin Neff, Kristina Durante, Marshall Goldsmith, Melanie Rudd, Mike Norton, Mihaly Csikszentmihalyi, Nipun Mehta, Phillip Shaver, Reb Rebele, Richie Davidson, Sonja Lyubomirsky, Shauna Shapiro, Srikumar Rao, Steven Tomlinson, Sunaina Chugani, Swati Desai, Tom Gilovich und Vijay Bhat.

Das führt mich zu den über 1000 Studenten, die mein »klassisches« Seminars über Glück an der McCombs School for Business und bei ISB besucht haben. Ich danke Euch für Euren Mut und Eure Aufgeschlossenheit, dafür, dass Ihr Euch für die Teilnahme an meinem Seminar entschieden habt, mich dazu gebracht habt, noch differenzierter über das Thema nachzudenken und mir Rückmeldungen zu den verschiedenen Versionen der Kapitel dieses Buches gegeben habt. Ohne Euren Input hätte das Buch niemals verwirklicht werden können. Ich möchte auch den über 100 000 Coursera-Studenten für ihre rege Teilnahme danken. Dabei gilt mein besonderer Dank den 654 Studenten, die die Kapitel dieses Buches probegelesen haben und mir durch ihr Feedback geholfen haben, sie weiter zu verbessern. Die Kapitel profitierten überdies von verschiedenen Gelehrten, darunter Andrew Gershoff, Luis Martins, Prabhudev Konana, Steven Fearing, Linda Golden und ihre Studenten, Susan Broniarczyk (und die Mitarbeiter in ihrem Labor, allen voran Neetika Bhargava) und meinem Lieblingsphilosophen und Lebensratgeber Michel Pham. Ein besonderer Dank geht an Carol Atwood, Dragos Moldovan, Pham Ho, Ritesh Prasad, Robert Lalor, Roshni Kanchan, Sankar Vyakaranam und an meine geliebte Ehefrau, die mit akribischer Genauigkeit das Manuskript Korrektur gelesen haben.

Als mich Eric Nelson, Cheflektor bei Portfolio, fragte, ob ich Interesse hätte, ein Buch über Glück zu schreiben, hatte ich noch keinen Agenten. Ich danke Dir, Eric, dass Du mich bis Januar 2015 als Agent unterstützt hast und seitdem auch mein Lektor bist; ich bin Dir zu großem Dank verpflichtet für das Vertrauen, das Du in mich gesetzt hast. Danke auch, dass Du den Kontakt zu Susan Rabiner geschaffen hast (die seit 2015 meine Agentin ist); Susan, Du hast großartige Arbeit geleistet, während Du mich durch den Veröffentlichungsprozess geleitet hast. Mein Dank gilt auch Kaushik Viswanathan und Vivian Roberson bei Portfolio, die mich durch die letzten Schritte des Prozesses begleitet haben.

Wie so viele andere Autoren, habe ich die Erfahrung gemacht, dass ein Buch zu schreiben eine deutlich größere Herausforderung bedeutet, als man anfangs annimmt. Meinen Eltern, Schwiegereltern, Kindern und ganz besonders meiner lieben Frau schulde ich großen Dank dafür, dass sie mir eine beständige und unerschöpfliche Quelle der Unterstützung waren. Nun, da das Buch fertig ist, verspreche ich, früher nach Hause zu kommen und alles zu tun, was Ihr von mir erwartet – inklusive Brettspiele zu spielen.

Zuletzt möchte ich noch hervorheben, dass ich dank zweier Megatrends die Möglichkeit hatte, meinen Leidenschaften nachzugehen. Der erste Megatrend betrifft die Entstehung des Fachgebiets der Positiven Psychologie, auf deren Basis wir, so glaube ich, unser Verständnis von Glück in den letzten beiden Jahrzehnten stärker ausgebaut haben als in sämtlichen Jahren davor. Der zweite Megatrend hängt mit der wachsenden Zahl smarter und erfolgreicher Menschen zusammen, die auf der Basis persönlicher Erfahrung (anstatt abstrakter Konzepte), erkannt haben, dass ein Mehr an Wohlstand, Macht, Ruhm, Kontrolle und Schönheit nicht zwangsläufig glücklicher macht. Diese Menschen sind es, so glaube ich, die eines Tages den kulturellen Wandel weg von einer Knappheitsorientierung und hin zu einer Haltung der Fülle einleiten werden und im Rahmen dieses Prozesses eine Welt mitgestalten, in der jeder Mensch gewinnt.

Register